读报纸，学中文
——中级汉语报刊阅读

（下册）

吴成年　编著

[英]魏德悟　英文翻译
[日]大川阳子　日文翻译
[韩]郭素莲　韩文翻译

图书在版编目(CIP)数据

读报纸,学中文——中级汉语报刊阅读(下册)/吴成年编著. —北京：北京大学出版社, 2004.12

(北大版新一代对外汉语教材·报刊教程系列)

ISBN 978-7-301-07978-2

Ⅰ. 读… Ⅱ. 吴… Ⅲ. 汉语–阅读教学–对外汉语教学–教材 Ⅳ. H195.4

中国版本图书馆 CIP 数据核字(2004)第 096891 号

书　　　名：读报纸,学中文——中级汉语报刊阅读(下册)
著作责任者：吴成年　编著
责 任 编 辑：邓晓霞
标 准 书 号：ISBN 978-7-301-07978-2/H·1232
出 版 发 行：北京大学出版社
地　　　址：北京市海淀区成府路 205 号　100871
网　　　址：http://www.pup.cn
电　　　话：邮购部 62752015　发行部 62750672　编辑部 62754144　出版部 62754962
电 子 邮 箱：zpup@pup.pku.edu.cn
印　刷　者：北京大学印刷厂
经　销　者：新华书店
　　　　　　787毫米×1092毫米　16 开本　16.75 印张　340 千字
　　　　　　2004 年 12 月第 1 版　2016 年 9 月第 11 次印刷
定　　　价：52.00 元 (含两张 CD)

未经许可,不得以任何方式复制或抄袭本书之部分或全部内容。
版权所有,侵权必究　　举报电话：010-62752024
　　　　　　　　　　　电子邮箱：fd@pup.pku.edu.cn

前　言

　　《读报纸,学中文——中级汉语报刊阅读》是一套专为中级汉语水平的外国人编写的报刊课教材。这套教材的编写吸收了当前报刊课程的最新研究成果,借鉴了已有报刊教材的经验特点,并在北京师范大学汉语文化学院试用数轮的过程中不断加以修订完善,以求切合报刊教学的需求。

　　选材注重学生的兴趣。在编写这套教材之前,曾对179名中级水平的留学生作了报刊话题兴趣程度的问卷调查,将学生比较感兴趣的话题优先编入教材中。

　　教材编排充分考虑到难易度,并遵循循序渐进的原则。这套教材每册前3课相对较容易,主要考虑到留学生学习汉语背景的复杂性,有意保持低难度,让尽可能多的学生觉得报刊课容易学,避免一开始就让学生产生畏难情绪。后面的课文难度则不断增加。

　　这套教材突出了重要的语言点。每篇课文的重要语言点有6个左右,之所以确定6个左右,主要是根据有限的教学时间和学生能够充分练习的原则来确定的。这些语言点的选择,既体现了报刊语言的特点,也考虑到这些语言点的实用性和常用性。课文的重要语言点加黑标出,便于教师和学生查找。重要语言点的例释力求简明易懂。每课的词语例释部分对课文中3个非动词或特殊动词的重要语言点进行讲解,注重用法介绍,并用主要选自报刊文章中的语料加以举例说明。

　　《读报纸,学中文——中级汉语报刊阅读》降低了学生学习生词的难度,注重对超纲词比例的控制。上册中属于本科二年级或中等水平的纲内普通词占总生词量的87.93%,超等级和超纲词只占12.07%;下册中属于本科二年级或中等水平的纲内普通词占总生词量的83.37%,超等级和超纲词只占16.63%。这样,以往报刊教材因超纲词超等级词过多而难度过大的不足得以有效避免。每课词语表中的超等级和超纲词都在该词语的下面画有横线,以便与纲内词区别。重视生词的重现率。上册每个生词平均重复出现的次数为15.7次,下册每个生词平均重复出现的次数为13.3次,便于学生学习和掌握生词。每课词语表有中文解释和英日韩三种语言的翻译,便于母语分别为日语、韩语以及掌握英语的留学生更容易地理解和学习生词。

　　这套教材还注重学生中文报刊阅读能力的培养。课后设有读报小知识,帮助学生了解中文报刊的特点,以便有效地阅读中文报刊文章。每课的练习一有让学生每周读1—2篇最新中文报刊文章的规定,每课练习八有三篇标明字数、限时当堂阅读的文章,使学生在完成这些阅读任务的过程中不断提高阅读速度和主动跨越阅读障碍的能力,这对学生学习课文、参加 HSK 考试大有好处。在注重培养阅读能力的同时,也兼顾了听、说、写的能力的培养。课堂语言点的操练、话题讨论、每周的报刊发言、练习一的报刊摘要与看法的写作、练习七的话题写作准备和讨论等,使学生的听、说、读、写四种能力得到综合的训练和提高。

练习二至练习七紧扣课文,可以帮助学生复习课文和重要语言点。本套教材每册都有四套测试题,可以阶段性地检查学生对所学知识的掌握情况和所达到的阅读水平。

《读报纸,学中文——中级汉语报刊阅读》配有光盘,帮助学生正确地朗读课文。

《读报纸,学中文——中级汉语报刊阅读》配有教师教学参考用书的电子版,为教师在使用本教材时较规范合理地组织教学提供参考。欢迎使用本套教材的教师与北京大学出版社联系,可以免费下载这套教材的教参电子版(http://cbs.pku.edu.cn 下载专区)。

在这套教材的编写与试用过程中,得到北京师范大学汉语文化学院的领导、一些同事和使用本套教材的学院教师以及兼职教师的大力支持和帮助;本套教材得以顺利出版,则有赖于北京大学出版社副总编辑郭力老师、责任编辑邓晓霞老师的热心襄助,在此一并致谢。

我的妻子唐柳英女士也为这套教材付出了很多心血和精力,此时她正在国内孕育着我们的小生命。这套教材的出版,也算作是一份献给我们的孩子的见面礼吧。

吴成年
2004 年 10 月 26 日于泰国

目 录

第一课 1
 课文 留学中国,异常热闹的背后 1
 阅读一 第三届"留学中国教育展"在汉城举行 8
 阅读二 学习汉语成为潮流 亚洲学生留学首选中国 9
 阅读三 韩国流行留学中国 10

第二课 12
 课文 旅游和假日消费正在成为新时尚 12
 阅读一 黄金周里出"黄金" 19
 阅读二 我国正成为旅游大国 20
 阅读三 中国旅游业阔步前行 21

第三课 23
 课文 家庭"四大件"的变化 23
 阅读一 手机、电脑、CD机 大学生流行"三大件" 31
 阅读二 "四大件"细说生活变化 32
 阅读三 鞍山百姓生活质量不断提高,"三大件"变了样 33

第四课 35
 课文 面对全新的网络时代 35
 阅读一 超过50%的受访者认为网络时代隐私保护越来越难 43
 阅读二 沉迷网恋 父亲约会亲生女 44
 阅读三 网络时代 保护好你的个人隐私 45

第五课 47
 课文 婚恋嫁娶:让爱做主 47
 阅读一 中国婚恋状况之一:宽容非婚同居 55
 阅读二 中国婚恋状况之二:婚外恋未如想像中普遍 55
 阅读三 婚恋观念悄悄变:近八成的受访者认为离婚将更自由 56

第一~五课测试题 59

读报纸，学中文(下册)

第六课			66
	课文	渴望清洁的水	66
	阅读一	算一算地球一天的污染账	75
	阅读二	可爱的汽车，可怕的尾气	75
	阅读三	早产女婴存在智力问题，女婴父亲称噪音超标是首因	76

第七课			78
	课文	加入世界贸易组织之后	78
	阅读一	龙永图："我更看重本土人才"	84
	阅读二	龙永图评说八种人才	85
	阅读三	经济学家张五常看好中国加入世贸组织前景	87

第八课			89
	课文	中国城市化是进入快车轨道的列车	89
	阅读一	中国的城市化建设必须走出三大"误区"	98
	阅读二	权威专家说：中国城市化进程必须"提速"	99
	阅读三	城市化就是要把农民"化"入城市	101

第九课			103
	课文	教育发展最快的十年	103
	阅读一	欲说"考研"好困惑	112
	阅读二	影响我国教育发展的制度原因	113
	阅读三	关于高考改革方向的几点思考	114

第十课			117
	课文	中国经济在世界经济中的地位	117
	阅读一	私营经济成为中国经济第三大支柱	125
	阅读二	中国经济增长靠的是什么？	126
	阅读三	中国经济增长为何出人意料？	128

第六~十课测试题			130

第十一课			138
	课文	当今中国人的道德水平：下降，还是上升？	138
	阅读一	调查显示：城乡家庭道德总体是稳定和谐平等向上	146
	阅读二	父女俩的"道德合同"	147
	阅读三	道德伦理中的快乐原则	148

目 录

第十二课 ··· 151
  课文 我是一个特需要吹捧的人——冯小刚对答浙江大学生 ······ 151
  阅读一 冯小刚叫卖《手机》 ·· 159
  阅读二 徐帆:有人喜欢冯小刚我高兴 ··································· 161
  阅读三 章子怡:最难面对的是精神压力 ································ 164

第十三课 ··· 167
  课文 后单位制时代:没有"铁饭碗"的应变 ······················· 167
  阅读一 最困苦的日子不要轻易放弃 ····································· 178
  阅读二 同事关系应该怎么处?嘴巴要紧肚量要大 ··················· 179
  阅读三 要爱情还是要面包?"同事恋"成雷区? ······················ 180

第十四课 ··· 183
  课文 二十世纪十大文化偶像评选结果揭晓 ·························· 183
  阅读一 华语歌坛天后王菲 ·· 192
  阅读二 金庸访谈(一):写自传没有资格 ································ 194
  阅读三 金庸访谈(二):徐克不懂武侠 ···································· 196

第十五课 ··· 200
  课文 谁是城里人? ·· 200
  阅读一 民工小马的生活方式 ··· 210
  阅读二 民工何时不再受歧视? ··· 212
  阅读三 农民是职业还是身份? ··· 213

第十一~十五课测试题 ··· 216
第一~十五课总测试题 ··· 225
读报小知识 ·· 234
词语总表 ··· 237
词语例释总表 ··· 249
部分练习参考答案 ·· 250

第一课

课文

留学中国,异常热闹的背后

《中国教育报》 姜乃强

中国社会稳定,经济发展前景看好,高等教育质量逐步提高,中国正日益受到国际社会的重视。所有这一切,成为吸引海外学生来中国留学的主要原因。

在不少韩国人看来,当今中国的发展变化很大。韩国高丽大学的一位教授认为:中国是一个了不起的国家,发展速度惊人,未来十到二十年间,中国将发展成为亚洲地区的经济强国。正因如此,不少韩国学生要到中国留学,要学习汉语,以便将来从事与中国有关的工作。

如今,在中国北京、上海等城市的300多所大学里,有来自160多个国家的留学生5万6千余人,其中韩国学生1万6千余人,居各国留学生之首。目前,在韩国各类学校学习中文的学生有13万余人。许多企业办起了"汉语班",以培养熟悉中国业务的人才。由民间创办的各种"中国语学院"更是热闹。在韩国中央政府机构,有400多名公务员正在学习汉语。

越来越多的韩国企业看好中国市场,有的来中国投资,有的把自己的产品打入中国市场。为了开拓中国市场,不少韩国企业非常喜欢聘请从中国归来的留学生,这又使更多的韩国学生选择留学中国。

在日本和泰国,也是如此。作为中国近邻的日本,是来华留学生的第二大生源国。两国在政治、经济、文化、历史上有着多方面的联系。近年来,两国在留学生方面的相互交流,对促进中日两国在各个领域的发展,增强彼此的信任,起到了重要作用。目前,日本来华留学生人数相对稳定,每年1万4千人左右。

1975年中泰两国正式建交。目前,中国已成为泰国的第五大贸易对象国,泰国已成为中国第10大贸易伙伴。在相互投资方面,泰国是东南亚对华投资最早的国家,也是东南亚地区对华投资最多的国家之一。两国经济合作的不断加强,促进了两国的教育交流。

改革开放后的中国,经济发展迅速,社会稳定,与众多国家的经贸活动日益频繁。在亚洲一些国家,懂得中国政治、经济和文化的人才很受欢迎。如今,亚洲一些国家和地区的学生已将中国视为留学国家的首选。

(全文字数:817)

(节选自《中国教育报》2002年2月6日第8版,有改动。)

词语表

1. 异常	yìcháng	(副)	非常;特别 extraordinarily, extremely 非常に,とても 대단히, 특히
2. 前景	qiánjǐng	(名)	将要出现的景象 prospects 先行き,見通し 전망
3. 逐步	zhúbù	(副)	一步一步地 gradually 次第に 한걸음 한걸음, 점차
4. 日益	rìyì	(副)	一天比一天更加…… increasingly (increasing "day-by-day") 日増しに 날로

第一课

5. 如此　rúcǐ　（代）　这样
so; "like this" (正因如此 here literally means "just because [things are] like this", or "consequently")
このようである
이와같다, 이러하다

6. 以便　yǐbiàn　（连）　用在下半句话的开头,表示使下半句所说的目的顺利地实现
in order to
～しやすいように,～するために
~하도록, ~하기 위하여

7. 培养　péiyǎng　（动）　按照一定的目的长期地教育和训练
to train up, to educate; to cultivate
（人材を）育てる
양성하다(일정목적에 따라 장기간 교육, 훈련하다)

8. 创办　chuàngbàn　（动）　开创举办
to start, to found, to set up (a club, school, business etc.)
つくる, 創設する
설립하다

9. 机构　jīgòu　（名）　泛指机关、团体等的内部组织
an organization (here refers to governmental institutions)
機関
기구, 기관이나 단체등의 사업단위

10. 投资　tóuzī　（动）　投入资金
to invest
投資する
투자하다

11. 开拓　kāituò　（动）　打开新局面；开发
to open up (a market)
開拓する
개척하다

12. 聘请　pìnqǐng　（动）　请人担任职务
to recruit; to employ
（ある職務に）招く
채용하다

3

13. 归　　　guī　　（动）　　返回
to return
帰る
돌아오다

14. 促进　　cùjìn　　（动）　　使向前发展
to promote
促進する
촉진하다

15. 领域　　lǐngyù　　（名）　　各种社会活动的范围
field, area (here used in the abstract sense)
分野, 方面
영역, 방면

16. 增强　　zēng-　　（动）　　增进并加强
　　　　　qiáng　　　　　　to strengthen, to enhance
深める, 強める
강화하다

17. 建交　　jiànjiāo　（动）　　建立外交关系
to establish diplomatic relations
国交を樹立する
외교관계를 맺다

18. 贸易　　màoyì　　（名）　　进行商业买卖活动
trade
貿易
무역

19. 对象　　duìxiàng（名）　　行动或思考时作为目标的人或事物
the object (of an action) (here 谈论的对象 means "the subject of discussion")
対象
대상

20. 伙伴　　huǒbàn　（名）　　同伴
partner (in business or trade)
仲間
동료, 파트너

21. 加强　　jiāqiáng（动）　　增强, 使更坚强或更有力
to strengthen
強化する
강화하다

读报纸, 学中文（下册）

4

22.	众多	zhòngduō	（形）	(多指人口)很多很多
				many, numerous
				多い
				매우 많다
23.	经贸	jīngmào	（名）	经济贸易
				economy and trade (short form here used as an adjectival expression "economic and trading")
				経済貿易
				경제무역
24.	频繁	pínfán	（形）	次数多
				frequent
				頻繁である
				빈번하다

泰国	Tàiguó		国家名
			Thailand
			タイ
			태국

1. **在**不少韩国人**看来**,当今中国的发展变化很大。
   在……看来：表示从某个人、某个角度看问题。表示客观介绍某种看法或观点。
   ① 他们贷款买车,看700元一张门票的《大河之舞》,在他们看来,只要是喜欢,钱不是问题,大不了可以贷款。
   ② 据一份统计数据显示,中国网络游戏市场规模,2002年仅为10.2亿元人民币,2003年可能超过20亿元,2005年将达到80亿元。在我看来,这个估计有些保守。
   ③ 她谢绝了不同派别的邀请,推掉了一笔又一笔捐款,在旁观者看来,这种拒绝简直是不可理解的。
2. **正因如此**,不少韩国学生要到中国留学,要学习汉语。
   正因如此：正是因为这样。表示强调由前面所说的原因引起了后面的结果。
   ① 在准备考研的同学中,有很多人认为考研很辛苦,其难度之大不亚于高考。

正因如此,考研最应具备的是毅力。
② 那家公司是著名的大企业,正因如此,该公司的招聘会才吸引了这么多的应聘者。
③ 据医学证明,食肉过多易患肠癌,而且食肉还会引起脂肪过多等疾病。正因如此,生活中应少肉多菜。

3. 韩国学生要到中国留学,要学习汉语,**以便**将来从事与中国有关的工作。

以便:为了。用在后一分句的开头,表示由于前一分句的条件而使目的容易实现。
① 有些求职者在第一次见面时就提出收入要求,以便使用人单位考虑有没有必要继续和自己保持接触。
② 业内人士指出,大陆的笔记本企业在与境外笔记本竞争时,应积极开发自己的核心技术,以便提高竞争力。
③ 你也可以听听各种消息,与本部门或其他部门的人交谈,以便决定自己是否继续留在公司里。

背景知识

全球学习汉语的人数快速增长

据了解,目前全球学习汉语的外国人超过2500万人,有85个国家的2300多所高校开办了中文教学机构或开设了中文课程;在世界各地举办的汉语水平考试(HSK)考点已有34个国家的82个城市,考试人数累计达到55万多人次,年增长在33%左右。据国家留学基金管理委员会统计,2002年全年在华的各类外国留学人数共计达到8.5万余人,其中70%以上是学习中文专业的,国内招收留学生的院校有395所。在中国加入了世界贸易组织、北京将举办2008年奥运会的背景下,来华留学人数和学习中文的人数都将继续上升。

练习

一、请在课外阅读最新中文报刊文章,将其中的两篇剪贴在你的笔记本上,然后把它们写成摘要,并谈谈自己的看法。

二、划线连词:

创办	质量	培养	市场
重视	前景	开拓	人才
吸引	机构	促进	信任
看好	留学生	增强	发展

第一课

三、选词填空：

| 正因如此 | 在……看来 | 以便 | 培养 |
| 创办 | 开拓 | 促进 | |

1. 很多本科生毕业后继续读研究生，_____增强自身的竞争力。
2. _____一些学生_____，供养一个在北京上大学的普通学生，四年差不多也要10万元。
3. 在就业和选择职业方向的问题上，无疑考虑就业应该排在第一位。_____，我们没有办法忽略市场的因素而单纯地来讨论选择职业方向的问题。
4. 完善就业市场和就业服务是_____大学生就业的关键。
5. 这些学校已经拥有一流的教学条件、一流的师资力量、一流的教学水平和先进的办学理念，为国家_____了一大批精英人才。
6. 目前国内市场对纳米的有效需求明显不足，有些产品甚至不知道能用在什么地方，需要_____市场，引导消费。
7. 2003年，南方日报报业集团与光明日报报业集团合作_____了《新京报》。

四、判断A、B两句的意思是否相同：

1. A 韩国学生要到中国留学，要学习汉语，以便将来从事与中国有关的工作。（ ）
   B 韩国学生要到中国留学，要学习汉语，是为了将来从事与中国有关的工作。
2. A 在很多韩国人看来，应该了解当今中国的发展变化。（ ）
   B 很多韩国人认为，应该了解当今中国的发展变化。
3. A 中国将发展成为亚洲地区的经济强国。正因如此，韩国学生要到中国留学。（ ）
   B 韩国学生要到中国留学，是因为中国已经是亚洲地区的经济强国。
4. A 如今，亚洲一些国家和地区的学生已将中国视为留学国家的首选。（ ）
   B 现在，亚洲一些国家和地区的学生已把中国当做留学国家的首选。

五、请按正确的语序将下列各个句子组成完整的一段话：

1. A 也是东南亚地区对华投资最多的国家之一
   B 在相互投资方面
   C 泰国是东南亚对华投资最早的国家
   正确的语序是：（ ）（ ）（ ）
2. A 这又使更多的韩国学生选择留学中国
   B 韩国企业非常喜欢聘请从中国归来的留学生
   C 为了开拓中国市场
   正确的语序是：（ ）（ ）（ ）

六、根据课文内容选择最合适的答案:
 1. 吸引海外学生来中国留学的主要原因有_____个方面。
    A 一　　　　　B 两　　　　　C 三　　　　　D 四
 2. 目前到中国留学的学生人数最多的国家是_____。
    A 日本　　　　B 韩国　　　　C 泰国　　　　D 美国
 3. 目前,在韩国各类学校学习中文的学生有_____。
    A 5万6千余人　B 10万人　　　C 13万　　　　D 13万余人
 4. 目前,日本来华留学生人数相对稳定在每年_____。
    A 1万人　　　 B 2万人　　　 C 1万4千人左右　D 1万4千

七、请尽量使用以下词语进行话题讨论:

| 正因如此 | 以便 | 培养 | 创办 | 开拓 | 促进 |
| 在……看来 | 投资 | 增强 | 加强 | 聘请 | 前景 |

 1. 学好汉语后,你打算将来做什么工作?
 2. 你认为吸引外国学生来中国留学的主要原因是什么?

八、快速阅读:
 阅读一　(字数:332;阅读与答题的参考时间:4分钟)

第三届"留学中国教育展"在汉城举行

　　人民网汉城11月16日电记者徐宝康报道:由中国教育部主办的第三届"留学中国教育展"今天在韩国汉城举行。中国42所著名高等院校参展,盛况空前。

　　目前,韩国已兴起留学中国热,在华留学生约达3万人,居各国来华留学生人数之首。今年参加由中国政府主办的"汉语水平考试"的韩国考生达1万3千余人,居各国考生之首。

　　第三届"留学中国教育展"从11月11日开始先后在韩国的釜山和光州举行,目前在汉城举行的是第三站。举办"留学中国教育展"的目的是,促进交流,传播友谊;宣传中国改革开放,展示中国高等教育质量,吸引更多的外国青年学生实现留学中国的美好梦想。

(选自人民网2002年11月16日,有改动。)

回答问题:
 1. 为什么说目前韩国已兴起了留学中国热?
 2. 举办"留学中国教育展"的目的是什么?

阅读二 （字数：840；阅读与答题的参考时间：10分钟）

学习汉语成为潮流　亚洲学生留学首选中国

　　前不久,全国各地四十多所高校参加的,由中国教育留学部服务中心与韩、日联合举办的第二次中国留学说明会,可谓是规模空前、场面宏大。当我国许多年轻人注意欧、美等国际留学市场时,亚洲其他国家的学生已将中国视为留学国度的首选。"学习汉语,留学中国"在亚洲逐渐成为了一股潮流。

　　来华留学工作处的刘老师给出的资料显示：1997年来华留学的有43712人,到2000年有52150人,在短短的几年间,外国留学生就增长了近1万人,这充分说明了留学中国所呈现的增长趋势。其中,韩国留学生占33%,日本留学生占26%,再加上印度尼西亚、马来西亚、越南等其他国家,亚洲的留学生有70%左右。在北京第二外国语学院的校园里,随处可见三五成群的亚洲留学生。学校外事处的张副处长介绍：目前,在学校长期留学的外国留学生近500人,覆盖了全球各地30多个国家,尤以亚洲学生为主,其中日本、韩国的学生就占了近3/4,并且在未来几年中将呈现直线上升的趋势。

　　据了解,大部分的留学生是来进修汉语的,为期一般是一至两年,也有少部分是攻读学位的,一般他们所选的专业多是应用性较强的,例如,旅游、外语等等。有关专家指出,亚洲出现留学中国热有着其必然的因素。首先,中国作为四大文明古国之一,有着久远的历史,数千年来形成了丰富的文化,这些资源是其他国家无法比的,也成了许多学生希望来的原因之一。其次,中国无论在学习费用,还是日常的生活费用上,与同等留学国家相比是相当低的,一年三五千美金的花销,无疑为吸引留学生提供了更广阔的市场。第三,地区的接近性,使得学生在各方面的适应上更为容易。最后,中国地大物博,人口众多,拥有一个广大的市场,特别是在中国申奥成功和加入世界贸易组织以后,更使世人认识到中国是一个希望与机会并存的国度。（刘圆圆）

　　　　　　　　　　　　（选自《北京青年报》2001年11月29日,有改动。）

回答问题：

1. 2000年在中国学习的留学生中,韩国留学生、日本留学生各占多少？
2. 亚洲出现留学中国热有哪些必然的因素？

阅读三　（字数：1032；阅读与答题的参考时间：12分钟）

韩国流行留学中国

　　随着中国经济的快速稳定发展，以及中国成功申办2008年奥运会和加入世界贸易组织，一股"中国热"正在韩国教育界兴起。

　　18日在汉城市中心的乐天大饭店举行的第二次中国留学说明会有中国的46所大学参加，吸引了众多韩国人的目光。

　　上午，汉城市民们纷纷奔向说明会会场，宽大的会场内顿时人数众多，异常热闹。每个大学的桌前，都有人上前要有关资料，询问去中国留学的问题。韩中教育开发院院长郑基东告诉记者，这次说明会15日先在釜山举行，有600多人参加说明会，其中不少人是从外地赶去的。估计参加汉城说明会的人数将超过在釜山时的数倍。

　　韩国人有崇尚名牌大学的传统。在中国的一些著名大学的桌前，挤满了前来询问的韩国人，担任翻译的一位韩国小姐说得口干，不停地喝水。一名在高丽大学中文系四年级学习的学生告诉记者，他希望到中国去读硕士学位，学习中国经济。当记者问他为什么选择这个专业时，这名学生说："中国经济发展这么快，韩国和中国的经济关系肯定将越来越密切。学这个专业也肯定大有前途。"

　　"学习汉语，留学中国"，正在成为韩国的一股潮流。据韩国方面统计，目前在韩国各类学校学习中文的在校生多达13万余人。许多企业也办起了"汉语班"，以培养精通中国业务的人才。由民间创办的各种"中国语学院"更是异常热闹，在培养汉语人才方面起到了不小的作用。在韩国中央政府机构，目前有400多名公务员正在学习汉语。所有这些都显示出韩国正在兴起一股"汉语热"。

　　一份统计资料显示，中国教育部在韩国举办的汉语水平考试(HSK)得到广泛认同，已成为衡量学生入学、毕业，企业录用人和晋升考核的一个标准。因此，参加这项考试的人逐年上升，今年已达到7700多人。同时，在中国的韩国留学生至去年底已经达到1.67万名，居各国之首。

　　（选自《解放日报》2001年11月19日，有改动。）

第一课

判断正误：

1. 18日在汉城市中心的乐天大饭店举行的第二次中国留学说明会有中国的46所大学参加。（　）
2. 估计参加这次汉城说明会的人数达到600多名。（　）
3. 一名在高丽大学中文系四年级学习的学生告诉记者,他希望到中国学习中国经济。（　）
4. 目前在韩国各类学校学习中文的在校生不到13万名。（　）
5. 在韩国中央政府机构,目前有400名公务员正在学习汉语。（　）
6. 在中国的韩国留学生至去年底已经达到1.67万名,居各国之首。（　）

第二课

课文

旅游和假日消费正在成为新时尚

唐均　张时飞

据网上介绍:有一对美国夫妇有5个孩子,经济贫困,但每到假日全家一定去滑雪,为此要购买7套滑雪器材和滑雪衫,还要付来回的车费等其他费用。人们都认为他们一家简直是疯了。后来,5个孩子都各自结了婚,在他们的记忆里,虽然小时候家里过着贫苦的日子,但总是忘不了那时滑雪的快乐。的确,在发达国家的生活方式中,旅游是人们假日生活所必需的。

改革开放以前,中国的旅游业几乎是专为外国游客设置的。对中国人来说,吃饱穿暖都还是个问题,根本就谈不上旅游休闲。国际经验表明:只有当人们的收入达到小康水平以上时,才会产生旅游的想法。如今,中国城市居民的收入已经达到500~1000美元,从国际经验看,正是旅游消费剧增期。

随着生活水平的提高和生活观念的转变,旅游休闲成为城市人的新时尚。双休日去市郊或周围的景点旅游,"五一"、"十一"以及春节的假日旅游已经成为人们休闲的主要方式。

调查表明:2000年,城镇居民人均旅游支出已达88元,旅游业总收入达到4519亿元,旅游业在第三产业中也占到了15%的比例。以2001年"五一"为例,7天假期全国共接待游客7376万人,由此带来288亿元的巨大收入,因此引出了"假日经济"一说。

与此同时,向往出国旅游的中国人也越来越多。2000年,中国旅游业中出国游的收入达到1356亿

第二课

元。仅2001年"五一"期间,出国旅游的就多达10万人。

据国外媒体报道:80年代中期以前,到欧美旅游的常常是日本人;80年代中期到90年代中期,欧美旅游市场接待的大多是中国香港和台湾人;而到90年代中期以后,到欧美的旅游者中来自中国内地的越来越多了。

(全文字数:709)

(节选自《北京青年报》2002年7月22日,略有改动。)

1. 时尚	shíshàng	(名)	一时的风尚 fashion, fad, trend 時の流行 풍조, 유행
2. 据	jù	(介)	根据 according to 〜によると ~에 따르면
3. 贫困	pínkùn	(形)	贫穷;生活困苦 poor, impoverished 貧困である,苦しい 빈곤하다
4. 购买	gòumǎi	(动)	买 to buy, to purchase 購入する 사다
5. 以及	yǐjí	(连)	用来连接并列的词、词组或小句,表示联合关系;多用于书面语 and, as well as (usually used in formal or literary contexts) ならびに＜書き言葉に多く見られる＞ 그리고

6. 简直	jiǎnzhí	（副）	表示完全如此(带有夸张的语气) completely, totally, simply まるで＜誇張した語気＞ 그야말로, 완전히	
7. 疯	fēng	（形）	精神不正常；神经错乱 mad 正気でない 미치다	
8. 各自	gèzì	（代）	个人自己 each それぞれ 각자	
9. 结婚	jié hūn	（词组）	男子和女子合法地结为夫妻 to get married 結婚する 결혼하다	
10. 记忆	jìyì	（名、动）	过去事物保留在脑子里的印象 memory; to remember 記憶, 覚えている 기억, 기억하다	
11. 贫苦	pínkǔ	（形）	贫困穷苦 poverty and hardship(贫苦的日子 can here be translated as "a hard life") 貧しく苦しい 빈곤하다	
12. 发达	fādá	（形）	已有充分的发展；兴盛 developed, prosperous 発達している＜发达国家＝先進国＞ 발달하다	
13. 必需	bìxū	（形）	一定要有的 must, need to (必需的 here means "necessity") 欠くわけにはいかない 필수적이다	
14. 几乎	jīhū	（副）	差不多；差点儿 almost ほとんど 거의	

第二课

15. 设置　　shèzhì　（动）　　设立
to establish, to set up
設ける
설치하다

16. 小康　　xiǎokāng（名）　　指中等生活水平
well-to-do, fairly prosperous and secure; "middle-income"
ある程度裕福な水準
중류생활 수준

17. 剧增　　jùzēng　（动）　　快速增长
to grow rapidly (剧增期 = period of rapid growth)
急激に増える
급속히 증가하다

18. 双休日　shuāng-（名）　指一个星期中不工作、休息的那两天(一般是星期六和星期日)
　　　　　xiūrì
weekend (literally "two days of rest")
一般的に土・日の休日を指す
주중 일하지 않고 쉬는 이틀(주로 토요일, 일요일)

19. 支出　　zhīchū　（名）　　付出去的钱
spending, expenditure
支出
지출

20. 第三产业　dìsān　（词组）　第一产业是农业;第二产业是工业和建筑业;第三产业是除此之外的行业,通常指为生活、生产服务的行业,如旅游业、商业等
　　　　　　chǎnyè
tertiary industry (service industries)
第三次産業
제 3 산업(제 1 산업은 농업, 제 2 산업은 공업과 건축업, 제 3 산업은 이를 제외한 대부분의 서비스업, 예를 들면 여행산업, 상업 등)

21. 接待　　jiēdài　（动）　　招待
to receive (a guest or visitor)
受け入れる
대접하다, 맞이하다

15

22. 游客	yóukè	（名）	游人 tourist 観光客 여행객
23. <u>假日经济</u>	jiàrì jīngjì	（词组）	指与假日相关的、在假日期间发展起来的经济 holiday economy (i.e. economic activities relating to the holiday period) 休暇経済(効果) 휴일경제(휴일과 관련하여 발전한 경제)
24. 向往	xiàngwǎng	（动）	因热爱或羡慕而希望得到或达到 to aspire あこがれる,考える＜ある程度の経済的能力があって＞ 동경하다, 바라다
25. 媒体	méitǐ	（名）	指交流、传播信息的工具,如报刊、广播、广告等 Media マスメディア 언론매체
26. 报道	bàodào	（动）	通过报纸、杂志、广播、电视或其他形式把新闻传播出去 to report 報道する 보도하다
27. 内地	nèidì	（名）	离沿海或边疆较远的地区 literally "inland regions" (as opposed to coastal or maritime regions) - but often used to distinguish the "Chinese mainland" from other Chinese areas such as Taiwan and the Hong Kong and Macao SARs. 内陸部 내륙(연해나 변방지역과 떨어진 지역)

1. <u>据</u>网上<u>介绍</u>:有一对美国夫妇有5个孩子,经济贫困……
   <u>据……介绍</u>:根据……介绍。后面接所要介绍的具体内容。类似的格式还有:
   据……报道、据……估计等。

16

第二课

① 据2000年第五次全国人口普查数据显示,以退休金作为生活来源的,城市的老人为65%,乡镇的为36.6%,而农村老人只有2.8%。
② 据日本有关方面的不完全统计,手机小说族人数大约在200万人左右。
③ 据国务院发展研究中心产业经济研究部部长刘世锦博士估计,国内汽车生产业的利润在30%以上,甚至高达35%。而目前全社会的平均利润率最高在10%至15%之间。

2. **对**中国人**来说**,吃饱穿暖都还是个问题,根本就谈不上旅游休闲。

对……来说:针对谁(或什么)来谈(某事)。引出行为的发出者,表示论断涉及的主体。

① 对许多考生来说,数学是考研的难点。
② 《不嫁则已》并非只是针对女性读者,对所有成年人来说,婚恋都是一个永恒的话题。
③ 对过去的农村青年来说,参军一直是改变人生命运的重要途径。

3. **以**2001年"五一"**为例**,7天假期全国共接待游客7376万人,由此带来288亿元的巨大收入,因此而引出了"假日经济"一说。

以……为例:拿……作为例子。后面是举例子说明有关情况。

① 以北京市一家民营公司为例,他们今年招聘了几名外地的大学毕业生。
② 以硕士生为例,在沿海地区,特别在北京、上海等地的收入会比西北地区的收入高出一倍以上。
③ 以北京为例,除了今年新建的200处社区健身场所外,还建立了具有国际标准的青鸟商业健身连锁中心和宝迪沃－英派斯健身中心。

背景知识

中国的放假制度

目前,中国平时每周实行"双休日"的放假制度,即周一到周五工作,周六、周日休息。除此之外,中国有四个节日全国放假,即元旦、春节、"五一"劳动节和"十一"国庆节。元旦(1月1日)只有法定的一天假。而春节、"五一"劳动节、"十一"国庆节都有三天法定的假期,再加上把这三个节日前后各一周的双休日放到一起,这样,它们各有一周的假期。一般来说,"五一"劳动节是5月1日到7日、"十一"国庆节是10月1日到7日、春节是农历正月初一到初七放假。由于这三个节日各有一周的放假时间,并能给旅游、交通、商业等行业带来大量经济收入,故这三个节假日被称为"黄金周"。

练 习

一、请在课外阅读最新中文报刊文章,将其中的两篇剪贴在你的笔记本上,然后把它们写成摘要,并谈谈自己的看法。

二、划线连词:
购买　　出国　　　　接待　　机构
向往　　器材　　　　报道　　观念
产生　　水平　　　　转变　　游客
提高　　想法　　　　设置　　新闻

三、选词填空:

| 据……介绍 | 对……来说 | 以……为例 | 购买 |
| 向往 | 接待 | 报道 | |

1. _____我_____,能去西藏旅游是再好不过的事情了。
2. _____广州市人事局局长江云_____,2003年在广州地区就业的高校毕业生达3.9万人,比2002年增长了33.6%。
3. _____本科生_____,发达地区的收入会比欠发达地区高出50%以上。
4. 按照规定,餐饮企业营业面积超过300平方米、同时_____100人以上宴席的,必须严格实行分餐制。
5. 有一天,他在电视上看到一则_____,说的是北京师范大学"农民之子"学会关于北京地区流动儿童的调查。
6. 小时候,他最_____的职业是医生。
7. 许多父母担心孩子上网影响学习而不肯给孩子_____电脑,结果孩子只得偷偷去网吧。倒不如使用家中的电脑,也便于父母监督管理。

四、判断A、B两句的意思是否相同:
1. A 人们都认为他们一家简直是疯了。(　　)
   B 人们都认为他们一家是疯子。
2. A 在他们的记忆里,虽然小时候家里过着贫苦的日子,但却总是忘不了那时滑雪的快乐。(　　)
   B 在他们的记忆里,由于小时候家里过着贫苦的日子,因此想不起那时滑雪的快乐。
3. A 在发达国家的生活方式中,旅游是人们假日生活所必需的。(　　)
   B 在发达国家的生活方式中,旅游在人们假日生活中是不可缺少的。
4. A 改革开放以前,中国的旅游业几乎是专为外国游客设置的。(　　)
   B 改革开放以前,中国的旅游业是专门为外国游客设置的。

第二课

五、请按正确的语序将下列各个句子组成完整的一段话：

1. A 7 天假期全国共接待游客 7376 万人
   B 以 2001 年"五一"为例
   C 因此而引出了"假日经济"一说
   D 由此带来 288 亿元的可观收入
   正确的语序是：(　　)(　　)(　　)(　　)

2. A 而到 90 年代中期以后，到欧美的旅游者中来自中国内地的越来越多了
   B 80 年代中期到 90 年代中期，欧美旅游市场接待的大多是中国香港和台湾人
   C 80 年代中期以前，到欧美旅游的常常是日本人
   正确的语序是：(　　)(　　)(　　)

六、根据课文内容选择最合适的答案：

1. 改革开放以前，中国的旅游业_____。
   A 很少接待国外游客　　　　　　B 接待的国内游客很少
   C 只接待国外游客　　　　　　　D 接待国内游客很多

2. 旅游休闲成为现在中国城市人新时尚的主要原因是人们_____。
   A 现在不太忙　　　　　　　　　B 不愿过城市生活
   C 生活水平的提高和生活观念的转变　D 花钱更大方了

3. 根据国际经验，目前中国城市居民的旅游消费正处在_____。
   A 低水平阶段　　B 成熟期　　C 急剧扩张期　　D 起步阶段

4. 课文最后一段说明_____。
   A 目前到欧美旅游的日本人不多
   B 目前到欧美旅游的香港人不多
   C 目前到欧美旅游的台湾人在减少
   D 目前到欧美旅游的中国内地人在增加

七、请尽量使用以下词语进行话题讨论：

据……介绍	购买	向往	接待	报道	以……为例
对……来说	时尚	必需	几乎	记忆	游客

1. 你最难忘的是哪一次旅游？为什么？
2. 如果去你们国家旅游，你认为最值得去的是什么地方？为什么？

八、快速阅读：

阅读一　（字数：752；阅读与答题的参考时间：7 分钟）

黄金周里出"黄金"

新华社记者　齐中熙

如今，每个黄金周，数千万人大出游，仅旅游的直接收入就在 300

亿元以上。国内旅游市场规模的迅速扩张,假日经济的不断扩展,使"假日消费"不仅扩大了内需,刺激了消费,同时也带来了经济发展观念的一次新变革,成为经济发展的新亮点。

据统计,1989年,我国国内旅游人数只有2.4亿人次。到2001年,达到7.8亿人次。20世纪90年代初,中国公民出境人数只有300万人次。到2001年,达到1213万人次。广大居民用于旅游的支出逐年增加。2000年城镇居民人均旅游支出比1995年增长167.6%。

旅游业作为一个关联度很高的行业,它不仅可以为工业、农业、建筑业等提供巨大的市场,而且还可以带动和促进金融保险业、交通运输业、邮电通信业、文化娱乐业以及对外贸易等行业的发展,甚至可以衍生出一些新的产业。据世界旅游组织测算,旅游业每直接收入1元,会给国民经济相关行业带来4.3元增值效益。

经济学者们认为,当前假日消费已经成为百姓日常生活的组成部分,"假日经济"不仅在拓展消费领域方面取得了突破,而且也成为推动经济发展观念变革的动力。随着百姓消费能力进一步释放、农民收入水平的提高,假日消费人群将继续扩大,这将推动我国经济结构,特别是消费结构的升级。

(新华社2002年10月08日,有改动。)

填空:

1. 据统计,1989年,我国国内旅游人数只有_____人次。到2001年,达到_____人次。
2. 90年代初,中国公民出境人数只有_____人次。到2001年,达到1213万人次。
3. 2000年城镇居民人均旅游支出比1995年增长_____。
4. 据世界旅游组织测算,旅游业每直接收入1元,给国民经济相关行业带来_____元增值效益。

阅读二 (字数:655;阅读与答题的参考时间:7分钟)

我国正成为旅游大国

本报讯 改革开放20多年来,我国已由旅游资源大国发展成为亚洲旅游大国,并正向世界旅游强国迈进。国内旅游自20世纪80年代中期起步,快速发展成世界最大的国内旅游市场,截至去年,出游人数已达7.84亿人次。

2000年,我国开始实行"五一"、"十一"长假政策,"假日经济"应运而生。"假日经济"一经诞生,就和"黄金周"这个概念连在一起。事实也如此,每一个黄金周结束后的盘点都是"金光闪耀"。2000年第一个黄金

第二课

周——国庆7天长假里,全国居民国内旅游的人数达5500万人次;2002年第六个黄金周,"五一"7天长假,全国共接待旅游者8210万人次。

在已经过去的7个黄金周期间,居民消费潜能得到较大释放,黄金周休假作为新的经济增长点效果渐显。以旅游为龙头,交通、商业、餐饮、金融、通讯、文化、娱乐、租赁、房地产以及相关服务业全面增长,仅旅游一项,前七个黄金周累计国内出游人数高达4.6亿多人次,实现旅游收入1831亿元,相当于去年全社会消费品零售总额的4.87%。

长假出游,不仅玩出乐趣,玩出健康,还"玩"出一个大产业。旅游业作为一个关联度很高的行业,它不仅为我国的工业、农业、建筑业等提供巨大的市场,而且还带动和促进金融保险业、交通运输业、邮电通信业、文化娱乐业以及对外贸易等行业的健康发展。

(选自《人民日报》2002年10月14日第9版,有改动。)

回答问题:

1. 为什么说在已经过去的7个黄金周期间,黄金周休假作为新的经济增长点效果渐显?
2. 旅游业作为一个关联度很高的行业,它还可以带动哪些行业的发展?

阅读三 (字数:1077;阅读与答题的参考时间:12分钟)

中国旅游业阔步前行

本报记者 鄂平玲

国家旅游局统计的结果表明,2001年,我国入境旅游人数达8901万人次,比上年增长6.2%,继续位居世界第五;国际旅游(外汇)收入达177.92亿美元,比上年增长9.7%,首次跃居世界第五位;国内旅游人数达7.84亿人次,比上年增长5.3%;国内旅游收入达3522.36亿元人民币,比上年增长10.9%;全国旅游业总收入已达4995亿元,相当于当年国内生产总值的5.2%,比上年提高了0.15个百分点。截至2001年末,全国旅游业直接从业人员597.72万人,比上年末增长6.0%。

目前中国首次实现了从"旅游资源大国"发展成为"亚洲旅游大国"。

近年来,国内旅游迅猛发展的起因,除了中国经济发展速度的不断增长和人们收入水平的提高外,1995年开始享受每周2天休息制度和1999年全国年节及纪念日放假实行新办法的出台,无疑为逐渐兴起的大众出行旅游市场再添一把火。据不久前全国假日办发布的公报显示:

"十一"期间,全国共接待旅游者8071万人次,实现旅游收入306亿元。

中国公民自费出境旅游活动以"新、马、泰游"为开端。到2001年底,中国人出境旅游的目的地包括新加坡、马来西亚、泰国、菲律宾、印度尼西亚、柬埔寨、越南、老挝、缅甸、文莱、尼泊尔、韩国、澳大利亚、新西兰、日本、德国、土耳其、马耳他18个国家以及香港、澳门地区。与此同时,中国人自费出境旅游的人数也逐年递增。1991年至1997年,出境旅游人数年平均增长17.25%;1997年至2000年,出境旅游人数平均每年以30%的速度增长;2001年全年出境旅游人数达1213万多人次,比上年增长15%。

据世界旅游组织预测,2020年,中国将成为世界第四大旅游客源国。届时,将有1亿中国人迈出国门。按照旅游业的发展规划,从现在起,再经过十几年的努力,我国将实现从"亚洲旅游大国"向"世界旅游大国"的新的历史性跨越。

(节选自《人民日报》(海外版)2002年10月19日第1版,有改动。)

判断正误:

1. 2001年我国入境旅游人数和国际旅游(外汇)收入都首次跃居世界第五位。(　　)
2. 截至2001年末,全国旅游业直接从业人员近600万人,比上年末增长6.0%。(　　)
3. 目前中国已由"旅游资源大国"发展成为"亚洲旅游大国"。(　　)
4. 近年来,国内旅游迅猛发展的起因,也与实行放假新办法有关。(　　)
5. 到2001年底,中国人出境旅游的目的地包括香港、澳门和台湾地区。(　　)
6. 中国正发展成为"世界旅游大国"。(　　)

第三课

课文

家庭"四大件"的变化

唐均 张时飞

从20世纪50年代以来，中国人习惯地将一些重要的家用消费品概括成"四大件"，同时，是否拥有"四大件"也就成为评价个人财富以至社会地位的标准。

从上个世纪的50年代到70年代，"自行车、缝纫机、手表、收音机"是"30年不变"的第一代"四大件"，其消费水平基本上是"百元级"的。从80年代到90年代中期，随着人民生活水平的不断提高，"四大件"第一次发生改变，"冰箱、彩电、洗衣机、录音机"成为人们新的追求目标，其消费水平也上升到了"千元级"。

到了90年代后期，"四大件"的类型再次变动，这次的新型产品成了"空调、电脑、手机、汽车"，消费水平再次升级，已经涉及"万元级"的家用消费品。

于是，国家统计局公布，自2002年1月起我国居民消费水平的计算方法将作出重大修改，汽车、电脑、移动电话等价钱较高的商品被列入消费水平的统计范围。

进入新世纪以来，居民家庭消费的注意力已经突破有限的几大件，而且更重视个性和享受。即使是通常被看成生活必需品的食品和服装，也追求高品质。上酒楼饭店消费越来越平常，服装方面则更多地注意合适和满意。家用消费品，如彩电、空调、手机、电脑都在不断地升级换代，人们追求更好的产品质量和优质服务。

据国家统计局提供的信息，目前最具发展潜力的

6大消费领域是：

1. 住房消费。2000年,城市居民家庭住房自有率已达到77%。而2001年全国商品房销售额继续增长,增长的幅度超过40%。住房消费还带动了住房装修、家具、家电等的相关消费。

2. 汽车消费。到2000年,已经达到平均每200个城镇家庭就拥有1辆"私家车"。而2001年销售额增幅近20%,私人购车比例则超过了50%。

3. 通讯及电子产品的消费。2002年以来一直以月平均20%以上的速度增长。

4. 文化教育消费。2001年中国实际文化消费量为800多亿元,专家估计潜在消费能力为3000~6000亿元。

5. 节假日及旅游消费。

6. 服务性消费。

(全文字数:836)

(节选自《北京青年报》2002年7月22日。)

1. 四大件	sìdàjiàn	(简称)	对四种主要家庭用品的简称 The "four bigs" refers to the products that have functioned as status symbols at different periods during China's economic development over the past thirty or forty years. Numerical designations of this kind are extremely common in Chinese culture (for example, "the four olds", "the ten famous teas", "the five sacred mountains" etc.). 一般庶民が買いたいと思う四大商品＜中国の経済発展の指標として用いられる＞ 4대 중요 상품의 약칭

第三课

2. 概括　　gàikuò　　（动）　　总结事物的共同点；总括
to sum up, to summarize
総括する
요약하다, 총괄하다

3. 是否　　shìfǒu　　（副）　　是不是
whether (or not)
〜であるかどうか
〜인지 아닌지

4. 拥有　　yōngyǒu　　（动）　　具有、属有
to possess, to own
持つ, 持っている
소유하다

5. 评价　　píngjià　　（动）　　评定价值高低
to value; to put a value on (something)
評価する，（優劣、高低などを）決める
평가하다

6. 以至　　yǐzhì　　（连）　　表示由小到大、由少到多、由浅到深、由低到高发展，或向相反方向发展 up to; and even. Here 个人财富以至社会地位的标准 means "the standard for personal wealth and even for social status"
（種類、程度、数量の上限と下限を定めて）
〜からさては…まで
〜까지, 〜에 이르기까지(작은 것에서 큰 것, 적은 것에서 많은 것, 얕은 것에서 깊은 것, 낮은 것에서 높은 것으로 발전, 혹은 상반되는 방향으로 발전)

7. 缝纫机　　féngrènjī　　（名）　　用来做针线活的机器
sewing machine
ミシン
재봉틀

8. 上升　　shàngshēng　　（动）　　指等级、程度、数量等升高或增加
to rise
（程度、数量などが）上がる, 増える
상승하다

9.	类型	lèixíng	（名）	种类

kind, type
類型, 種類
유형, 종류

10.	变动	biàndòng	（动）	发生变化

to change
変わる
변동되다, 변화하다

11.	新型	xīnxíng	（形）	新式；新的类型

new type
新しいタイプの, 新型の
신형

12.	涉及	shèjí	（动）	关系到；牵涉到

to involve, to relate to, to deal with
及ぶ, 達する
관련되다, 미치다

13.	统计	tǒngjì	（动）	总括地计算

to estimate, to count. Here 统计局 means "The Bureau of Statistics"
統計する
통계 합산하다

14.	公布	gōngbù	（动）	公开发布，让大家知道

to proclaim, to make public
公表する
공표하다

15.	突破	tūpò	（动）	打破；超出

to break or smash(a previous record, etc.); to break through; to exceed
超える
돌파하다

16.	有限	yǒuxiàn	（形）	表示数量不多；程度不高

limited
限られている, わずかである
유한하다 (수량이 많지 않거나 정도가 높지 않음을 나타냄)

17.	个性	gèxìng	（名）	个人特有的气质、兴趣、性格等心理特征的总和

personality
個性
개성

第三课

18.	品质	pǐnzhì	（名）	产品的质量 quality 品質 품질
19.	优质	yōuzhì	（形）	优良的质量 high quality (as an adjective can mean "superior") 優良の 우수한 품질
20.	信息	xìnxī	（名）	音信；消息 news 情報, ニュース 소식, 정보
21.	潜力	qiánlì	（名）	存在于内部还没有发挥出来的力量 potential 潜在力 잠재력
22.	居民	jūmín	（名）	在一个地方固定居住的人 residents 住民 주민
23.	销售	xiāoshòu	（动）	卖出（商品） sales 販売する 판매하다
24.	额	é	（名）	指限定的数目 sum, amount, figure; total 額 액, 수량
25.	幅度	fúdù	（名）	比喻事物变化的大小程度 rate (of rise or fall) （変動の）幅, 割合, 度合い 폭
26.	带动	dàidòng	（动）	用力量或人的行动使别的物体或人跟着行动。 to lead to (progress, improvement) 導く 이끌다

27. 私家车　　　sījiāchē（名）　　　私人购买的汽车
　　　　　　　　　　　　　　　　　private car
　　　　　　　　　　　　　　　　　自家用車
　　　　　　　　　　　　　　　　　자가용

1. 是否拥有"四大件"也就成为评价个人财富以至社会地位的标准。
   以至：直到。表示由小到大、由少到多、由浅到深、由低到高发展，或向相反方向发展。
   ① 从上个世纪的 50~70 年代，由于人们的生活水平没有什么变化，"自行车、缝纫机、手表以至收音机"成了"30 年不变"的第一代"四大件"。
   ② 房子是如此的重要，以至不少女人说，没有房子就是没有家，找房子甚至比找老公还难。
   ③ 他俩是好朋友，平时总是在一起说笑，以至同学们在背后议论，说他俩是恋人。

2. 随着人民生活水平的不断提高，"四大件"第一次发生改变，"冰箱、彩电、洗衣机、录音机"成为人们新的追求目标，其消费水平也上升到了"千元级"。
   随着：介词。引出事物变化的条件。
   ① 随着移动用户对连载小说的重视程度日渐提高，各种性质的手机小说网站也不断出现，大到由出版社经营的收费网站，小至个人创建的免费网站等。
   ② 随着新世纪的到来，中国人找对象的标准发生了巨大变化。一项统计资料显示，90%的广州未婚女性看重婚恋对象的钱包，而 50%以上的未婚男性要找一个"野蛮女友"调节忙碌枯燥的生活。
   ③ 随着市场经济体制改革的不断深入，社会越来越需要复合型人才。

3. 自 2002 年 1 月起，我国居民消费水平的计算方法将作出重大修改，汽车、电脑、移动电话等价钱较高的商品被列入消费水平的统计范围。
   自……起：从……开始。中间插入表示时间概念的词语。
   ① 自 2001 年起，高耀洁开始将更多的时间和精力放在救助艾滋孤儿上。
   ② 自 2004 年 1 月起，广州市开始改革现行的人口增长调控管理办法。但是，广州市控制人口不控制人才的原则将不会改变。
   ③ 自进入大学校门起，他就一直考虑怎样才能让大学四年过得有价值，所以一直在努力寻求实现人生价值的道路。

第三课

背景知识

中国家庭的消费水平与"四大件"的变化

中国家庭的消费水平先后经历了四个阶段的变化：一、从20世纪50~70年代，"自行车、缝纫机、手表、收音机"是"30年不变"的第一代"百元级"的"四大件"；二、从20世纪80年代到90年代中期，"冰箱、彩电、洗衣机、录音机"成为第二代"千元级"的"四大件"；三、到了90年代后期，"空调、电脑、手机、汽车"成为第三代"万元级"的"四大件"；四、进入21世纪以来，家庭消费已突破有限的几大件，具有个性化与多样化的特点。

练习

一、请在课外阅读最新中文报刊文章，将其中的两篇剪贴在你的笔记本上，然后写成摘要，并谈谈自己的看法。

二、划线连词：

销售	结果	突破	数字
公布	消费	拥有	内容
带动	关系	统计	财富
变动	商品	概括	限制

三、选词填空：

拥有	以至	随着	公布	自……起
销售	带动	评价	是否	突破

1. 他专心地画画，_____电话铃响了，他都不知道。
2. _____1995年_____，国家实行五天工作制，加上其他节日放假，全年假日时间已达114天。
3. _____青春期的到来，中学生们开始走向成熟。
4. _____一个和平安定的生活环境，是所有热爱和平的人们的共同愿望。
5. 复旦大学青年研究中心日前_____的《2002-2003年上海大学生发展报告》显示，上海大学生认为影响毕业求职的要素中，学校名气位列首位。而这一因素在2000年的调查中，还排在专业和学习成绩之后。
6. 人们在_____一份工作是否满意时，职业兴趣在其中的影响力所占比重越来越大。

7. 有关资料显示,近两年来,中国每年电脑_____上千万台,未来5至10年的年增量更被业内人士估计为25%左右。

8. 学生最终选择在哪里就业,首先是看_____有发展前景,沿海地区最有吸引力的是开放意识和先进管理制度等软环境。

9. 如果你是一个领导者,对工作非常热心,这会影响和_____你周围的人,他们会更加敬业。

10. 一套2003年3月出版的《写给小读者》系列丛书在一个地区的发行量已经_____3万本。

四、判断A、B两句的意思是否相同:

1. A 从20世纪50年代以来,中国人习惯地将一些重要的家用消费品概括成"四大件"。(　　)
   B 20世纪50年代,中国人习惯地将一些重要的家用商品概括成"四大件"。

2. A 是否拥有"四大件"成为评价个人财富以至社会地位的标准。(　　)
   B 评价个人财富以至社会地位的标准是看这个人是否拥有"四大件"。

3. A 即使是通常被看成生活必需品的食品和服装,也追求高品质。(　　)
   B 在被看成生活必需品的食品和服装上,人们并不追求高品质。

4. A 2001年中国实际文化消费量为800多亿元,专家估计潜在消费能力为3000~6000亿元。(　　)
   B 2001年中国实际文化消费量大大小于专家估计的潜在消费能力。

五、请按正确的语序将下列各个句子组成完整的一段话:

1. A "四大件"第一次发生改变
   B 随着人民生活水平的不断提高
   C 从80年代到90年代中期
   D "冰箱、彩电、洗衣机、录音机"成为人们新的追求目标
   E 其消费水平也上升到了"千元级"
   正确的语序是:(　　)(　　)(　　)(　　)(　　)

六、根据课文内容选择最合适的答案:

1. 从上个世纪的50~70年代,"30年不变"的第一代"四大件"是_____。
   A 冰箱、彩电、洗衣机、录音机　　B 自行车、缝纫机、手表、收音机
   C 空调、电脑、手机、汽车　　　　D 住房、汽车、手机、电脑

2. 从20世纪50年代到90年代后期,"四大件"类型先后发生过_____变化。
   A 一次　　　B 三次　　　C 两次　　　D 四次

3. 目前中国最具发展潜力的6大消费领域并不包括_____。
   A 住房　　　B 汽车　　　C 电脑　　　D 服装

4. 本文的主要内容是介绍_____。
   A 50~70年代中国人的消费水平很低
   B 中国的商品越来越丰富
   C 中国家庭重要消费品的变化
   D 中国人对生活越来越满意

七、请尽量使用以下词语进行话题讨论：

| 拥有 | 以至 | 随着 | 公布 | 突破 | 自……起 |
| 销售 | 带动 | 是否 | 评价 | 个性 | 品质 |

1. 中国家庭"四大件"变化的原因是什么？
2. 课文中所讲的最具发展潜力的六大消费领域中，哪一领域会发展最快？

八、快速阅读：

阅读一　（字数：873；阅读与答题的参考时间：9分钟）

手机、电脑、CD机 大学生流行"三大件"

　　手机取代了寻呼机、电脑替换了钢笔、CD机听音乐更舒服！越来越多的中国大学生采用全新的"三大件"，大步迈进国际时尚的消费潮流。

　　湖南大学大一新生吴同学在长沙市平和堂商厦为自己购买了一台CD机。他说："买个CD机算是给自己考上大学的奖励，它的效果比随身听要好。"说到手机和电脑，他笑着说："那些高中就开始用了。"

　　平和堂商厦一位售货员介绍说："一到暑假，这里的手机、电脑、CD机等销售量就直线上升，购买者大部分是大学生。"

　　手机、电脑、CD机在中国市场上价格不低。一台功能强大、外形迷人的手机通常要卖到5000多元，这三件商品在大商场至少要1万元才能购齐。

　　湖南师范大学新闻系99级学生刘梁说："大学生的消费观念慢慢起着变化，我大一刚进校有个超薄的随身听，大二下学期就换了个CD机，大三开始用手机和朋友交流，现在全班手机普及率超过70%。手机费差不多是生活费的三分之一。"

　　在中国南方高校最密集的城市南京，当地仅7月高考后就有近3万部手机被"准大学生"买走，并且整个暑假都是电脑销售的旺季，买主绝大部分是大学生。

　　相对于以往，当代中国大学生消费的变化是明显的。湖南省文化厅副厅长、教育专家雷鸣强分析说，信息化社会已经悄然走近我们的生活，手机、电脑、CD机等这些以往人们觉得异常贵重的商品已越来越普及，并显得重要了；现在社会贫富差距比以往要大，这一点也体现在大学生消费上面了。

"从趋势上看,这体现了一个时代的进步。但这种变化除了让我们惊叹时代的进步和社会的发展之外,还存在着许多让人忧虑的地方。"雷鸣强说。

大学生的消费日渐增加,让中国工薪阶层的家长叫苦不已。据《中国青年研究》调查,80.2%的大学生手机费用支出由家里供给,12%依靠节约日常生活费,只有6.7%的人依靠勤工俭学。(赵晗 郁明星)

(节选自《解放日报》2002年11月15日,有改动。)

回答问题:
1. 目前中国大学生中流行的"三大件"是什么?
2. 教育专家雷鸣强是如何评价大学生的消费变化的?

阅读二 (字数:825;阅读与答题的参考时间:9分钟)

"四大件"细说生活变化

上世纪五十年代至七十年代末,由于当时市场上销售的是国产品牌商品,并且凭票供应,因此年轻人结婚时,都想方设法托人买来"四大件"——手表、自行车、缝纫机、收音机。进入八十年代后,广大群众的消费热点渐渐变成了"新六件"——电视机、录音机、电风扇、洗衣机、电冰箱、录放机。这些商品是以国外进口产品为先导,初步形成消费热点。随着国内大规模生产线的引进,很快形成进口与国产产品平分秋色,然后开始转向国货占据市场主流的局面。

随着改革开放的不断深入,社会上的商品物资极大丰富了,更使九十年代的耐用品消费发生很大变化。也是从那时起,耐用品消费开始走向多元化,大屏幕彩电、空调器、电话(含移动电话)、家庭电脑、家庭影院以及摩托车,甚至小汽车也成为居民家庭的消费对象。居民家庭对耐用品的消费需求已由最初的"大众型",实现了向"娱乐型"和"享受型"的巨大跨越。

据了解,截至2001年底,鞍山市城市居民平均每百户拥有洗衣机94.5台,电冰箱95台,彩电219台,录音机65台,淋浴热水器55台,摩托车13辆,影碟机34台,照相机53架。与1990年相比,各类耐用品消费均有较大幅度的增长,有的品种增长达几倍、甚至十几倍。一些老式耐用品,如缝纫机、黑白电视等拥有量不仅明显减少,有的几乎消失。特别引人注目的是,曾被视为富有、级别象征的电话,在短短的三五年内,已迅速进入寻常百姓家中,移动电话、无线寻呼等现代通讯工具已被越来越多的人所拥有,小汽车已开始驶进许多富有的家庭。

(新华网2002年12月02日10:35,有改动。)

第三课

> 回答问题：
> 1. 上世纪五十年代至七十年代末的"四大件"是什么？
> 2. 进入八十年代以后的"新六件"是什么？
> 3. 九十年代的耐用品消费发生了什么变化？
> 4. 截至2001年底，鞍山市城市居民平均每百户拥有的洗衣机、电冰箱、彩电、录音机、淋浴热水器、摩托车、影碟机、照相机，各为多少台？

阅读三　（字数：1231；阅读与答题的参考时间：14分钟）

鞍山百姓生活质量不断提高，"三大件"变了样

　　自上世纪90年代以来的10多年间，鞍山市民的消费水平不断提高，即从千元级的家电消费，万元级的移动电话、普通住房，到现在的十万元级的私人汽车、商品房。

　　据鞍山市的一项调查显示，2001年鞍山市城市居民消费性支出人均5449元，比1990年增长了2.6倍。1990年的彩电、冰箱、洗衣机等"三大件"如今已经趋于饱和，并不断更新换代，电脑、商品房以至家用汽车正成为新世纪鞍山市民的"新三大件"。

　　"数字鞍山"为我们展现出全新的市民生活质量。2001年，鞍山市居民每百户拥有彩电119台、冰箱(含冰柜)106.5台、洗衣机94.5台、空调7台、电脑10台、家用汽车0.5辆；居住条件明显改善，人均居住面积已经由1990年的6.1平方米提高到今天的9.5平方米，增长55.7%，居民住房紧张状况得到较大改善；住房改革的不断深化，货币化分房的深入实施，住房消费观念的变化，让越来越多的市民拥有了称心如意的住房，最新调查统计，拥有个人产权住房的比例已经达到了62%。

　　在"吃要营养、穿要时尚、用要高档"为消费热点的今天，市民基本消费需求正在逐年下降。以反映市民生活质量的恩格尔系数(食品占消费支出的比重，系数越低生活质量越高)为例，自1990年以来逐年下降，2001年达到37.6%，已经下降了13个百分点。与此同时，娱乐文教、交通通讯等发展型消费比重逐渐上升，2001年人均分别达到812元和411元，占消费性支出比重为14.9%和7.5%，比1990年分别提高6个百分点和5.7个百分点。

　　2001年鞍山市城市居民人均可支配收入6481.56元，与1990年的1828.93元相比增长了2.5倍，平均每年以2位数增长，居民物质生活水平指标全面实现小康目标。

　　市民家庭收入提高的同时，收入构成也发生了显著变化，职工收入比重下降，非职工收入比重上升。2001年，鞍山市居民个体经营和个体

被雇收入人均分别为 254 元和 146 元,是 1990 年的 100 多倍,其他就业和兼职等劳动收入也大幅增加;在家底增厚的同时,城市居民家庭资产投资的收益明显,参与股票、债券等投资所获得的红利和利息收入显著增加,财产性收入人均 217 元,是 1990 年的 13 倍。

(新华网 2002 年 11 月 03 日 15:31,有改动。)

判断正误:

1. 2001 年鞍山市城市居民消费性支出人均 5449 元。(　　)
2. 电脑、空调以至家用汽车正成为新世纪鞍山市民的"新三大件"。(　　)
3. 2001 年,鞍山市居民每百户拥有洗衣机 94.5 台。(　　)
4. 1990 年鞍山市城市居民人均居住面积为 9.5 平方米。(　　)
5. 2001 年鞍山市居民人均交通通讯消费达到 411 元。(　　)
6. 2001 年鞍山市城市居民人均可支配收入达到 1828.93 元。(　　)
7. 2001 年,鞍山市居民个体经营收入人均为 254 元。(　　)

第四课

 课文

面对全新的网络时代

在各种媒体上,越来越多地出现这样的争论:网吧似乎成为了一种最时髦的文化消费场所,一个"新新人类"的诞生地;网上聊天可能成为婚外感情的表达空间;网络文章,可能成为侵犯作者知识产权的危险地带……网络已经成为当今社会各方高度关注的领域。

20世纪下半叶以来,互联网在世界范围内的迅速发展,对各国的政治、经济、社会、文化等领域产生了巨大而深远的影响。信息网络化的发展水平已经成为评价一个国家现代化水平和综合实力的重要指标之一。高科技不仅改变着社会结构和经济运行方式,而且还改变着人们的心理状态和行为方式,从而引起了人们生活方式的变化。

全国互联网络调查统计报告显示:截止到2002年6月30日,我国上网计算机总数已经达到1613万台,上网用户总数则达到4580万人。

一种被称为网络文化的东西产生了。网络文化作为一种独特的社会文化现象,深刻地反映着社会变化,展现出社会心理的丰富多样。然而,网络文化并不是完全有益无害。如果使用合理,网络便能给人们的生活带来效率与快乐,如果使用不合理,网络则会对人们自身造成消极影响甚至危险。

一方面,网络为人们展现了一种全新的文化空间。人们在网上工作、学习、查询、购物、聊天、

游戏等,每一事物或活动都会使人感受到与以往生活世界不大一样的体会。另一方面,网络文化在使人们的交流或互动异常开放的同时,也给以往的法律、道德带来种种难题。

在众多的网络信息中,危害性最大的是各种有毒文化:展现色情、暴力的网络"色情文化"、"暴力文化",给网民带来各种消极影响,甚至使有的人走上消极、犯罪道路。另外,网络"黑客现象",也具有较大危害性。黑客未经允许进入计算机信息系统,对系统进行攻击,甚至利用计算机病毒破坏部分系统或全部网络,这已经成为威胁国家安全、商业秘密和个人隐私的严重犯罪问题。

人类世界正在进入信息网络化时代。它所提供的世界是崭新的,因此,对这个在很大程度上超出传统法律和伦理限制范围的领域,应该尽快建立与完善一种崭新的网络伦理和网络法律。这已经成为一种时代要求。

（全文字数:874）

（节选自《北京青年报》2002年8月5日,有改动。）

词语表

1. 争论	zhēnglùn	（动）	各自坚持自己的观点,相互辩论 debate; controversy (can also be used as a verb meaning "to engage in controversy") 議論し合う 논쟁하다 (의견이 다른 사람들이 각자 의견을 주장함)
2. 网吧	wǎngbā	（名）	提供各种上网服务的营业性场所 internet bar/cafe インターネットカフェ PC방
3. 时髦	shímáo	（形）	合乎时尚 fashionable, trendy 流行の 유행하다, 현대적이다

第四课

4. 新新人类　xīnxīn rénlèi　（词组）　指一个时代最新潮、最时髦的年轻人
"trendsetter"
流行を追う人
신인류, 가장 현대적인 젊은이들

5. 侵犯　qīnfàn　（动）　非法占有他人的权益。
to violate
侵害する
침범하다 (다른 사람의 권리를 훼손하다)

6. 产权　chǎnquán　（名）　财产的所有权
literally "rights of the producer" 知识产权 means "intellectual property rights"
財産権
재산권

7. 实力　shílì　（名）　实有的力量
(actual) strength
実力
실력

8. 指标　zhǐbiāo　（名）　规定达到的标准(数量上或质量上)
target
指標
지표, 목표

9. 结构　jiégòu　（名）　指各个部分组成整体的结合方式
structure
構造, 構成
구조

10. 运行　yùnxíng　（动）　有规律的运转
to operate, to run
巡り回る, 動く
운행하다

11. 从而　cóng'ér　（连）　连接表示原因和表示结果的两个分句；因此就
thus
それによって
따라서, 그리하여

12. 引起　yǐnqǐ　（动）　使产生
to cause, to arouse, to trigger
引き起こす
야기하다, 일으키다

13.	截止	jiézhǐ	（动）	到一定期限停止 by (the end of a period, or deadline) 締め切る 마감하다
14.	反映	fǎnyìng	（动）	比喻把客观事物的实质显示出来 to reflect （客観的に事物の本質を）反映する，物語る 반영하다
15.	然而	rán'ér	（连）	用在分句开头，表示转折 but, however, on the other hand しかし，しかしながら 그러나, 그렇지만
16.	有益	yǒuyì	（形）	有好处；有帮助 beneficial 有益である 유익하다, 도움이 되다
17.	自身	zìshēn	（名）	自己 -self (oneself) 自身，自分 자신
18.	造成	zào-chéng	（动）	某一举动或某个情况而引起了某种后果，其后果多是坏的 to result in, to lead to, to bring about （多くはよくない結果を）引き起こす，もたらす 조성하다, 만들다
19.	消极	xiāojí	（形）	消沉的；不求上进的 negative マイナスである，否定的である 부정적이다, 소극적이다
20.	展现	zhǎnxiàn	（动）	清楚地显现出来 to introduce (someone) to...; to set before (someone's) eyes; to present (someone) with a vision of... 現す，展開する 펼치다, 뚜렷하게 나타내 보이다
21.	游戏	yóuxì	（名）	娱乐活动 game ゲーム 게임

第四课

22. 暴力　　bàolì　　（名）　　武力；强制的力量
violence (here used as an adjective "violent")
暴力, 武力
폭력

23. 犯罪　　fànzuì　　（动）　　做出犯法的、应受处罚的事
to commit a crime
罪を犯す
죄를 범하다

24. 黑客　　hēikè　　（名）　　指非法侵入他人计算机系统的人，有的进行恶意的破坏
Hacker
（コンピューターの）ハッカー
해커

25. 攻击　　gōngjī　　（动）　　进攻
to attack
攻撃する
공격하다

26. 威胁　　wēixié　　（动）　　用威力使人屈从
to threaten
脅威を与える, 危うくする
위협하다

27. 隐私　　yǐnsī　　（名）　　不愿告人的个人私事
personal affairs (matters that one wishes to keep private)
プライバシー
사생활, 프라이버시

28. 崭新　　zhǎnxīn　　（形）　　很新；最新
brand new
斬新である
참신하다, 아주 새롭다

29. 尽快　　jǐnkuài　　（副）　　尽量加快
as quickly as possible
できるだけ早く
되도록 빨리

词语例释

1. 高科技不仅改变着社会结构和经济运行方式,而且还改变着人们的心理状态和行为方式,从而引起了人们生活方式的变化。

   从而:因此就。连词。表由上句的条件而产生某种结果。用于后一小句的开头,多用于书面。

   ① 在一个正常的社会中,无论是穷人还是富人的财产和权利都应当受到保护,这样才能实现权利的高水平均衡,从而建立一个既有利于发展,又有利于公平的社会。
   ② 要通过各种税收制度、收入再分配制度等,有效地调节不同阶层的利益差别,从而在一部分人率先富裕的基础上实现人民的共同富裕。
   ③ 在经济发展过程中,发展中国家由于经济总量的限制,本身提供适合大学生的就业岗位就有限,从而产生了就业总量的矛盾。

2. 截止到2002年6月30日,我国上网计算机总数已经达到1613万台,上网用户总数则达到4580万人。

   截止到(截至):到……为止。后面接表示时间的词语。

   ① 截止到2003年12月10日,通过广州市人事局网上申办接收的高校毕业生为16422人,比2002年增长了7%。
   ② 截止到2001年5月底,全国共有323家纳米企业,社会投入资金约30亿元。
   ③ 电影《手机》截止到2004年1月5日已获得4500万元的票房成绩,而且这一数字目前还在上升,有望突破5000万大关。

3. 然而,网络文化并不是完全有益无害。

   然而:表示转折。多用于书面。

   ① 创造的过程是艰辛的,然而果实是甜美的。只有经历了艰辛的人才能品尝出果实的甜美。
   ② 最近据日本总务省统计,文字出版物的销售形势并不好,几年来不断减少。然而,与之形成鲜明对比的是,手机小说却越来越受到读者欢迎。
   ③ 不要害怕失败,好命运是"碰"出来的。美国《财富》杂志的一项调查表明,在绝大多数的大企业家中,平均有3.75次破产的记录,而绝大多数世界级的名人中,他们都有着失败的经历。然而,他们坚持到了成功的那一天。

第四课

背景知识

网络文化

网络文化具有多变性、时尚性、开放性、虚拟性(不真实性)等特点，随着计算机的进一步普及和上网人数的增加，网络文化在人们的日常生活中的影响越来越大，它在带给人类全新的方便与好处的同时，也对人们以往的生活方式带来全新的挑战，网上的色情文化、暴力文化、黑客现象等，给社会带来种种危害。这需要新的网络伦理与网络法律来制约网络文化，从而使网络文化朝着更有益于人类社会的健康方向发展。

练习

一、请在课外阅读两篇最新中文报刊文章，将它们剪贴在你的笔记本上，然后把其中的一篇写成摘要，并谈谈自己的看法。

二、划线连词：

威胁　　问题　　　　反映　　损失
侵犯　　变化　　　　造成　　情况
引起　　产权　　　　攻击　　范围
争论　　安全　　　　超出　　系统

三、选词填空：

| 从而 | 截止到 | 反映 | 然而 |
| 造成 | 威胁 | 侵犯 | |

1. _____目前，还没有一个关于电子垃圾如何回收、处理的法规，也没有一个部门对此负责。
2. 作为基本人权的一部分，生命权和财产权神圣不可_____。
3. 姚明还要"学会"犯规，_____保证在球队最需要自己的时候还能留在场上。
4. 生存是人最基本的需求，当生存受到了_____，其他方面的需求就变得不那么重要了。
5. _____西部地区人才流失的主要原因是西部地区的经济社会总体上比较落后，吸引和留住人才的大环境还没有完全形成。
6. 专家认为，由于网络的存在和报考政策的日益宽松，从表面上看考研完全是个人化的选择，_____其背后却有着深刻的社会原因。
7. 在901个农村高中生的梦想或理想中，涉及到未来职业的有199个，占总数的22%，未来职业是梦想的第一大主题，这_____了农村高中生对这一问题有较多的思考。

四、判断 A、B 两句的意思是否相同：
1. A 信息网络化的发展水平已经成为评价一个国家现代化水平和综合实力的重要指标之一。（　　　）
   B 信息网络化的发展水平已经是评价一个国家现代化水平和综合实力的最重要的指标。
2. A 网络文化并不是完全有益无害。（　　　）
   B 网络文化只有好处，没有坏处。（　　　）
3. A 网络文章，可能成为侵犯作者知识产权的危险地带。（　　　）
   B 网络文章，是侵犯作者知识产权的危险地带。
4. A 网络为人们展现了一种全新的文化空间。（　　　）
   B 网络为人们展现了一种与以往大不一样的文化空间。

五、请按正确的语序将下列各个句子组成完整的一段话：
1. A 从而引起了人们生活方式的变化
   B 而且还改变着人们的心理状态和行为方式
   C 高科技不仅改变着社会结构和经济运行方式
   正确的语序是：（　　　）（　　　）（　　　）
2. A 如果使用合理
   B 网络文化并不是完全有益无害
   C 网络便能给人们的生活带来效率与快乐
   D 网络则会对人们自身造成消极影响甚至危险
   E 如果使用不合理
   正确的语序是：（　　　）（　　　）（　　　）（　　　）（　　　）

六、根据课文内容选择最合适的答案：
1. 网络在当今社会已经＿＿＿＿＿＿。
   A 不被关注　　　B 不太被关注　　　C 被关注　　　D 被高度关注
2. ＿＿＿＿＿＿以来，互联网在世界范围内得到迅速发展。
   A 20世纪上半叶　B 20世纪中叶　　C 20世纪下半叶　D 20世纪末
3. 网络文化作为一种独特的社会文化现象，＿＿＿＿＿＿反映社会变化。
   A 深刻地　　　　B 很难　　　　　C 难以　　　　　D 能够
4. 本文的主要内容是介绍＿＿＿＿＿＿。
   A 网络带给我们的好处
   B 网络带来的危害性
   C 网络带来一个有益也有害的全新时代
   D 人们越来越离不开网络世界

七、请尽量使用以下词语进行话题讨论：

| 从而 | 截止到 | 反映 | 然而 | 造成 | 威胁 | 侵犯 |
| 争论 | 网吧 | 时髦 | 有益 | 展现 | 攻击 | 消极 |

第四课

1. 你是什么时候开始上网的？都利用网络做些什么？
2. 你认为网络对人类社会有哪些好处或不利的地方？

八、快速阅读：
　　阅读一　（字数：745；阅读与答题的参考时间：7分钟）

超过50%的受访者认为网络时代隐私保护越来越难

　　中新网12月1日电　一项由媒体开展的调查显示，超过50%的受访者认为，在互联网时代，保护个人隐私正变得越来越难。

　　在《中国青年报》于10月8日至11月2日进行的此项调查中，55.8%的受访者认为保护个人隐私"越来越难了"，认为"越来越容易"的仅11.7%。

　　该次调查收到来自全国的1389份有效问卷，另有网上答卷962份。其中男性占65.5%，女性占34.5%；19岁~35岁读者占70%；高中、中专和中技学历者占35.3%，大专学历者占31.8%，本科及以上学历者占28.9%。

　　调查中，45.8%的人声称自己曾"被朋友出卖隐私"，43.8%的人"信件曾被偷拆"，39.3%的人"日记曾被偷看"。29.3%的人认为，自己的"个人信息曾被随意公开泄露"。

　　受访者认为导致自己隐私泄露的情况还包括："在工作场所行为被监视"(15.1%)，"被人偷偷拍照"(4.6%)，"被非法搜身"(4%)等。

　　但在调查中，60.9%的人承认自己对"明星/名人隐私"感兴趣；还有19.4%的人对"周围人的私事"感兴趣。

　　调查表明，有12.3%的人明确表示，在互联网上注册(如：电子邮箱)时，"当然不能填"自己的真实信息。而有23.4%的人选择"当然填真实信息"。

　　（节选自《生活时报》2002年9月17日第17版，有改动。）

回答问题：

1. 在《中国青年报》于10月8日至11月2日进行的调查中，认为保护个人隐私"越来越难了"和认为"越来越容易"的受访者各有多少？
2. 调查中，多少人声称自己曾"被朋友出卖隐私"？
3. 调查表明，有多少人明确表示，在互联网上注册(如：电子邮箱)时，"当然不能填"自己的真实信息？

阅读二　（字数:1295;阅读与答题的参考时间:12分钟）

沉迷网恋　父亲约会亲生女

近日,家住哈尔滨市道里区的许立山,在电话中向记者讲述了最近在网上遇到的一件意想不到的事。许立山今年40多岁,自己做服装生意,因种种原因几年前与妻子离异,和17岁的女儿佳佳相依为命,佳佳在一家卫校读中专,父女两人过着平静的日子。一年前,孤独与寂寞使许立山迷上了网上生活,刚开始,父女俩经常一同上网,因此,父女两对同一个聊天屋很熟悉。后来,由于女儿住校,父女俩便很少一同上网了。

许立山在网上叫"大卫",今年初,他结识了一个网上恋人名叫"安娜",据称有30岁,是位幼教,很善解人意,对许立山的婚变很宽容、理解和同情。开始,他们只是天南地北地闲聊,"安娜"很崇拜"大卫"的学识阅历,并很喜欢他沉着稳重宽厚的品质,以及一些观念上的传统美德,"大卫"追逐"安娜"率真纯情豪爽的天性,以及她调皮的现代气息。

许立山已在网上恋了半年多了,与"安娜"情投意合,"安娜"除了调皮还挺体贴他,常令许立山心热。他想:"纸上谈兵"已到谈婚论嫁的份儿上了,总不能老让"安娜"当梦中情人呀。性格内向的他,怯怯地提出,大家能否卸下面具见见面?"安娜"爽快地答应了。

约定的日子到了:一个周末下午3时。但约定的人却没有到。许立山有点快沉不住气了,明明自己履约,而且身穿白衣灰裤,左手握咖啡皮包,没犯规呀,是不是"安娜"又在考验自己?或在远眺?或者一开始就是一个骗局?

突然,眼前闪入一个熟悉的面孔:是佳佳,许立山自知躲不过去了,只好掩饰地说,在等个同事。佳佳也不好意思地说,和同学逛逛,两人都希望对方赶快离开。可在那一刹,两人同时猛然一惊,脸色大变。许立山约定的"安娜"正是挎紫红色背包,穿灰格长裙。想起"大卫"与"安娜"在网上亲密无间的情话,许立山感到羞耻之极。佳佳也一转身,立即消失在人流之中。

许立山木然地回到家,但仍然困惑于噩梦之中,难以清醒。他告诉记者,他想不通这是谁之过,惟一明摆着的是这场意外的游戏严重伤害彼此的自尊。他很难过地说,自己第一次恋爱带来的婚姻给女儿的成长造成了心理挫伤,万万没想到的是,自己的第二次恋爱则给女儿的成长造成了感情重创。女儿失踪几天了,他并没有去报案,因为他了解女儿,她肯定是躲在哪儿正恢复自己的伤口。他坚信,过些日子,女儿会回来的,但是,最让他担心的是,几天后,回家的还是原来那个天真、纯情、无忧无虑的佳佳么?如何面对女儿,是他几天来寝食不安的一个重要因素!

第四课

　　为此记者采访了一位心理学家宋晓君,这位心理学家称,以这对父女目前的状况,在网络上寻求各自的伴侣,本是一件无可厚非的事情,只是生活中有了太多的巧合,让现实中的父女成了网恋的对象。应当指出的是,网络是个虚拟的空间,过分沉迷,甚至把自己的终身幸福依托到网络之中,并不明智。父女俩应该加强沟通,通过面对面的交流,化解误会,达成谅解,和好如初。(张凤羽　本报记者李永明)

(《哈尔滨日报》2001年07月11日,有改动。)

回答问题:
1. 许立山在网上是如何与女儿相恋的?
2. 许立山何时才知道网恋的对象是自己的女儿?
3. 心理学家认为许立山父女应该怎么做?

阅读三　(字数:1231;阅读与答题的参考时间:12分钟)

网络时代　保护好你的个人隐私

苏文

　　你的手机收到过奇怪的短信吗?你的电子邮箱收到过垃圾邮件吗?你被人打电话骚扰过吗?你的网络账号还是原样吗?面对这样的情形,在删完短信、邮件,挂完电话后,你想过其中的原由吗?网络时代,你的个人信息还安全吗?网络的快速发展使得信息交流的速度和方式发生了巨大的变化,人们通过网络可以享受到便捷服务和快乐,但是不管是购物、游戏还是申请邮箱等,只要你上线,你就不免会留下你的个人信息,这其中相当一部分都是个人的隐私。如何保护个人信息的安全,已经成为网络应用进一步发展所要解决的问题。

　　网络的优势在被人们充分认同的同时,对网络屏幕背后发生的事情许多人还不知道。据调查,大约有69%的网络用户不知不觉在电子邮件的分发列表中署过名,一些公司可以很容易收集到这些邮件地址;而浏览器中存在的可以跟踪用户上网信息的Cookies文件有近40%的人根本就不知道,更不用说什么防范个人信息丢失的问题了。加上我国用户个人信息保护意识不强,上网随意注册的现象较多,这也为个人信息的丢失提供了方便。

　　随着网络的不断发展,相关的安全性问题特别是个人隐私的保护备受关注,据媒体调查显示,互联网时代,55.8%的受访者认为保护个人隐私"越来越难",29.3%的人认为,"个人信息被随意公开泄露"。而提高保护意识是防止个人信息外泄的重要方法。

　　加强自我的防范意识,在现阶段上网时,首先,注意如果不是必要,不要填写过于真实的个人信息或只进行简单填写，切记避免网上随意填写表格的现象；其次，尽量选择安全保障能力强的网站保存重要的个人信息，如果遇到必须进行信息往来、但对其保护措施又不了解的情况，争取能够与委托对象签订保密责任，这样就会对自己的利益建立起一个保护屏障等。只有树立起"防人之心"的意识，你的个人隐私才有较好的保障。

网络黑客的攻击事件很多，在网络时代的今天，几乎平均每20秒就会有一次黑客攻击事件发生；一些商业网站把客户注册的个人信息作为资源储存，更有甚者拿这些个人信息来出售等。这些都已经成为网络信息安全的极大障碍。

另外，法制的不健全在客观上加剧了我国的信息安全问题。为了加快信息安全的保障，规范网络时代的运营规则，我国将对"网络隐私权"进行立法保护。据悉，北京在信息安全规则制定方面取得了一定的成绩，相关立法正在进行。严格的法制将会规范信息安全的市场运作机制，对打击个人信息的泄露事件提供依据。

维护个人隐私，保障个人权益是我们大家共同的职责，只有协调发展，我们才会在网络时代有一个自由、个性的空间。

(节选自《经济日报》2002年12月05日，有改动。)

判断正误：

1. 网络的快速发展使得信息交流的速度和方式发生了巨大的变化，人们通过网络可以享受到便捷服务和快乐。（　　）
2. 据媒体调查显示，互联网时代，55.8%的受访者认为保护个人隐私"越来越难"。（　　）
3. 在现阶段上网时，任何时候都不要填写过于真实的个人信息。（　　）
4. 在网络时代的今天，每20秒就会有一次黑客攻击事件发生。（　　）
5. 法制的不健全在客观上加剧了我国的信息安全问题。（　　）
6. 据悉，北京已经在信息安全方面制定了法律。（　　）
7. 严格的法制将会规范信息安全的市场运作机制。（　　）

第五课

课文

婚恋嫁娶：让爱做主

在恋爱结婚时，当事人是让钱做主，让车和房做主，还是让感情做主？是摆脱婚姻的限制，还是顺从婚姻的限制？这似乎已经成为了机会越来越多、自主性越来越强的当今时代人们常常遇到的问题。

日常生活观念的变化在中国人社会心理中一直表现得最为迅速而多样。随着社会的不断发展变化，人们对恋爱、婚姻、生育表现出越来越开放、宽容、理性的态度。

2000年一项对全国1万余名高中学生的调查结果显示，有15.5%的高中生赞成或比较赞成婚前性行为，其中城市高中生比乡村高中生的比率高；男生比女生的比率高。有23%的人赞成中学阶段谈恋爱，男生的比率高于女生。

同年一项对北京青年的调查表明，对于"双方相爱以后不结婚也可以发生性行为"这一问题，只有三成多的人表示反对。年龄越小对上述观点持赞成态度的比例越大，20岁以下的人比30岁以上的人在赞成态度上高出16个百分点。由此可见，当今青年一代对于性的态度表现得更加开放和宽容。

调查还显示，青年在隐私观念、财产公证以及对离婚的看法和处理婚姻关系等方面，表现出了鲜明的现代特征。他们注重个人隐私的保护，甚至认为夫妻之间也应当保留隐私。对这一问题，表示赞成和比较赞成的人高达80%以上，明确表示反对的只有8%。婚前财产公证作为一种新的社会生活

现象也得到他们的理解和接受。七成以上的青年认为"婚前财产公证对夫妻双方都有好处"。调查还显示，多数青年对由于感情破裂而导致的离婚持接受态度，75%的青年认为因感情破裂的离婚不必责备，而反对这一观点的人尚不到一成。

妇女的生育心理也正在发生深刻变化。据2000年一项对北京、上海、广州、成都等大城市女性居民的调查，有近20%的人赞成"即使结婚也不要孩子"的观点。对这一观点的赞同率，年轻妇女高于中老年妇女，中等、高等文化程度的妇女高于低等文化程度的妇女。与此同时，一些传统生育观念正逐渐为当今的人们所放弃。"多子多福"曾经是使中国人，尤其是中国农民深受影响的观念，它是重视家庭这一最具中国传统特色的文化具体表现形式之一。而多生多育现象则是我国自20世纪70年代实施计划生育国策以后，农村工作中长期难以解决的重大问题。2001年对农村的一项调查显示，在今天，合理生育或少生孩子的观念正在农民当中逐渐形成。对于"如果孩子越多，家庭就会越发达越兴旺"这样的观念，仅有11.8%的人赞同，而有84.6%的人表示了反对态度，另有3.6%的人持中性的"一般"态度。可见，合理生育这一非常重要的现代观念在农民大众中也正在鲜明地形成并日益得到巩固。

(全文字数:1074)

(节选自《北京青年报》2002年8月5日,有改动。)

1. 婚恋	hūnliàn	（名）	结婚恋爱 love and marriage 婚姻と恋愛 결혼과 연애
2. 嫁	jià	（动）	指女子结婚 to marry (used only to talk about a woman marrying a man) 嫁ぐ 시집가다

第五课

3. 娶　　　qǔ　　　（动）　把女子接过来成亲
　　　　　　　　　　　　to marry (used only to talk about a man marrying a woman)
　　　　　　　　　　　　嫁をもらう
　　　　　　　　　　　　장가가다

4. <u>做主</u>　zuò zhǔ　（词组）　负责地作出决定
　　　　　　　　　　　　to act as the sole determining factor; "to rule"
　　　　　　　　　　　　主とする，～で決める
　　　　　　　　　　　　결정권을 가지다, 주관자가 되다

5. 摆脱　bǎituō　（动）　挣脱；甩掉
　　　　　　　　　　　　to cast off, to free oneself from the bonds of
　　　　　　　　　　　　抜け出す，脱却する
　　　　　　　　　　　　벗어나다, 떨쳐버리다

6. 自主　zìzhǔ　（动）　自己做主
　　　　　　　　　　　　to make one's own decisions for oneself (here 自主性 means independent) 自主的にする
　　　　　　　　　　　　자주적으로 하다

7. 生育　shēngyù　（动）　生孩子
　　　　　　　　　　　　birth/to give birth (here used as a noun)
　　　　　　　　　　　　出産する
　　　　　　　　　　　　출산하다

8. <u>宽容</u>　kuānróng　（形）　对人、对事宽大；不计较
　　　　　　　　　　　　tolerant
　　　　　　　　　　　　寛容である
　　　　　　　　　　　　관용적이다, 너그럽다

9. 高中　gāozhōng　（名）　高级中学的简称
　　　　　　　　　　　　senior secondary school (senior high school)
　　　　　　　　　　　　高校
　　　　　　　　　　　　고등학교의 약칭

10. 成　chéng　（量）　十分之一
　　　　　　　　　　　　ten percent
　　　　　　　　　　　　（10分の1を指し）割
　　　　　　　　　　　　10%(一成:10%)

11. 上述	shàng-shù	（形）	上面所说的 the above　(used to refer the reader back to the preceding text in a written passage) 上述の 위에서 말하다
12. 百分点	bǎifēn-diǎn	（名）	表示两个百分率差额情况的概念。差额为1,即一个百分点 percentage point ポイント。二つの百分率の値を比べた時の差。百分率の増減を示す。差が1なら、1ポイントとする 두 퍼센테이지의 차이를 나타내는 개념 (만약 A와 B의 백분율 차액이 1%라면 일 개 백분점이됨)
13. 财产	cáichǎn	（名）	指物质财富 property 財産 재산
14. 公证	gōng-zhèng	（动）	法院或被授予权力的部门依法对一些文件和事实的合法性和真实性进行证明 legal agreement (here the 财产公证 refers to a "pre-nuptial agreement" regarding division of property in the event of a divorce) 国家の関係部門が法律に基づいて、ある文書や事実の合法性、真実性を証明する 공증하다(국가관련기관에서 법에 의거하여 어떤 문서나 사실에 대해 합법성과 사실성을 증명하는 것)
15. 鲜明	xiānmíng	（形）	清楚；分明 clear, distinct はっきりしている 분명하다, 뚜렷하다
16. 注重	zhùzhòng	（动）	关注并重视 to emphasize, to stress 重視する 주의하고 중시하다
17. 破裂	pòliè	（动）	双方的感情、关系等遭到破坏而分裂 to split up 感情・関係などに) 亀裂が生じる (쌍방의 감정이나 관계가) 깨지다

第五课

| 18. 导致 | dǎozhì | （动） | 引起；造成
to lead to, to cause something to happen
もたらす,引き起こす
초래하다 |

| 19. 责备 | zébèi | （动） | 批评指摘
to criticise, to reprimand
とがめる,非難する
책망하다, 탓하다 |

| 20. 尚 | shàng | （副） | 还
yet, still
やはり,なお
아직, 또한 |

| 21. 中等 | zhōngděng | （形） | 程度处在高等、初等之间的
intermediate, middle-level
中等である
중급 |

| 22. 高等 | gāoděng | （形） | 高级的
high level, advanced
高等である
고급 |

| 23. 实施 | shíshī | （动） | 实行
to put into practice, to implement
実施する
실행하다 |

| 24. 国策 | guócè | （名） | 国家的基本政策、方针
national policy
国家の政策
국가의 기본정책, 방침 |

| 25. 大众 | dàzhòng | （名） | 广大群众
the masses, the people, the public
大衆
대중 |

| 26. 巩固 | gǒnggù | （动、形） | 使坚固；坚固、稳固
to stabilize
揺るぎのないものにする,強固である
단단하다, 단단하게 하다 |

词语例释

1. <u>对于</u>"双方相爱以后不结婚也可以发生性行为"这一问题,只有三成多的人表示反对。
    对于:介词。介绍动作的承受者,表示人、事物与行为之间的关系。多跟名词组合,也可跟动词小句组合。
    ① 对于考研,同学们最关心的问题依次是:学校的排名,占75%;专业的冷热,占42.4%;毕业后的就业情况,占27.2%。
    ② 尽管对于考证热社会上有着不同的评价,但由此呈现出人们积极储备知识的做法,是值得肯定的。
    ③ 人的思想不同,对于一件事情的决定也是不一样的。

2. <u>由此可见</u>,当今青年一代对于性的态度表现得更加开放和宽容。
    由此可见:从这可以看到。表示从上面所说的情况中可以得出相应的结论。具有同样用法的词语有:"由此可以看到"、"可见"等。
    ① 现代科学已证明:基因健康,细胞活泼,则人体健康;基因受损,细胞变异,则人患疾病。由此可见,人类基因组含有人类生、老、病、死的绝大多数遗传信息。
    ② 根据广州市城调队2003年4月对广州市居民当年一季度的调查统计,城镇居民家庭月人均可支配收入为3752.1元;在千户调查网中,占20%的高收入户月人均可支配收入7670.6元。由此可见,年收入10万~20万元之间的人,在广州市应该是突出的,其比例约在10%~20%之间。
    ③ 大学生怎样选择就业地区?有42%的人表示"愿意"去西部工作,"不愿意"的占58%。由此可见,虽然愿意去西部地区工作的大学生比不愿意去的学生要少,但这个比例还是高出一般人的想像的。

3. <u>与此同时</u>,一些传统生育观念正逐渐被当今的人们所放弃。
    与此同时:跟这同一时间。连接小句或句子,表示后面的情况与前面的情况同时发生或存在。
    ① 日本许多年轻人对读书丧失兴趣,却把阅读爱好转移到手机里的连载小说上。于是,手机小说热在日本出现。与此同时,这股热潮的兴起给小说作者创造了一个发展机会。手机已经成为作者创作和发表新作的重要园地。
    ② 高校强弱合并,也有难题。弱校往往有"宁为鸡头,不为凤尾"的思想,怕被别人"吃掉"。与此同时,强校的有些同志也担心,合并后会不会因师资、生源质量不一等原因影响教学质量。
    ③ 改革国防科研体制,避免国防投入的重复浪费现象。与此同时,还应加快国防科技成果产业化的步伐。

第五课

背景知识

中国人的婚恋观与生育观的变化

自改革开放以来,中国人的婚恋观发生很大变化,表现出恋爱低龄化、结婚大龄化的新特点,在对过去十分敏感的婚前性行为、离婚等问题上表现出越来越宽容、开放、理性的态度。在生育观上,过去中国人非常注重"多子多福",家庭的中心是围绕着孩子转;而现在的中国人越来越注重夫妻之间的生活质量,都市女性的生育年龄不断推迟,婚后不打算要孩子的"丁克家庭"也在不断增加。这些都体现了中国人在生活方式、生活观念上的不断变化。

练 习

一、请在课外阅读两篇最新中文报刊文章,将它们剪贴在你的笔记本上,然后把其中的一篇写成摘要,并谈谈自己的看法。

二、给下列动词搭配适当的词语:

导致_____　　注重_____
实施_____　　责备_____
放弃_____　　摆脱_____
赞成_____　　遇到_____

三、选词填空:

| 对于 | 由此可见 | 注重 | 导致 |
| 与此同时 | 实施 | 责备 | |

1. 从2003年10月开始,新的《婚姻登记管理条例》开始_____,与旧的条例相比,新条例有了很多人性化的变化:比如取消了强制婚检,结婚不再需要单位开证明等,充分体现了婚姻自由。
2. 政府相关部门应努力办好名校,_____,更应该加大对基层薄弱学校的扶持,进一步稳定教师队伍,改善办学条件。
3. 在提及想成为医生的32人中,有10人谈到自己亲朋好友有病痛或因病死亡,"和鲁迅先生学医的原因一样"。_____,现实生活对青年未来的选择有着直接影响。
4. 面试中,我们更_____考察应聘者是否具备基本的业务素质,一些具体的业务能力主要由业务部门考察。
5. _____专业技术性较强的工作,往往要求所学与所做密切相关。
6. 不论我做错了什么,我选择从中吸取教训,而不是不断地_____自己。

53

7. 工作人员责任心不强，直接_____事故的发生。

四、根据课文内容判断正误：

1. 在中国人社会心理中，日常生活观念的变化是最为迅速而多样的。（ ）
2. 2000年一项对全国1万余名高中学生的调查结果显示，大多数高中生赞成或比较赞成婚前性行为。（ ）
3. 2000年一项对北京青年的调查表明，大多数人不反对"双方相爱以后不结婚也可以发生性行为"的观点。（ ）
4. 据2000年一项对北京、上海、广州、成都等大城市女性居民的调查，有两成女性赞成"即使结婚也不要孩子"的观点。（ ）

五、请按正确的语序将下列各个句子组成完整的一段话：

1. A 有15.5%的高中生赞成或比较赞成婚前性行为
   B 2000年一项对全国1万余名高中学生的调查结果显示
   C 男生比女生的比率高
   D 其中城市高中生比乡村高中生的比率高
   正确的语序是：（   ）（   ）（   ）（   ）

2. A 仅得到11.8%的人所赞同
   B 另有3.6%的人持中性的"一般"态度
   C 而有84.6%的人表示了反对态度
   D 对于"如果孩子越多，家庭就会越发达越兴旺"这样的观念
   正确的语序是：（   ）（   ）（   ）（   ）

六、根据课文内容选择最合适的答案：

1. 根据调查结果显示，当今中国青年对于性的态度表现得更加_____。
   A 保守   B 落后   C 开放、宽容   D 认真
2. 调查显示，青年们认为夫妻之间_____保留隐私。
   A 应当   B 不必   C 不应当   D 不能
3. 调查还显示，多数青年对由于感情破裂而导致的离婚持_____态度。
   A 责备   B 接受   C 批评   D 反对
4. 本文的最后一段主要说明_____。
   A 一些女性赞成"即使结婚也不要孩子"的观点
   B 很多农民仍然赞成"多子多福"的观念
   C 很多农民不愿意接受计划生育的国策
   D 中国妇女的生育心理正在发生深刻变化，一些传统的生育观念正逐渐被放弃

七、请尽量使用以下词语进行话题讨论：

对于	由此可见	注重	导致	实施	摆脱
责备	与此同时	放弃	赞成	遇到	宽容

1. 你认为幸福的婚姻应具备哪些条件?
2. 你认为造成当今社会离婚率上升的原因有哪些?

八、快速阅读:

阅读一 (字数:616;阅读与答题的参考时间:5分钟)

中国婚恋状况之一:宽容非婚同居

中新网香港9月8日电 严肃、合法的两性关系一直是中国婚姻道德体系的重要组成部分。1995年,全国妇联就中国家庭道德状况作过一次全国性调查。一份最新的调查报告再次放在了妇联工作者以及有关专家面前,她们说,变化最大的莫过于现代人的婚恋观。

伴随着对外开放,包括性观念在内的一些西方婚恋观传入我国,并逐渐有了一定的市场。调查显示,婚前性行为、婚外性行为、非婚同居、试婚等在我国被一定程度上接受下来。婚外恋虽然没有媒体所报道的那么普遍,但也非常严重。这是中国妇联第一次坦然接受问题的存在,并且肯定了严重性。

对于一些人所关注的"试婚"现象,61%的被调查者表示反对,城乡居民对于试婚的态度大体接近。进一步分析,在总体否定试婚的情况下,教育水平较高者对试婚更能持宽容或接受态度。

70%的调查对象否定非婚同居,但有不少比例的人认为"只要当事人自愿,别人就不应该干涉",持这种态度的在城市达到20.1%,在农村也达到18.1%。由此可以看到,这一现象在当事人自愿的前提下,在一部分人中已经被认可了。

有些人,特别是年轻人认为恋人婚前同居只是一个时间问题,因为他们最终会走向结婚,因此未婚同居并不是不道德的。这种观点在农村也有不少支持者。此外,高中及以上文化程度者对未婚同居给予宽容的态度。

(中国新闻网2002年9月08日,有改动。)

回答问题:

1. 目前中国人对待非婚同居现象的态度是什么?

阅读二 (字数:914;阅读与答题的参考时间:9分钟)

中国婚恋状况之二:婚外恋未如想像中普遍

改革开放以来,婚外恋、第三者问题一直是婚姻家庭领域和媒体报道的热门话题。这种讨论并没有给出一致的评价,实际生活中似乎这种现象更为普遍,有人讨论它的时尚,有人指出它的罪恶。

调查显示,我国城乡居民总体上对婚外恋持否定态度,占被调查者的四分之三。尽管如此,仍有部分人认为婚外恋可能是找到了纯真的恋情,不一定危害已婚者的家庭,但更多的人从现实生活中看到了它无节制发展所造成的对家庭的伤害。

那么,那些在电影、电视或小说中被充分展现的婚外恋普遍存在吗?在多大程度和范围内存在?有约四分之三的人认为婚外恋并不多见,但也有9.3%的人认为婚外恋较多或很多,另有17.1%的人持中间态度。在一向被认为婚外恋多发地带的城市,认为周围婚外恋很多或较多的占12.2%,认为一般的占21.4%,有66.4%的被调查者认为这种现象较少或很少。

依这种结果解释,城乡总体上婚外恋远没有想象那样普遍。但是这并不等于说,婚外恋的现象不严重。在一夫一妻的婚姻制度下,婚姻之外的恋情本身就不可能处于主流地位,婚外恋现象是否严重,是一个相对概念。若是认为婚外恋多见的比例接近或超过10%时,就不可以忽视当前这种现象的严重程度以及对我国家庭婚姻生活领域的影响。

近70%的被调查者认为,夫妻一方如果发生了婚外恋,应努力挽回,还有2%多表示坚决要离婚。可见,在对待婚外恋问题上,多数人持较为理性的态度,主张挽救危局。这种现实的、较为宽容的观点,与近年来社会对这一现象的讨论和引导有关。

南京东南大学哲学与科学系教授陈爱华女士认为,中国正处于一个家庭道德新旧转换的年代,然而健康合理的家庭道德新风尚仍没有形成,单凭自然情感而结合的性是不健康且无知的。只有自然情感与社会情感统一,真、善、美统一,知、情、意统一,才是真正完美、有责任的爱情。

(中国新闻网2002年9月08日,有改动。)

回答问题:

1. 目前中国城乡居民对待婚外恋现象的态度如何?
2. 目前中国的婚外恋现象怎样?
3. 夫妻一方如果发生了婚外恋,被调查者认为应该怎么做?
4. 陈爱华教授是如何评价目前的中国家庭道德的?

阅读三 (字数:1534;阅读与答题的参考时间:15分钟)

婚恋观念悄悄变:近八成的受访者认为离婚将更自由

新华网2月26日电 2002年最近完成的一项调查显示,更多的中国市民认为,在最近的将来,"性生活质量更被看重"、"未婚同居现象增加"、"独身增加"、"离婚更自由",而且受教育程度越高、收入越高与越年轻的市民群体,越重视性生活的质量,同时越对婚姻不会发生任何问题持怀疑的态度。这项对都市人婚恋观的调查是在北京、上海、广州、大连、成都和西安六大城市进行的,共访问了2719位18岁至60岁的城市居民。在中国一度占统治地位的性观念是"人可以只要生育而保持对性不感兴趣";"性只是为生育的,而不是为快乐的;前者是正当的,后者是不正当的不纯洁的"。(李银河,《中国女性的家庭和性》)但是今天八成以上的市民认为性生活质量将更被看重,尤其在北京、广州、成都的高收入、高学历者中,这一比例已超过95%。相对而言,受传统影响较深的中老年人群仍持较为传统的性观念,比如在内地开放程度较低的西安,50岁以上的人群认同此观点的占71.2%。

如今,许多人认为男女相爱不一定要立刻结婚。80%的受访者相信未婚同居现象将继续保持增加的趋势。数据显示,京(北京)沪(上海)穗(广州)蓉(成都)四市高中以上文化程度者认为未婚同居现象会增加的比例要高于其他群体。与此同时,超过七成的受访者不赞同让更多女性回家做专职太太,北京、上海、成都和西安的年轻女性尤其不能接受这一观点。但在大连和广州,仍有三成以上的受访者希望看到女性回家做专职太太,这种观念的支持者以中老年的男性市民居多。

独身是放弃婚姻而选择的一种独立生活方式。不少现代人或者由于对家庭观念的淡化,或者由于对感情的不信任,或者由于对事业的追求,走入了独身的队伍,近八成的受访者相信"独身的人会增加"。地区和文化程度的差异都影响着人们对独身的看法。调查表明,京、沪、蓉的高学历女性相对其他群体更认同"独身的人会增加"的判断(89.9%);大连和京、沪、蓉的低学历者对此认同度则较低。不仅单身贵族的队伍在不断扩大,调查显示,近七成的人认为不要孩子的Dink(丁克)家庭也会越来越多,且高学历者中有更多人相信Dink家庭会增多。还有半数以上的受访者认为"网上谈情说爱成婚者增多、婚介所会被各种俱乐部取代"。其中高收入女性群体和男性群体对俱乐部形式的接受高于其他群体。在不同城市中,广州作为引领风气之先的城市,对此方式的认同也要高于其他地区。越来越多的人有离婚经历;越来越多的人看到别人离婚;越来越多的人能够理解和同情离婚。本次调查显示,整体上近八成的受访者认为离婚将更自由,尤其在京、沪、穗三市的高学历者中认同者达到84.2%。相对来说,在大连和西安,高中以下文化程度者认同离婚更自由的比例(71.1%)低于其他人群。

(新华网2002年04月23日18:26,有改动。)

判断正误：

1. 2002年最近完成的一项调查显示,更多的中国市民认为,在最近的将来,"未婚同居现象增加"、"独身增加"。(　　)
2. 这项对都市人婚恋观的调查是在北京、上海、广州、大连、重庆和西安六大城市进行的。(　　)
3. "人可以只要生育而保持对性不感兴趣";"性只是为生育的,而不是为快乐的;前者是正当的,后者是不正当的不纯洁的",是在中国一度占统治地位的性观念。(　　)
4. 80%以上的受访者相信未婚同居现象将继续保持增加的趋势。(　　)
5. 在大连和广州,仍有三成以上的受访者希望看到女性回家做专职太太。(　　)
6. 调查显示,七成的人认为不要孩子的Dink(丁克)家庭会越来越多。(　　)
7. 在京、沪、穗三市的高学历者中认同离婚将更自由的人达到近八成。(　　)

第一～五课测试题

答题参考时间:100分钟　　　　　分数:_____

一、给下列动词搭配适当的词语:(10分)

创办_____　　　　培养_____
开拓_____　　　　向往_____
购买_____　　　　接待_____
销售_____　　　　突破_____
公布_____　　　　拥有_____
威胁_____　　　　反映_____
侵犯_____　　　　造成_____
导致_____　　　　注重_____
实施_____　　　　责备_____
设置_____　　　　赞成_____

二、选词填空:(10分)

正因如此	在……看来	以便	据……介绍
随着	从而	自……起	截止到
然而	对于	由此可见	与此同时

1. _____这位女学生_____,她的化妆品都要用"兰蔻"、"欧莱雅"等世界名牌,手机则要用最新款的,每个月花费达几千甚至上万元。
2. 这些年我一直在努力,希望能找到一份我感兴趣的工作。我是个大专生,学历不高,_____,我开始自考法律本科,再争取拿下律师资格。
3. 12月16日凌晨6时,笔者以"民工"搜索新华网,跳出4852条新闻,搜索人民网跳出10761条新闻。_____,"民工"已成为一个确定性称谓。
4. 改革开放以来,我国集中优势力量重点建设了一批名牌学校,_____快出人才、多出人才。
5. 早在2001年3月14日,意大利众议院就批准了意政府于1998年签署加入的欧洲禁止克隆人协议,_____使意大利成为欧洲第六个正式批准禁止克隆人的国家。
6. _____2004年1月,她已经到过15个国家进行演出。
7. _____2000年_____,我国加大了东西部干部交流力度,东部还为西部培训了2596名骨干公务员、上万名专业技术人才和企业管理人才。
8. 孩子都希望与父母相互理解。但是_____年龄的增长,孩子会寻求自己

59

生活上和思想上的独立,而父母已经习惯了孩子对自己的依赖和顺从。
9. 从表面上看就业方向完全是个人化的选择,_____其背后却有着深刻的社会因素。
10. 毕业生都没有更多的工作经验,在学历、专业等方面差别不是很大,_____招聘经理_____,最重要的是在本公司的环境下,谁在将来更有发展潜力。

三、判断 A、B 两句的意思是否相同:(10 分)

1. A 在不少韩国人看来,当今中国的发展变化很大。(　　　)
   B 不少韩国人认为,当今中国的发展变化很大。
2. A 人们都认为他们一家简直是疯了。(　　　)
   B 人们都认为他们一家已经疯了。
3. A 即使是通常被看成生活必需品的食品和服装,也追求高品质。(　　　)
   B 在被看成生活必需品的食品和服装上,人们并不追求高品质。
4. A 信息网络化的发展水平已经成为评价一个国家现代化水平和综合实力的重要指标之一。(　　　)
   B 信息网络化的发展水平已经成为评价一个国家现代化水平和综合实力的一个重要指标。
5. A 在今天,合理生育或少生孩子的观念正在农民当中逐渐形成。(　　　)
   B 今天的农民已经形成合理生育或少生孩子的观念。

四、请按正确的语序将下列各个句子组成完整的一段话:(7 分)

1. A 从而引起了人们生活方式的变化
   B 而且还改变着人们的心理状态和行为方式
   C 高科技不仅改变着社会结构和经济运行方式
   正确的语序是:(　　　)(　　　)(　　　)
2. A 而有 84.6% 的人表示了反对态度
   B 对于"如果孩子越多,家庭就会越发达越兴旺"这样的观念
   C 仅有 11.8% 的人赞同
   D 另有 3.6% 的人持中性的"一般"态度
   正确的语序是:(　　　)(　　　)(　　　)(　　　)

五、根据下面各段内容回答问题:(10 分)

1. 作为中国近邻的日本,是来华留学生的第二大生源国。两国在政治、经济、文化、历史上有着多方面的联系。近年来,两国在留学生方面的相互交流,对促进中日两国在各个领域的发展,增强彼此的信任,起到了重要作用。
   问题:中日两国在哪些方面有着联系?
2. 随着生活水平的提高和生活观念的转变,旅游休闲成为城市人的新时尚。双休日去市郊或周围的景点旅游,"五一"、"十一"以及春节的假日旅游已经成为人们休闲的主要方式。
   问题:什么已经成为人们休闲的主要方式?
3. 从 80 年代到 90 年代中期,随着人民生活水平的不断提高,"四大件"第一

次发生改变,"冰箱、彩电、洗衣机、录音机"成为人们新的追求目标,其消费水平也上升到了"千元级"。

问题:"千元级"的"四大件"指什么?

4. 20世纪下半叶以来,互联网在世界范围内的迅速发展,对各国的政治、经济、社会、文化等领域产生了巨大而深远的影响。信息网络化的发展水平已经成为评价一个国家现代化水平和综合实力的重要指标之一。

问题:互联网的快速发展,对各国的哪些领域产生了巨大而深远的影响?

5. 调查还显示,青年在隐私观念、财产公证以及对离婚的看法和处理婚姻关系等方面,表现出了鲜明的现代特征。他们注重个人隐私的保护,甚至认为夫妻之间也应当保留隐私。

问题:青年在哪些方面,表现出了鲜明的现代特征?

六、用自己的话或原文中的关键句子概括下列各段的主要内容,字数不要超过30个:(9分)

1. 进入新世纪以来,居民家庭消费更重视个性和享受。即使是通常被看成生活必需品的食品和服装,也追求高品质。上酒楼饭店消费越来越平常,服装方面则更多地注意合适和满意。家用消费品,如彩电、空调、手机、电脑都在不断地升级换代,人们追求更好的产品质量和优质服务。

2. 一方面,网络为人们展现了一种全新的文化空间。人们在网上工作、学习、查询、购物、聊天、游戏等,每一事物或活动都会使人感受到与以往生活世界不大一样的体会。另一方面,网络文化在使人们的交流或互动异常开放的同时,也给以往的法律、道德带来种种难题。

3. 同年一项对北京青年的调查表明,对于"双方相爱以后不结婚也可以发生性行为"这一问题,只有三成多的人表示反对。年龄越小对上述观点持赞成态度的比例越大,20岁以下的人比30岁以上的人在赞成态度上高出了16个百分点。由此可见,当今青年一代对于性的态度表现得更加开放和宽容。

七、阅读：(44分)

阅读一　(22分)

节省与富有

十多年前我去德国留学时,中国的经济还没有今天这样发达。当时突然从国内来到欧洲的发达国家,对德国物质生活的丰富程度深感吃惊。然而出我意料的是,德国人给我上的第一课却是节约。

我拿着行李来到学生宿舍。宿舍管理员彬彬有礼地领我看了公用厨房、洗衣房、干衣间和卫生间。管理员站在抽水马桶旁按着放水开关,给我示范在使用时如何节约用水。他说,这个放水开关有两种开法,小便后只需将开关轻轻拉开一点儿,放出的水就够冲净了,只有必要时才把开关拉到最大,让水箱中的水全放出来。他教得很认真,又把着我的手操作了几遍才停下来。

德国并不是缺水的国家,水资源十分丰富。而眼前这位管理员却把节约用水看得很重要,做得如此认真,对每一位新来的外国学生都这样指导一遍。他说,正因为德国全民都有很强的节水意识和习惯,他们国家的水资源才能如此丰富。我在国内常常听到"节约用水"的口号,却是在德国学会了该怎样去做。至今我还在这样做。

我发现,节约意识体现在德国人生活的方方面面。我曾在德国同事贝尔丽家住过很长时间。贝尔丽是位工程师的独生女。她娇生惯养,却在勤俭节约方面做得很认真。有一次我购物回家,她见我拿的是在商场用5分钱买的新塑料购物袋,就说:"昨天你不是刚买过一个购物袋吗?干吗又买新的?购物袋可以反复用好多次呢。"我随口道:"反正也就5分钱。"贝尔丽竟毫不客气地说了我一通。她不理解我对5分钱表现出的不值一提的态度。她有一种观念:不该花的哪怕是一分钱也不要乱花。后来我才知道,这是许多发达国家的人的普遍观念。

贝尔丽用的都是她父母家用过的旧家具。在我结识的德国青年中,使用旧家具和二手家用电器来装备自己的居室是普遍现象。没有一人家中有大彩电,更没人舍得花钱去买一辆新轿车。朋友们相约上餐馆吃饭,每人只点一个喜欢的菜,饭后桌上留下的是空空的盘子,从没有剩菜一大桌的现象。贝尔丽告诉我:"吃空你的盘子"是一代又一代德国人教育孩子的口头禅。小孩子从小就有了这样的观念:把饭剩在了盘子里是令人难为情的事情。

那么,节省的德国人将钱用到哪里去了呢?他们用到了旅游上。如果要想了解德国年轻人是不是也在相互比什么,你会发现:他们比的不是吃的穿的,用什么高档电器,开什么型号的车,住什么房子。他们比的是见识,是这个人上哪儿去旅行过,到过哪些遥远的地方,见过什么奇特的风土人情和自然景观,了解哪些国家的传统和文化。谁要是去过非洲或到过中国,他就会被看作与众不同,具有令人羡慕的见识和勇气。我的德国同事乌托曾在非洲呆了一年,大家对他最佩服了,他讲的非洲故事是实验室旁的咖啡屋中最受欢迎的话题。在这样的价值取向影响下,不少德国年轻人宁愿省吃俭用好几年存下钱来使这样的旅行得以成行,而对物质消费方面的比较毫无兴趣。

在中国街头常常出现的年轻"老外",他们衣着朴素,身背大而沉的旅行背包,脚穿结实的旅游鞋,手拿地图,自信地朝着自己选择的方向走着。我钦佩他们,知道他们是靠了自己长久的节省才来到了这个对他们来说是遥远而神秘的东方古国。在这里,他们要用睁大的眼睛来看看中国有什么不同,来发现许多自己从不了解的东西。他们要用自己一分分省下的钱来丰富自己的见识,因而也就丰富了他们自己的生命。

(节选自《中国青年报》2004年02月04日,有改动。)

1. **判断正误,正确的打√,错的打×:(16分)**
    1)十多年前"我"去德国留学时,对德国物质生活的丰富程度并不感到吃惊。( )
    2)宿舍管理员认真地教我在使用抽水马桶时如何节约用水。( )
    3)德国是一个缺水的国家,所以人们很注意节约用水。( )
    4)"我"在国内时,常常听到"节约用水"的口号,并已经知道该怎样去做。( )
    5)贝尔丽用的都是市场上的旧家具。( )
    6)德国的朋友相约上餐馆吃饭时,从没有剩菜一大桌的现象。( )
    7)"我"的一位德国同事最让人佩服,是因为他很会讲故事。( )
    8)不少德国年轻人对物质消费方面的比较不感兴趣。( )

2. **回答问题:(6分)**
    1)作者举了一个什么例子,来说明贝尔丽在勤俭节约方面做得很认真?(3分)
    2)本文倒数第2自然段的主要内容是什么?(3分)

阅读二　（22分）

气候变化引起灭绝危机

　　气候变暖正在成为威胁生物多样性的一个重要原因。英国利兹大学的科学家在2004年1月8号的《自然》杂志上发表文章，报告了气候变化对陆生动植物的影响。他们分析了从墨西哥到澳大利亚的1103个物种，结果表明：如果全球变暖的状况不加控制地持续下去，其中1/4的动植物将在未来50年内因无法找到适宜的栖息地而灭绝。按此比例，世界上100多万个物种将在半个世纪后从地球上消失。

　　科学家们估计，不同气候变暖程度对应的物种灭绝概率分别为18%、24%和35%。而由此引发的其他变化很可能会加剧物种的灭绝。这是因为气温升高将影响全球降水格局的变化，当全球变暖与景观改变、物种入侵以及二氧化碳增加等相互作用，破坏生物群落与生态的交互作用时，物种灭绝的风险还会增加。

　　不管是动物还是植物，当外界条件发生改变时，分布也会随之发生变化。目前我国许多鸟类的分布区正在向北扩展，这很可能就是受到气候变暖的影响。许多夏季在北方繁殖的鸟类在冬季来临时都有向南方迁徙的习惯。食物是影响鸟类迁徙的重要因素。如果能够在北方获得充足的食物过冬，它们就有可能放弃千里迢迢的南北之行。斑嘴鸭在上世纪90年代以前只有夏季才在渤海湾地区生活，近年来由于冬季气候变暖，渤海湾近海结冰期缩短，斑嘴鸭已经成为该地区的常住鸟种。

　　并不是每一个物种都能成功地适应气候变化。近百年来，地球气候变暖的速度之快是前所未有的。这对物种生存带来的考验比过去4000万年中的任何一个时期都更为剧烈。全球气温升高迫使大部分陆地物种向两极方向和高山地区转移，更多的物种将在这一过程中成为牺牲品。向极地返移的物种很可能在途中遇到无法越过的自然障碍，比如高山、沙漠、海洋等，而无法到达目的地。向高海拔退缩的物种不得不面临因为栖息地有限引发的竞争，根据优胜劣汰的自然法则，大量的个体会在这一过程中被淘汰。某些生物很可能因为气候变暖完全丧失适宜的生存环境，它们将面临不能及时进化而灭绝的危险。

　　如果采取积极有效的措施扭转全球变暖的局面，可能使地球上15%-20%的物种幸免于难。造成全球气候变暖的主要原因是化石燃料（煤、石油、天然气等）的燃烧排放出大量的二氧化碳等温室气体。自1840年工业革命以来，大气中二氧化碳浓度增加了30%，这可能是过去42万年中的最高值。

　　为了减缓和抑制全球气候变暖的趋势，1997年12月，149个国家和地区的首脑和代表会聚东京，通过了限制温室气体排放量的《京都议定书》，为共同扭转全球气候变化迈出了第一步。但是《京都议定书》的真正生效需要占全球温室气体排放量55%的至少55个国家签署。由于全球最大的温室气体排放国美国在2001年宣布拒绝执行，虽然目前世界上已有包括中国在内的不少国家签署了《京都议定书》，但距离使公约生效还有一定的差距。温室气体排放量占全球排放量17%的俄罗斯是否签署，对公约能否生效至关重要。而俄罗斯目前的态度让《京都议定书》充满艰辛的签约之路更多了一些悬念。

(节选自《中国青年报》2004年01月21日，有改动。)

1. **判断正误，正确的打√，错的打×：(16分)**
    1) 气候变暖对生物多样性的影响很大。( )
    2) 英国利兹大学的科学家发表在2004年1月8号的《自然》杂志上的文章表明，全球气候变暖对一些陆生动植物的生存不利。( )
    3) 气温升高不会影响全球降水格局的变化。( )
    4) 近百年来，地球气候变暖的速度是历史上最快的时期。( )
    5) 如果采取积极有效的措施，将使地球上15%-20%的物种幸免于难。( )
    6) 造成全球气候变暖的主要原因是二氧化碳等温室气体。( )
    7) 1997年12月，通过了限制温室气体排放量的《京都议定书》。( )
    8) 目前俄罗斯已经签署了《京都议定书》。( )

2. **回答问题：(6分)**
    1) 在本文第3段，作者举了斑嘴鸭的例子，为说明什么观点？(3分)
    2) 本文第4段的主要内容是什么？(3分)

第六课

渴望清洁的水

我国水资源约2.8万亿立方米/年,处于世界第六位,但人均水量不足2200立方米,仅及世界人均水量的1/4。而且水资源空间分布欠佳,我国北方耕地占全国64%,水资源不足18%,地多水少,而长江流域及其以南地区则恰好相反。目前有20%的城市供水困难,尤其是北方城市普遍缺水。水资源已成为我国北方工农业和城市发展的限制性因素之一。如同地表水分布一样,地下水资源南方丰富、北方不足。占全国1/3面积的西北地区,地下水天然资源和开采资源量分别为1125亿立方米/年和430亿立方米/年,分别占全国地下水天然资源量和开采资源量的1/8左右。另一方面,我国用水方式落后,我国人均用水量约550吨,其中农业用水占总量85%,灌溉用水效率只有25%~40%,单位产品用水量比发达国家高出5~10倍。可见,节水潜力较大。

为解决北方用水问题,国家已开始实施南水北调计划,调长江水以减轻北方水资源不足的压力。调水固然需要,但树立节约用水观念更重要。

另一方面,我国水资源污染也很严重。2000年工业废水排放总量194亿吨,并仍有45亿吨没有实现达标排放,城市生活污水排放量221亿吨,且处理率较低。因此,全国80%以上的河流受到不同程度的污染。据2001年全国重点水质统计资料显示,七大水系污染均比较严重,一类至三类,也就是较好的水质,所占比例不到三成,四类水质不到两成,五

第六课

类和五类以下的水质占一半以上。即使按干流统计,一类至三类所占比例也不到一半。 长江和珠江的水质较好,长江以二类水质为主,占八成,珠江以二类和三类水质为主,近八成。但长江流域水土流失日益严重,水中含沙量增高,水质逐渐变差。全国大型湖泊污染也很严重,有半数以上为四类以上较差的水质。但大型水库的水质总体较好,以二类水质为主,部分为一类水质,部分为三类水质。为处理好水质污染问题,国家实施了淮河流域、太湖水质等大型水污染治理工程。

目前,我国城市水质污染也相当严重,由于城市污水处理率较低,许多城市尚未实现雨水与污水分离,城市污水直接排到河里,河流污染异常严重。一些城区湖泊水质污染较为严重,湖中鱼类大量死亡。

我国江河、湖泊污染原因,一是农业生产的污染,主要是农药、化肥等污染;二是城区生活和工业生产的污染。改善水质状况必须改变传统的农业生产方式,使用有机肥料,利用生物措施解决农作物病虫害;积极筹集社会各方面资金,建立城市污水处理设施,加大城镇污水的处理力度。近些年来,水资源的利用和污染治理问题,已引起国家、地方政府和社会各界的广泛关注,一个让污水变清的全国性的计划正在实施中。

(全文字数:1099)

(节选自《北京青年报》2002年9月16日,有改动。)

| 1. 渴望 | kěwàng | (动) | 急切希望
to long for, to crave for, to be thirsty for
切望する
갈망하다 |
| 2. 资源 | zīyuán | (名) | 指生产资料和劳动力的来源
resources
資源
자원 |

3. 处于　　chǔyú　　（动）　　处在
to occupy (a location or ranking), to be located at (here 处于世界第六位 means "is ranked sixth in the world")
（～の位置に）ある
(어떤 지위나 상태에) 처하다

4. 人均　　rén jūn　　（词组）　　每人平均
per capita; average
1人当たり
1인당 평균

5. 不足　　bùzú　　（动）　　不到；不够
to be insufficient; to fail to reach (a certain level), to fall short
（一定数量に）到達しない, 足りない
도달하지 않다

6. 欠　　qiàn　　（动）　　缺乏；未付足
to lack, to be lacking
欠ける＜欠佳＝あまりよくない＞
모자라다

7. 耕地　　gēngdì　　（名）　　能种农作物的土地
land under cultivation, agricultural land (arable and pasture)
耕地
경작지

8. <u>流域</u>　　liúyù　　（名）　　江、河流经的地区
drainage basin, drainage area (of a river)
流域
(하천의) 유역

9. 恰好　　qiàhǎo　　（副）　　正好
precisely
ちょうど
바로, 마침

10. 工农业　　gōng-nóngyè　　（词组）　　指工业和农业
industry and agriculture (abbreviation)
工業と農業
공업과 농업

第六课

11. 如同　　　rútóng　（动）　　就像
to be similar (here used in an adverbial sense meaning "similarly" or "in the same way")
～と同じである
마치 ~과 같다

12. 灌溉　　　guàngài（动）　　给耕地上的农作物浇水
to irrigate
灌漑する
관개하다 (땅에 물을 대다)

13. <u>南水北调</u>　nán shuǐ（词组）
　　　　　　　běi diào　　指将南方的水调到北方缺水的地区
"diverting the waters of the south to the north" (the term used to describe the programme to divert water from the Yangtse basin to areas in northern China that lack water)
南水北調＜南方の水を北方に移すという国家プロジェクト＞
남쪽의 물을 물이 부족한 북쪽으로 보내는 것

14. 固然　　　gùrán　（连）　　虽然
undoubtedly, admittedly; of course
もちろん～であるが
물론~지만, 비록 ~지만

15. 树立　　　shùlì　（动）　　建立。多用于抽象的事物
to set up, to establish
（思想・理想などを）打ち立てる
세우다

16. <u>达标</u>　　dábiāo　（动）　　达到规定的标准
to achieve a target
（一定の標準に）到達する
규정된 기준에 도달하다

17. 干流　　　gànliú　（名）　　每条江、河都由多条小河汇合而成，汇合后的大的江、河叫干流
the main branch of a river (here used in the plural sense to refer to main branches of rivers generally)
（河川の）本流
주류, 주요 강줄기

18. 流失	liúshī	（动）	指有用的物质没有被利用而散失
			to waste
			流失する
			유실되다 (유용한 물질이 이용되지 않고 사라지다)
19. 水库	shuǐkù	（名）	拦洪蓄水和调节水流的水利工程建筑物，可以用来灌溉、发电和养鱼
			dam
			ダム, 貯水池
			댐
20. 总体	zǒngtǐ	（名）	由几个个体合成的整体
			in general, overall
			総体, 全体
			총체, 전체
21. 工程	gōngchéng	（名）	泛指某项需要投入巨大人力和物力的工作
			engineering or building project
			工事
			공사, 공정 (거대한 인력과 물자가 필요한 작업)
22. 相当	xiāngdāng	（副）	达到比较高的程度
			considerable, to a great extent (here means "relatively")
			かなり, 相当に
			상당히 (비교적 높은 정도)
23. 城区	chéngqū	（名）	城内的地区
			urban areas
			市街区域
			도시 안쪽과 교외지역
24. 死亡	sǐwáng	（动）	失去生命
			death; to die
			死亡する
			사망하다
25. 农药	nóngyào	（名）	农业生产中使用的杀害病虫的药物
			agricultural chemicals, pesticides
			農薬
			농약
26. 措施	cuòshī	（名）	为解决重大问题所采取的办法
			measure, step (usually political, financial or relating to a serious problem or issue)
			措置, 施策
			조치, 대책, 시책

第六课

27. 筹集　　chóují　　（动）　　想办法集中
to raise, to collect, to amass
各方面から資金を）調達する
마련하다, 조달하다

28. 资金　　zījīn　　（名）　　可用来发展生产或用于某项事业的钱财
funds, capital, financial resources
資金
자금

29. 设施　　shèshī　　（名）　　为某种需要而建立起来的机构、组织、建筑等
installations, facilities; (administrative measures)
施設
시설

30. 力度　　lìdù　　（名）　　力量的强度
(level of) strength, power, capability
力の程度
힘, 힘의 강도

31. 各界　　gèjiè　　（代）　　指社会各阶层、各行业的人士
each area, each field
各界, 各方面
각계, 각 방면

专名

1. 珠江　　Zhū Jiāng　　河流名
The Pearl River
珠江
강 이름

2. 淮河　　Huái Hé　　河流名
The Huai River
淮河
강 이름

3. 太湖　　Tài Hú　　湖泊名
Tai Lake
太湖
호수 이름

词语例释

1. 目前有 20% 的城市供水困难,尤其是北方城市普遍缺水。

    尤其是:特别是。突出或强调后面所介绍的情况。

    ① 文学也不排斥思想,尤其是巧妙地隐藏在故事背后的深刻思想。安徒生就曾经说过,他的作品,孩子看的是作品本身,而家长看的是他的思想。

    ② 随着社会主义市场经济的发展,尤其是国有经济布局的战略性调整和国有资产管理体制改革,政府的公共管理职能将进一步分开。

    ③ 运动员尤其是能进入国家队的选手不说万里挑一,也是千里挑一,他们都算得上是特殊人才。

2. 占全国 1/3 面积的西北地区,地下水资源和开采量分别为 1125 亿立方米/年和 430 亿立方米/年,分别占全国地下水资源量和开采量的 1/8 左右。

    分别:各自。用时要注意前后所指两个相对应的事物保持顺序不变,如:A 和 B 分别来自韩国和日本,指 A 来自韩国、B 来自日本。

    ① 在对农村高中生的调查中发现,"军人"和"医生"是最为他们所向往的职业,分别占 20% 和 16%。

    ② 根据 2003 年高校的就业情况,广州前 10 名就业热门专业分别是电子与信息类、英语类、法学类、机械类、土建类、会计类、中文类、临床医学类、电工类、工商管理类。

    ③ 有关资料显示,2002 年全国口岸共截获有害生物 1278 种,2.2 万次,分别是 1985 年的 1.4 倍和 4.5 倍。

3. 调水固然需要,但树立节约用水观念更重要。

    固然:虽然。多用在主语后。表示确认某一事实,但同时并不否认另一事实。前后意思并不矛盾,转折较轻,重在突出后一小句,多用"也"配合,有时也用"但是、可是"。

    ① 现在的人才市场,人才观念固然已逐步改变,但"任人惟证"的现象依然普遍,高学历也就成为高质量人才的标签。

    ② 当地经济固然不算落后,但还有一些家庭仍比较困难,贫困和亲人的病痛,也给这些家庭的孩子带来极大的心理压力。

    ③ 可是,当他没有快乐的时候,他发现日子过得没劲透顶。于是他才明白"快乐固然不能吃,不能喝,但快乐很重要"。

第六课

背景知识

中国最大的水利工程——南水北调工程

根据《南水北调工程总体规划》,中国计划建设东、中、西3条运河,将长江、淮河、黄河和海河四大水系连接起来,预计总投资将达4860亿元。全部工程完成后,每年将从长江向北方地区调水448亿立方米,相当于一条黄河的水量。南水北调工程是我国投资最大、工期最长的水利工程。2002年12月27日开始在东线开工,预计2050年全部完工。

练习

一、请在课外阅读两篇最新中文报刊文章,将它们剪贴在你的笔记本上,然后把其中的一篇写成摘要,并有自己的看法。

二、给下列动词搭配适当的词语:

树立_____　　　　　筹集_____
改善_____　　　　　治理_____
建立_____　　　　　加大_____
引起_____　　　　　减轻_____

三、选词填空:

处于	尤其是	分别	固然
树立	筹集	减轻	人均

1. 天资是遗传基因在起作用,而其他各项因素_____受先天因素的影响,但更加受后天努力和环境的影响。
2. 水对人身心活力有重要作用。它可以改善呼吸、调理关节和肌肉、_____疲劳。
3. 据统计,目前我国电视机的社会保有量达到3.5亿台,冰箱、洗衣机也_____达到1.3亿和1.7亿台。
4. 养育子女是一门学问,父母不掌握科学知识,面对_____关键而又困难的成长阶段的孩子,将难以承担教育他们健康成长的使命。
5. 要调动一切积极因素,为西部地区引进人才,_____西部开发过程中急需的高层次紧缺人才。
6. 从公元2年的西汉到1949年,我国人口从5900万增加到5.4亿,____耕地由13.88亩减少到2.71亩。
7. 几年来,全国共建全民健身工程1939个,中国体育彩票发行8年来____的102亿元公益金,有相当部分被用于发展全民健身。

8. 要解决西部开发所需人才问题,最根本的出路在于吸引人才,同时还要_____科学的人才观,以能力和业绩为衡量人才标准。

四、根据课文内容判断正误:
1. 我国水资源的总量相当少。(　　　)
2. 我国的地下水资源分布与地表水分布一样,南方丰富、北方不足。(　　　)
3. 我国目前农业用水的效率远远低于发达国家的水平。(　　　)
4. 我国目前调水比树立节水观念更重要。(　　　)

五、请按正确的语序将下列各个句子组成完整的一段话:
1. A 国家已开始实施南水北调计划
   B 调水固然需要
   C 为解决北方用水问题
   D 但树立节约用水观念更重要
   E 调长江水以减轻北方水资源不足的压力
   正确的语序是:(　　)(　　)(　　)(　　)(　　)
2. A 七大水系污染均比较严重
   B 四类水质不到二成
   C 一类至三类,也就是较好的水质,所占比例不到三成
   D 五类和五类以下的水质占一半以上
   E 据2001年全国重点水质统计资料显示
   正确的语序是:(　　)(　　)(　　)(　　)(　　)

六、根据课文内容选择最合适的答案:
1. 目前我国的人均水量与世界人均水量相比,显得_____。
   A 相当少　　　B 不少　　　C 很多　　　D 相当多
2. 我国实施南水北调计划,根本原因是_____。
   A 北方地区用水量大　　　B 南方地区用水量小
   C 北方地区水资源不足　　　D 北方水资源污染严重
3. 课文的第3段主要说明_____。
   A 我国工业废水排放量大　　　B 我国城市生活污水处理率低
   C 长江、珠江水质较好　　　D 我国水资源污染严重
4. 目前我国江河、湖泊污染的原因主要是_____。
   A 一个方面　　　B 两个方面　　　C 三个方面　　　D 四个方面

七、请尽量使用以下词语进行话题讨论:

| 处于 | 尤其是 | 分别 | 固然 | 树立 | 筹集 | 减轻 |
| 人均 | 治理 | 资源 | 渴望 | 不足 | 措施 | 相当 |

1. 为了节约用水,你认为应该怎么做?
2. 为了保护环境,你认为应该怎么做?

八、快速阅读：

阅读一　（字数：332；阅读与答题的参考时间：3分钟）

算一算地球一天的污染账

　　地球上城市居民约有70%（15亿人）呼吸受污染的空气，每天至少有800人因此而过早死亡。每天有1.5万人死于饮用污染的水，其中大部分是儿童。工业、各种喷雾罐、冰箱、空调机等每天把1500多吨氯氟烃排入大气层，它们是造成臭氧层空洞的首要原因。每天进入大气层的二氧化碳为5600万吨，"温室效应"与此有关。每天有5.5万公顷森林被毁，161平方公里土地荒漠化。每天有14万辆新汽车驶上公路，各国400多座核电站产生26吨核废料，还有1.2万桶石油流入海洋。

（据人民网2003年1月10日）

回答问题：
1. 地球上每天有多少人死于饮用污染的水？
2. 每天进入大气层的二氧化碳为多少吨？
3. 每天有多少辆新汽车驶上公路？

阅读二　（字数：923；阅读与答题的参考时间：9分钟）

可爱的汽车，可怕的尾气

　　"自从有了你，我的生活就变得异常美丽！"这句在手机短信中颇为流行的话道出了"驾车族"的惊喜心情。的确，由于汽车有说不尽的可爱之处，自从1886年德国人K.Benz制造出世界上第一辆汽车，特别是1913年来美国福特公司发明汽车生产装配流水线以来，汽车制造业就异军突起，由少数人的"宠物"很快演变为"大众情人"。有资料显示，到2000年末，全世界的汽车保有量已超过6亿辆，全世界每千人拥有汽车116辆。全世界的汽车保有量以每年3000万辆的速度递增，预测到2010年全球汽车量将增到10亿辆。

　　有专家认为中国已进入"汽车时代"，高速增长期将至少维持20年。据预测，到2010年全国的汽车保有量将有望达到4亿辆。

　　人们在享用汽车的诸多好处时，一个甩不掉的健康杀手像阿拉伯神话中的魔鬼，如影随形而且迅速扩大——汽车尾气。

　　汽车尾气有那么可怕吗？在汽车的发源地西方发达国家，汽车污染已不是什么新话题。上个世纪40年代以来，美国汽车城洛杉矶就开始出现化学烟雾污染事件。仅1950-1951年，美国因大气污染造成的损失就达15亿美元。1955年，因呼吸系统衰竭死亡的65岁以上的老人达

400多人；1970年，约有75%以上的市民患上了红眼病。自此，汽车尾气污染就一直是西方国家头疼的环境问题。

在我国，近年来尾气污染已迅速上升为城市的主要污染源。私车对经济的拉动是事实，而治理污染付出的代价也不应视而不见。以北京为例：北京现在每年在大气治理上要花费100亿元，到2008年要总共花费近1000亿元，其中用于尾气治理的少说也得几百亿。如果再把全国的情况算起来，少说也得千亿元。治理汽车尾气，已成为我国城市必须面对的重要环境课题。

(人民网2003年1月17日，有改动。)

> **回答问题：**
> 1. 全世界的汽车保有量以每年多少辆的速度递增，预测到2010年全球汽车将增到多少辆？
> 2. 据预测，到2010年中国的汽车保有量将可能达到多少辆？
> 3. 仅1950-1951年，美国因大气污染造成的损失就达多少亿美元？
> 4. 北京现在每年在大气治理上要花费多少亿元，到2008年要总共花费多少亿元？

阅读三 （字数：1664；阅读与答题的参考时间：16分钟）

早产女婴存在智力问题，女婴父亲称噪音超标是首因

施工噪音是不是真的能导致孕妇早产、婴儿受害？家住朝阳区八里庄南里的王琪先生和附近一家施工工地正面临着这样一个现实的问题。昨天，王先生来到本报反映，他认为他家旁边的施工工地整天施工、噪声超标造成了他的妻子早产和婴孩智力缺损。因此，他已经将施工的甲方单位——北京京朝房地产开发有限公司告上朝阳区人民法院。

昨天，记者来到王琪先生的家时，他的妻子杨梅正在床边给孩子喂药。王琪告诉记者，他的妻子杨梅去年2月份开始怀孕，3月份外面就开始拆房子了，噪声扰得他和妻子都不能好好休息。而到了5月份，那里更是从早上四点到第二天凌晨一两点钟都在施工，每天早上4点钟拉土车还鸣笛叫门，吵得妻子难以入睡，心情也非常烦躁。在这种情况下，王琪不得已在6月份找到施工的甲方单位寻求解决办法，但没有任何结果。

去年9月13日，杨梅到朝阳第二医院做产前检查时发现，胎儿随时有死亡的危险！17日，杨梅转到北京妇产医院。为了保护杨梅和婴孩，妇产医院决定立即实施剖腹产手术。于是，不足十个月的王洋洋出生了，体重却仅仅有三斤一两。令王琪高兴的是，孩子虽然体重较轻，但是

第六课

医院对新生儿的全身检查显示：婴儿各方面情况一切正常。这样,杨梅和王洋洋都平安出院,回到了家中保养。

两个月后,意外又发生了。王琪夫妇带着孩子到儿童医院做检查时,医院的检查结果竟然显示王洋洋的智力水平评分为66.8分,属于轻度智力缺损！这下可把王琪夫妇吓坏了,两个人谁都没有相关的家族病史,既往病史乃至于结婚检查都没有任何迹象表明可能会使婴儿出现这种毛病。

在这种情况下,王琪一边给孩子治病,一边查找各种医书寻求原因。通过一番查证,他发现：高噪音可以对孕妇和婴儿产生不良影响！在王琪家,记者看到了他复印下来的资料：60分贝以上的噪音会使人烦躁不安,使大部分人难以入睡或使睡眠者被惊醒,而睡眠对儿童大脑发育的作用至关重要；研究表明,孕妇如果长期生活在噪声环境中,会影响胎儿的正常发育,严重会导致胎儿死亡；儿童如果长期生活在很强的噪声环境中,智力发育会受到影响。

昨天,记者就此事采访了北京京朝房地产有限公司。据刘燕军工程师介绍,他们夜间施工噪音的确超标,但夜间施工是出于工程的要求,必须一直连着干下来,而且夜间施工已经分别在去年9月14日和12月4日获得了审批,拿到了准许夜间施工的《审批表》。另外,对于给附近居民造成的影响,公司也和八里庄社区居委会签订了协议,给居民发放了一直到2003年5月31日的施工扰民费。刘燕军表示,王琪一家人的事情比较特殊,如果王琪有直接的医疗鉴定证明,孩子出现的问题的确是由于施工噪音造成的,那么公司愿意按照法院的判决给予赔偿。

截止到记者发稿时,八里庄南里近200户居民已捐了6000多元钱,资助王洋洋治病以及支持王琪一家人打这个官司。对此事,本报也将继续追踪报道。(信报记者初景波)

(节选自《北京娱乐信报》2003年1月15日,有改动。)

判断正误：

1. 王琪告诉记者,他的妻子杨梅去年2月份开始怀孕,3月份外面就开始拆房子了,噪声扰得他和妻子都不能好好休息。（   ）
2. 王琪在6月份与施工的甲方单位找到了解决问题的办法。（   ）
3. 去年9月13日,杨梅到医院作检查时发现,胎儿随时有死亡的危险。（   ）
4. 两个月后,医院的检查结果显示王洋洋的智力水平属于轻度智力缺损。（   ）
5. 儿童如果长期生活在很强的噪声环境中,智力发育会受到影响。（   ）
6. 北京京朝房地产有限公司表示愿意对王琪一家给予赔偿。（   ）

第七课

课文

加入世界贸易组织之后

近日,中国经济景气监测中心与中央电视台《中国财经报道》互相协助,就中国加入世贸组织五年内生活质量、思想观念、就业水平等方面的问题,对600余位居民进行了问卷调查。调查中,近六成(59.5%)居民预测在未来五年内,生活质量将比现在有明显提高,从多数居民对中国加入世贸组织后的五年的生活预期良好中,看出人们对中国经济在此时全面参与世界抱有信心,并认为国家经济水平上升,必然对国民有益;与此同时,38.5%的居民预测自己或家庭的生活质量与现在基本相当,认为更大的发展在后面;仅有2%预测生活会不太令人满意。对于社会服务水平,91.5%的居民预测未来五年社会总体服务水平将会提高。逐步兴起的现代服务行业的竞争局面使绝大多数人为之欢喜、看到了希望,人们期待着服务方面有更多更好的选择,期待着国际标准服务随处可见。

我国已于2001年12月正式加入世贸组织,这意味着我国将在更大范围参与世界竞争与合作,得到很好的发展时机,享受多边协定的成果,获得进入其他国家市场的机会。从长期来看,它将对我国经济增长和对外贸易产生积极的影响,给我国传统的劳动密集型产品和技术成熟且已具有一定规模的轻工产品出口带来大量机会。据世界银行估计,加入世贸组织后五年内,我国贸易量在世界上所占的比重将从目前的4.5%提高到6.5%。

加入世贸组织以后,我国企业将面临外国企业的

第七课

激烈竞争,我国经济发展的状况将主要<u>取决于</u>我国企业在国际竞争中的地位与实力,而我国现行的经济体制还存在着不少不足,使本来就因为生产力发展水平不高而缺乏国际竞争力的我国不少企业更难以应付国际竞争的挑战。

但对老百姓来说,则是有益无害。就业总量增加,就业结构发生改变;我国的消费者将面对更多的消费选择和更便宜的商品。

加入世贸组织之后,我国的国有企业和国有银行都将面临的一个突出问题,这就是专业人才的缺乏和流失。所以,我国高等教育的主要任务之一,就是要尽快地培养各种专业人才,尤其是建立社会主义市场与对外开放所急需的法律人才。

(字数统计:824)

(节选自《北京青年报》2002年7月1日,有改动。)

1. 景气	jǐngqì	(形)	指社会、经济繁荣的现象 (economic) boom, prosperity 景気 경기 (사회, 경제의 번영을 가리킴)	
2. 监测	jiāncè	(动)	监视和检测 to monitor and inspect 監視測定する 감독, 점검하다	
3. 问卷	wènjuàn	(名)	要求被调查的人就所提问题作出书面回答的材料 questionnaire アンケート 설문	
4. 预测	yùcè	(动)	预先推测或测定 to predict 予測する,予想する 예측하다	
5. 预期	yùqī	(名)	预先期待 to anticipate, to estimate, to expect	

			予测, 期待 (앞으로의 일을) 기대하다
6. 参与	cānyù	（动）	参加（多用于活动） to enter, to participate in 加わる 참여하다
7. 兴起	xīngqǐ	（动）	开始出现并发展起来 to rise, to emerge 引き起こる, 盛んになる 발전해나가다
8. 局面	júmiàn	（名）	事情的状态 situation 状況, 情勢, 局面 국면, 형세, 상태
9. 欢喜	huānxǐ	（动）	高兴；愉快 joyful, happy うれしいと思う 기뻐하다
10. 期待	qīdài	（动）	期望和等待 to expect, to hope 期待する 기대하다
11. 时机	shíjī	（名）	有利的时间、条件、机会 opportunity, opportune moment チャンス 기회
12. 协定	xiédìng	（名）	协商后订立的共同遵守的条款 agreement (usually between nations) 合意, 協約 협정
13. <u>劳动密集型</u>	láodòng mìjíxíng	（词组）	指劳动者技术水平较低, 集中了大量劳动力的生产类型 intensive labour 労働集約型＜労働者の技術水準が低く、主に手作業に頼る、大量労働力集約型を指す＞ 노동밀집형 (노동자 기술수준이 비교적 낮고 주로 수공업 위주이며 대량 노동력에 집중된 노동 유형)

第七课

14. 面临　　　miànlín　（动）　　面对；正在遇到
　　　　　　　　　　　　　　　　to face, to confront
　　　　　　　　　　　　　　　　直面する
　　　　　　　　　　　　　　　　직면하다, 당면하다

15. 激烈　　　jīliè　　（形）　　剧烈
　　　　　　　　　　　　　　　　heated, extreme (here 激烈竞争 means "hot competition")
　　　　　　　　　　　　　　　　激しい, 厳しい
　　　　　　　　　　　　　　　　치열하다, 격렬하다

16. 取决于　　qǔjuéyú（词组）　由某方面或某种情况决定
　　　　　　　　　　　　　　　　to be determined by
　　　　　　　　　　　　　　　　～によって決まる
　　　　　　　　　　　　　　　　~에 달려있다, ~에 의해 결정되다

17. 体制　　　tǐzhì　 （名）　　国家机关、企业、事业单位等的组织制度
　　　　　　　　　　　　　　　　system
　　　　　　　　　　　　　　　　体制
　　　　　　　　　　　　　　　　체계, 제도

18. 应付　　　yìngfù　（动）　　对人、对事采取措施、方法
　　　　　　　　　　　　　　　　to deal with, to cope with, to handle
　　　　　　　　　　　　　　　　対処する
　　　　　　　　　　　　　　　　대응하다, 대처하다

19. 挑战　　　tiǎozhàn（动）　　触动对方跟自己竞争
　　　　　　　　　　　　　　　　challenge
　　　　　　　　　　　　　　　　挑戦
　　　　　　　　　　　　　　　　도전, 도전하다

20. 急需　　　jíxū　　（动）　　紧急需要
　　　　　　　　　　　　　　　　to be in urgent need of
　　　　　　　　　　　　　　　　緊急に必要である
　　　　　　　　　　　　　　　　급히 필요로 하다

1. 世界贸易组织　　　Shìjiè Màoyì Zǔzhī　　简称为世贸组织(WTO)
　　　　　　　　　　　　　　　　　　　　　　(World Trade Organisation)
　　　　　　　　　　　　　　　　　　　　　　WTO, 世界貿易機関
　　　　　　　　　　　　　　　　　　　　　　국제무역기구

词语例释

1. 近日,中国经济景气监测中心与中央电视台《中国财经报道》互相协助,<u>就</u>中国加入世贸组织五年内生活质量、思想观念、就业水平等方面的<u>问题</u>,对600余位居民进行了问卷调查。

    <u>就……问题</u>:对……问题。引起所要谈论的问题。
    ① 作为"财富500强"的世界著名跨国公司,就面试人才问题,自有一套独特的方法。
    ② 就公司的业务领域,特别是一些技术进步问题,我知道的很少。
    ③ 就新问题,应该用新思路新办法加以解决,这是实现全面、协调、可持续发展的关键。

2. <u>从长期来看</u>,它将对我国经济增长和对外贸易产生积极的影响,给我国传统的劳动密集型产品和技术成熟且已具有一定规模的轻工产品出口带来大量机会。

    <u>从……来看</u>:表示从某个角度看问题、得出结论。
    ① 从城市来看,改革开放以来,城市生活的重大变化,城市面貌的巨变,都离不开农民工的贡献。
    ② 从历史的高度来看,中国的学者要以知识来引导社会潮流,推动社会观念变革。
    ③ 从文化程度来看,大专及以下学历者更希望掌握计算机操作,而本科及以上学历者更注重外语水平的提高。

3. 加入世贸组织以后,我国企业将面临外国企业的激烈竞争,我国经济发展的状况将主要<u>取决于</u>我国企业在国际竞争中的地位与实力。

    <u>取决于</u>:由某方面或某种情况决定。后面一定带宾语。
    ① 文学对社会的责任不是被动的,它应该和读者们一道,来寻找历史对今天的提示;因为中国的明天,只能取决于我们今天的认知和努力。
    ② 人的很多决定和行为取决于人的心态。作为企业,培养员工正确心态,企业也应该有正确的心态来培养员工。
    ③ 汉语水平是否顺利提高,取决于你的努力程度和学习时间的长短。

背景知识

中国与世界贸易组织

2001年12月11日,《中国加入WTO议定书》生效,中国成为WTO第143个成员。2001年12月19~20日,中国外经贸部首席谈判代表龙永图率团出席WTO总理事会,中国代表团第一次以成员国身份在世贸组织亮相。

第七课

练 习

一、请在课外阅读两篇最新中文报刊文章,将它们剪贴在你的笔记本上,然后把其中的一篇写成摘要,并谈谈自己的看法。

二、给下列动词搭配适当的词语:

预测_____　　　　参与_____
面临_____　　　　期待_____
产生_____　　　　应付_____
缺乏_____　　　　享受_____

三、选词填空:

| 就……问题 | 预测 | 参与 | 从……来看 |
| 面临 | 取决于 | 应付 | 期待 |

1. 产品能否占有市场_____产品的质量和市场的需求。
2. 近日,有关部门_____中国未来五年内的生活质量、思想观念、就业水平等方面的_____,对600余位居民进行了问卷调查。
3. _____经济发达国家的发展历程_____,农村劳动力从占社会全部劳动力的70%至80%逐步减少到30%以下,是现代化进程的普遍规律。
4. 她在努力学习,认真准备,_____拥有一次好的工作机会。
5. 有关专家分析指出,今年外资企业将加快进入我国市场,而国外针对中国产品设置的贸易障碍也将增多,国内企业将_____真正的考验。
6. 有人说,"一流军队设计战争,二流军队_____战争,三流军队尾随战争"。设计未来首先需要丰富的战略想像力。
7. 对西部地区人才的培训要形成全社会_____的局面,培养一批用得上、留得住、能创新的人才。
8. 2003年9月,世界银行发布的《东亚一体化》报告_____说:3年后中国的进口量将增加一倍以上,"东亚的所有国家都将从中获益,尤其是日本和新兴工业化国家"。

四、根据课文内容判断正误:

1. 调查中,六成居民预测在未来五年内,生活质量将比现在有明显提高。(　　)
2. 调查中,对于社会服务水平,超过九成的居民预测未来五年社会总体服务水平将会提高。(　　)
3. 加入世贸组织对我国企业的发展则是有益无害。(　　)
4. 加入世贸组织之后,我国的国有企业和国有银行都将面临专业人才的缺乏和流失问题。(　　)

五、请按正确的语序将下列各个句子组成完整的一段话：
1. A 人们期待着服务方面有更多更好的选择
   B 逐步兴起的现代服务行业的竞争局面使绝大多数人为之欢喜、看到了希望
   C 期待着国际标准服务随处可见
   正确的语序是：(　　)(　　)(　　)
2. A 这意味着我国将在更大范围参与世界竞争与合作
   B 获得进入其他国家市场的机会
   C 享受多边协定的成果
   D 我国已于2001年12月正式加入世贸组织
   正确的语序是：(　　)(　　)(　　)(　　)

六、根据课文内容选择最合适的答案：
1. 调查中，_____居民预测在未来五年内，生活质量将比现在有明显提高。
   A 少数　　　　B 半数　　　　C 多数　　　　D 绝大多数
2. 从长期来看，加入世界贸易组织将对我国传统的劳动密集型产品和技术成熟且已具有一定规模的轻工产品出口_____。
   A 不利　　　　B 有益　　　　C 影响不大　　D 没有影响
3. 据世界银行估计，加入世贸组织后五年内，我国贸易量占世界的比重将_____。
   A 上升　　　　B 下降　　　　C 没有变化　　D 难以预测
4. 加入世贸组织以后，我国企业将面临外国企业的激烈竞争，而我国现行的经济体制还存在着不少不足，使我国企业_____应付国际竞争的挑战。
   A 无法　　　　B 足以　　　　C 可以　　　　D 难以

七、请尽量使用以下词语进行话题讨论：

| 就……方面 | 预测 | 参与 | 面临 | 兴起 | 取决于 |
| 从……来看 | 应付 | 期待 | 急需 | 挑战 | 时机 |

1. 你认为中国加入世贸组织后，会对中国社会的发展带来怎样的影响？
2. 你认为中国经济的健康发展要取决于哪些因素？

八、快速阅读：
阅读一　（字数：718；阅读与答题的参考时间：6分钟）

龙永图："我更看重本土人才"

　　记者就目前在人才问题上的争论即海归派和本土派之争，向龙永图发问。本土人才主要指在国内学习和工作的人。海归派是指有国外学习和工作经验的人，不只是留学，还要有工作经验。

　　龙永图表达了自己的观点，他认为两种人才都很优秀，很难作一个

第七课

大的判断。从中国的现状看,更多的还是需要本土派的人才。因为中国需要的是成千上万的人才,海归派毕竟太少,不可能满足中国加入世界贸易组织以后的人才需求。如果寄希望于海归派注入中国的各个大企业,或者是大的政府机构的话,从数量上就不现实,而且不可能根本地改变中国的人才结构和人才素质。他说:"我觉得我们还要立足于培养我们自己的人才,我认为海归派也是很优秀的人才。从中国的国情出发,我认为我们中国更需要的是怎样加强提高我们本土派的素质问题。而且,海归派和本土派应该有一个相互学习的问题,作为本土派应该加强规则的意识,加强竞争的意识,加强职业道德的意识。"

接着他评价了海归派的作用:"海归派成为一个桥梁,这种桥梁的作用我认为是很重要的。"他特别强调:"我们中国现在有一个走出去的问题,是我们当务之急,我们现在可以开始走出去,中国要走出去,确实需要很多国际性的人才,但是我们从整体的经济发展的实际来讲,我们大规模走出去的条件还不具备。所以在这样一种情况下,我认为当前最紧急的问题是,怎么把我们发展起来,立足我们中国的本土,培养中国第一流的人才。"

(《深圳商报》2001年11月27日,有改动。)

回答问题:

1. 为什么龙永图认为,从中国的现状看,更多的还是需要本土派的人才?
2. 龙永图认为当前最紧急的问题是什么?

阅读二 (字数:1389;阅读与答题的参考时间:11分钟)

龙永图评说八种人才

第一种,喜欢在各种场合表现自己的人。

龙永图:我们过去常常很随意地下结论,"这个人喜欢表现自己"。我们应该有一些新的看法,什么叫表现自己?这种人,如果他没有什么个人的私利,我觉得能够表现的人是要用的。

第二种,喜欢在私下里,越级向上级或者更高级的上级汇报。

龙永图:我们是公务员,应该一级对一级负责。在企业也是这样。每个人都有自己的位置,一般情况下应该按照规矩办事。我觉得还是循规蹈矩、按规则办比较好一点,这是我的评价。但这种人我还是要用,我认为他有勇气。

第三种,做事情求全责备的人。

龙永图:看他怎么"求全责备"。如果是很理想主义的话,所有的事情做得很好,这个无可非议。但是我也许不会把他放在最重要的岗位上。他过多地注意细节,没有看到大的位置;或者他对别人求全,对别人责备,没有对自己求全责备。这些都是不好的。

第四种人,瞧不起比自己能力差的人。

龙永图:我觉得这种人是可以教育好的。因为,特别是对年轻人来讲,他自己好胜,对一些能力比自己差的人瞧不起,这是自然的。但是,应该教育他。而且,应该跟他说,你并不是一切都是最好的。即使是你最瞧不起的人,他肯定某些地方比你强。我觉得对这种人我们是教育的过程,这种特点,在我们年轻人身上表现的太多了,这种人不用他也很可惜。但是如果这个人已经很大的年龄了,政治上已经很成熟了,还是这样的话,就很值得考虑。但是对于年轻人来讲,我认为什么都可以原谅。没有宽容就没有人才。

第五种,喜欢把功劳记在自己头上的人。

龙永图:我很讨厌这种人。我觉得任何一件事情的成功都是一个团队、集体的结果,没有一个人能够把所有的功劳归功到自己头上去。如果有这么一个人,我觉得最好不要用他,因为他既然能够把所有的功劳都归到他头上,一旦失败,他也会把所有的责任推到别人头上。

第六种人,喜欢标新立异的人。

龙永图:我很喜欢这种人,但是这种人在某些地方比较适合,某些地方不太适合。在重大的政策问题上、重大的原则问题上,标新立异实际是离经叛道,可能出现很大的危险。但是在企业界,我希望多用点儿标新立异的人。我们中国实在需要创新的人。

第七种人,一针见血地评价领导的所作所为的人。

龙永图:我认为这种人还是好的。在集体当中,需要很多人有这种政治勇气说出别人的缺点,特别是领导缺点。我们非常缺乏这样的人才。当然,要注意方式。但是如果是适当的场合,特别在一两个人谈话的时候,一针见血地指出领导的缺点,那么这个人我会很喜欢他,因为一般人做不到。

第八种人,喜怒形于色,不会包装自己的人。

龙永图:这种人是可以原谅的,而且如果一个人把自己的感情都表露在面孔上,我认为一般来说是好的一种人。领导很快知道他的反应,下属很快知道领导对这个事情的看法。作为同事,应该对这种人更多的包容,作为领导也应更多地包容,理解他,帮助他,使他在适当的场合掩盖自己的感情。这个事情也是逐渐成熟的过程。我觉得一个人逐渐成熟以后,他也会在适当的场合掩盖自己的感情,这个有时候是有必要的。

(《深圳商报》2001年11月27日,有改动。)

> 回答问题：
> 1. 龙永图很喜欢的是哪一种人，为什么？
> 2. 龙永图很讨厌的是哪一种人，为什么？
> 3. 在这八种人中，你很喜欢和很讨厌的分别是哪一种人？为什么？

阅读三　（字数：1750；阅读与答题的参考时间：14分钟）

经济学家张五常看好中国加入世贸组织前景

巫伟　郭永强

"中国入世之后的机遇与挑战"，这是个老得不能再老的话题，但"怪才"张五常讲出来的东西还是别有味道。昨日，著名经济学家张五常在广州作了一场精彩的主题报告，引得全场掌声不断。张五常非常看好中国入世之后的前景，即使人们普遍认为会日子难过的行业，他也一片乐观。在他眼里，入世对中国的机遇与挑战并存，垄断特权会遭受压力并逐步被消除。

入世对农业不是灾难

不少人认为，中国入世后农业会受到巨大的冲击，导致农民失业。而张五常对此并不担心："国内农业人口向工业的转移会非常快，从日本明治维新时期和台湾的发展历史就可以推论这一点。"他说，工业用地的资本回报率是农业的 10 倍左右，地方政府发展工业的积极性也很高。为了获利的需要，工业的发展会很快，这也将加速农民向市民的过渡。"中国实际从事农业生产的人口占全国总人口的 60% 左右，一旦中国成为经济强国，农业人口的比例会降至 25% 以下。"张五常说，中国农民的困难不是地少，而是知识少，"但这两三年来我第一次看好中国的农民，因为我在中国各地的大学里看到，有如此之多的农民子弟在大学里念书。"知识的普及，使张五常对中国的农民问题感到乐观。

国产车迟早卖到美国

张五常对近年来中国产品质量的提高感到非常惊喜。他说，过去在美国、加拿大等国的商店里很少看到中国的商品，现在随处可见，并且质量和款式并不差。他认为，汽车工业也一样，并不像人们普遍担心的那样。他说，"关税下调后，短期内进口车对国产汽车的冲击是难免的，但长期来看，中国市场不可能被进口车占领。"他认为，中国的汽车工业在近年来的进步，仅仅从身边的国产汽车的外形都可以看出来，而从长远来看，合资厂生产的汽车比进口车更具优势。"一旦大幅减低进口零配件的关税，国内的车能够比国外的造得更便宜。"他还乐观地预测，几年之内中国的汽车将出现在东南亚的市场上,甚至卖到美国去都不奇怪。"真正可怕的反而是过度的保护,台湾以高关税保护自己的汽车产业,结果现在在香港连一辆台湾车都看不到。"

通信业价格肯定要降

"从香港往深圳打电话比从香港打往美国的电话贵5倍,而从香港打往上海的电话费则比从香港打往美国贵10倍。"张五常说,过高的通信价格对于吸引国外投资是不利的,中国入世之后,这方面的压力会更明显地表现出来。他认为,入世后,为了追求利润,国外的企业没有理由不进入,外企的进入必将有利于打破垄断。这将使通讯业受到巨大挑战,迫使通讯业降低价格,提高服务。

中国将现国际金融中心

按照张五常信心十足的推断,本世纪中国将会成为世界经济强国。"这么大个国家不能没有国际性的金融中心。"他大胆推测说,从中国金融市场完全放开的那一天起,上海5年内会超过香港,20年内会成为人类历史上最繁荣的工商业中心。他半开玩笑地解释说:"纽约的太阳比芝加哥早,所以芝加哥怎么做股市都做不好。上海和香港虽然没有时差,但上海的太阳比香港早出1个小时。"张五常所期待的是外汇管制全面放开的那一天。他笑言:"一个外国人在中国开一个人民币账户,如果他是天才要一周时间,否则两个月都做不好。但在美国只需要5分钟,而且还能喝上银行的一杯咖啡。"按照入世条款,外资银行可在2年后经营国内国有企业的人民币业务,在5年内可做百姓的人民币业务,张五常认为,届时外汇管制自然会取消。"很多人担心人民币自由兑换后资金会大量外流,我不这么看。资金跑到外面去干什么?投资。可是世界上还有哪儿比中国更适合投资?"

(《扬子晚报》2002年04月27日)

判断正误:

1. 张五常认为,中国农民的困难不是地少,而是知识少。(　　)
2. 张五常说,现在在美国、加拿大等国的商店里很少看到中国的商品。(　　)
3. 张五常认为中国的汽车业不能过度保护。(　　)
4. 从香港往深圳打电话比从香港打往美国的电话贵10倍。(　　)
5. 张五常认为,入世后,外企的进入必将使通讯业降低价格,提高服务。(　　)
6. 张五常大胆推测说,从中国金融市场完全放开的那一天起,上海20年内会成为人类历史上最繁荣的工商业中心。(　　)
7. 张五常认为人民币自由兑换后资金会大量外流。(　　)

第八课

中国城市化是进入快车轨道的列车

李景国

世界各国城市化的历史,大致经历了由慢到快、由快到慢,直至停止不前的曲线发展过程,这一过程直接与社会经济发展水平紧密相关。

1949年新中国成立时,城市化水平只有10.6%,当时世界城市化的平均水平是29%,欧美等发达国家的城市化水平早已超过60%。可见,中国是在一个起点极低的基础上展开城市化建设的。改革开放前,由于工农业生产落后、经济基础薄弱及与城市化相关的政策、制度等原因,城市化进程曲折缓慢,直到1978年城市化水平仍低于18%。改革开放后,工农业生产迅速发展,经济基础日益增强,城市化进程随之加速。从1978年到2000年,小城镇由2176个增加到20312个,城市数量由190个增加到663个,其中大城市、特大城市及超大城市93个,城市化水平显著提高。2000年城市化率达到36.09%。

从城市化水平看,世界城市化发展的规律表明,一个国家或地区的城市化水平达到30%左右时,城市化进程将进入快速发展阶段,这是一个不可违背的客观规律。从经济发展水平看,世界银行对全球133个国家的统计资料表明,当人均国内生产总值从700美元提高到1000~1500美元、经济步入中等发展中国家行列时,城市化进程加速,城市人口占总人口比重将达到40%~60%。有专家分析,在未来的十几年中,我国的人均GDP(国内生产总值)将从1997年的800多美元,提高到2010年的1200美元甚至更高。城市化和经济发展水平的指标都表明,我国城市化的列车已奔入快车轨道,进入快速发展的阶段。有预测,到2020年中国城镇化水平将达到50%甚至更高。

经过改革开放20多年的发展,我国的农业生产力水平得到显著提高,城市经济实力增强,推动城市化发展的物质基础基本具备。社会主义市场经济体制初步建立,推动城市化发展的体制环境逐渐形成,国民经济的进一步发展也促使城市化的需要日益紧迫,推动城市化发展的条件和时机已经成熟。

城市化有其自身的客观发展规律,但政府仍可运用一些方式对自然发展的城市化施加影响。推动城市化发展的进程,就是要促进农业人口向非农业人口的转化,农业劳动力向城市非农产业的转化。我国人口数量庞大,农业人口占绝大多数,城市化水平每提高一个百分点,即意味着要有1000多万农村人口转移到城市,搭上城市化的列车。如果城市化水平提高到50%,将需要约两亿人口从农村转移到城市,如果兴建城市去安置这些人口,需要兴建100万人口的城市200座!面对农村人口与城市人口均拥挤的现实,完成大量农业劳动力向城市非农产业的转化,将成为我国城市化面临的最大挑战。城市化这辆列车的加速,需要经济发展提供强大的动力,只有经济快速发展,城市化的列车才能在快车轨道上顺利奔跑。

(全文字数:1136)

(节选自《北京青年报》2002年9月2日,有改动。)

1. 城市化　　chéngshì huà（词组）　　又称城镇化、都市化。人类生产和生活方式由农村型向城市型转化的历史过程,表现为农村人口向城市人口转化以及城市不断发展和完善的过程。常以城市人口占总人口的百分比这一指标衡量城市化水平
urbanization

第八课

都市化＜人類の生産・生活方式が農村型から都市型へと変化する中で、農村人口から都市人口への転化及び都市の継続的な発展の過程を指す。一般的に都市人口の総人口に占める割合で都市化の水準を判断する。＞
도시화 (인류의 생산과 생활방식이 농촌형에서 도시형으로 바뀌는 과정, 농촌인구가 도시인구로 전환되는 것으로 나타나고 도시가 계속 발전하고 개선되는 과정이다. 보통 도시인구가 전체인구에서 차지하는 백분율로 도시화 수준을 가늠함)

2. 轨道　　　guǐdào　　　（名）　　物体有规律的运行路线
path
軌道
궤도

3. 列车　　　lièchē　　　（名）　　火车
train
列車
열차, 기차

4. 大致　　　dàzhì　　　（副）　　大概；大体上
generally, as a rule
おおかた
대략

5. 紧密　　　jǐnmì　　　（形）　　十分密切；不可分割
intimate, very close, inseparable (here 紧密相关 means "intimately related" or "intimately connected")
密接である
긴밀하다, 밀접하다

6. 展开　　　zhǎnkāi　　　（动）　　大规模地进行
to enter, to participate in
推し進める, 広範に繰り広げる
펼치다, 전개하다

7. 薄弱　　　bóruò　　　（形）　　不雄厚；不坚强
weak, fragile
弱い, 薄弱である
약하다

8. 曲折　　qūzhé　　（形）　　复杂的；不顺当的
complicated, tortuous (also means "twists and turns")
複雑である，波乱に富んでいる
복잡하다, 곡절이 많다

9. 缓慢　　huǎnmàn　　（形）　　慢；不快；不迅速
slow
遅い，ゆっくりとしている
느리다

10. 加速　　jiāsù　　（动）　　加快速度
to accelerate
速める
가속하다, 빨라지다

11. 显著　　xiǎnzhù　　（形）　　非常明显
very obvious
著しい
현저하다, 뚜렷하다

12. 规律　　guīlǜ　　（名）　　指事物发展中本质的、必然的联系
law, inevitable feature of the development of a system (as in a "scientific law" derived from observing regularities in natural phenomena)
法則
법칙

13. 进程　　jìnchéng　　（名）　　事物变化或进行的过程
progress (in a course of action)
過程
진행과정

14. 阶段　　jiēduàn　　（名）　　事物发展过程中按照不同特点划分的段落
stage (of development)
段階
단계

15. 违背　　wéibèi　　（动）　　违反
to defy, to disobey, to contradict (here 不可违背 means "incontrovertible")
背く
위배하다, 어기다

第八课

16.	客观	kèguān （名）	离开人的意识能独立存在的 objective 客観 객관
17.	发展中国家	fāzhǎn zhōng guójiā （词组）	指人均国民生产总值低(1992年世界银行标准为7510美元以下)，处于工业化过程中，教育、卫生和文化事业较落后，基础设施不完备，经济不发达，并正在谋求发展的国家 developing country 発展途上国＜1992年世界銀行は一人当たりのGDPが7510ドル以下の国と定めている＞ 개발도상국(1992년 세계은행기준으로 GDP가 7510달러 이하이고 공업화 과정 중 교육, 위생, 문화사업이 비교적 낙후하며 기초설비가 부족한 나라를 가리킴, 경제 발달을 위해 노력하고 있는 국가)
18.	行列	hángliè （名）	指有共同性质和共同目标的社会群体 ranks, category (here 发展中国家行列 means "the ranks of developing countries") ランク, 順位 행렬, 대열
19.	推动	tuīdòng （动）	使工作展开；使事物前进或发展 to push, to promote 促進する 추진하다, 촉진하다
20.	社会主义	shèhuì zhǔyì （名）	指社会主义制度，是共产主义的初级阶段 socialism 社会主義＜共産主義の初級段階＞ 사회주의(공산주의의 초기단계)
21.	市场经济	shìchǎng jīngjì （词组）	由市场进行调节的国民经济 market economy 市場経済 시장경제
22.	国民经济	guómín jīngjì （词组）	指一个国家生产、流通、分配和消费的总体 national economy 国民経済 국민경제(한 국가의 생산, 유통, 분배, 소비의 총체)

23. 紧迫　　jǐnpò　　　（形）　　紧急；急切
　　　　　　　　　　　　　　　　urgent, pressing
　　　　　　　　　　　　　　　　差し迫っている
　　　　　　　　　　　　　　　　긴박하다

24. 运用　　yùnyòng　　（动）　　使用；利用
　　　　　　　　　　　　　　　　to employ, to make use of, to use
　　　　　　　　　　　　　　　　用いる
　　　　　　　　　　　　　　　　운용하다, 활용하다

25. 施加　　shījiā　　　（动）　　加给
　　　　　　　　　　　　　　　　to exert, to bring to bear on
　　　　　　　　　　　　　　　　（影響・圧力などを）与える
　　　　　　　　　　　　　　　　주다, 가하다

26. 庞大　　pángdà　　　（形）　　很大；过大
　　　　　　　　　　　　　　　　huge, massive
　　　　　　　　　　　　　　　　とてつもなく大きい
　　　　　　　　　　　　　　　　방대하다, 거대하다

27. 转移　　zhuǎnyí　　（动）　　改换方位或地方
　　　　　　　　　　　　　　　　to shift, to transfer
　　　　　　　　　　　　　　　　移動する, 変える
　　　　　　　　　　　　　　　　옮기다, 이동하다

28. 搭　　　dā　　　　　（动）　　乘坐（车、船等）
　　　　　　　　　　　　　　　　to take (a bus, train, taxi, boat)
　　　　　　　　　　　　　　　　（乗り物に）乗る
　　　　　　　　　　　　　　　　(교통수단을) 타다

29. 兴建　　xīngjiàn　　（动）　　开始建造
　　　　　　　　　　　　　　　　to establish, to build, to construct
　　　　　　　　　　　　　　　　新しく建てる
　　　　　　　　　　　　　　　　건설하다, 창설하다

30. 安置　　ānzhì　　　（动）　　使人或物品各有着落
　　　　　　　　　　　　　　　　to accommodate, to settle (people in need of employment, refugees, etc.)
　　　　　　　　　　　　　　　　落ち着かせる
　　　　　　　　　　　　　　　　배치하다

31. 拥挤　　yōngjǐ　　　（动、形）　挤在一起；形容人很多、密度过大
　　　　　　　　　　　　　　　　crowded, packed
　　　　　　　　　　　　　　　　こみあう, ひしめいている
　　　　　　　　　　　　　　　　붐비다, 혼잡하다

第八课

32. 动力　dònglì　（名）　　指推动事物运动和发展的力量
motivation, driving force, impetus
(here used as a noun)
動力, 原動力
동력, 원동력

1. 国内生产总　guónèishēngchǎn-　按照"国土原则"计算国民经济的生产
   值（GDP）　zǒngzhí　　成果,不论经济活动参与者是否本国居
民,只要是在本国领土上的经济活动成
果都包含在内。本国居民在外国居住,
其经济成果不计入本国产品总量。
GDP (Gross Domestic Product)
国内総生産（GDP）＜'国土原則'に基づい
て　国民経済の生産成果を計算する。経済
活動に関わった者が自国民であるかどうか
に　関わらず、自国領土内での経済活動の結
果として全てを含める。自国民が国外に居
住している場合、その経済結果は計算に入
れない＞
"국토원칙"에 따라 국민경제생산 성과를
따지는 방법. 경제활동 참여자가 본국민
이든 아니든 본국에서 발생한 경제성과
는 모두 포함됨. 본국민이 외국에서 생산
한 경제성과는 포함되지 않음.

词语例释

1. 世界各国城市化的历史,大致经历了由慢到快、由快到慢,直至停止不前的曲
线发展过程,这一过程直接**与**社会经济发展水平紧密**相关**。
   与……相关：跟……有关系。
   ① 政府是各种经济社会政策的制定者和执行者,各种经济和社会政策往往都
   是与人们的利害相关的。
   ② 带一份报纸或一本与自己专业相关的书,等候面试时翻阅。因为这时人最

容易产生紧张心理,看看报纸等一来可解等候的不安,二来可显示自己平时的素质。

③ 因为手机与每个人都相关,所以《手机》这部电影才引起了这么大的反响。

2. 可见,中国是在一个起点极低的基础上展开城市化建设的。

在……基础上:在……上面;以……为基本条件。

① 自2004年1月1日起,中国实施改进后的GDP核算与数据发布制度。这是我国在总结以往经验的基础上,参照国际惯例,提高GDP数据的透明度和准确度而采取的办法。

② 当前的城市化运动是在社会主义市场经济的基础上展开的。

③ 对那些网恋已经成瘾的孩子,要采取一些必要的措施。在向孩子讲清危害、取得孩子一定程度理解的基础上,强制孩子离开网络一段时间,在这期间,要带领孩子多做一些有益的活动,以帮助孩子克服对网络的依赖心理。

3. 推动城市化发展的进程,就是要促进农业人口向非农业人口的转化,农业劳动力向城市非农产业的转化。

就是:表示强调肯定,对前面的情况进一步进行解释。

① 作为一名运动员,训练好、比赛好就是本职工作,没做好本职工作而受到处罚也是理所当然的。

② 比尔·盖茨曾说过:"人的生命是一场正在猛烈燃烧的'火灾',一个人所能做的,也必须去做的就是竭尽全力从这场'火灾'中抢出什么来。"

③ 他想当一名军人,理由很简单,就是他觉得经过训练的军人有一种特殊的气质。

背景知识

中国的城市化进程

改革开放以来,中国的经济一直快速增长,中国的城市化进程比改革开放以前加快。但中国的城市化进程仍落后于中国的经济与工业化发展水平,这与中国在计划经济时代长期实行城乡分离、市民与农民户口不同的管理体制相关,落后的户口管理意识与制度限制了农民自由转化为市民的可能。为了推动城市化进程,中国除了要大力发展经济外,还要改革现行的户口管理制度。

练 习

一、请在课外阅读两篇最新中文报刊文章,将它们剪贴在你的笔记本上,然后把其中的一篇写成摘要,并谈谈自己的看法。

第八课

二、给下列动词搭配适当的词语：

违背_____　　运用_____
安置_____　　推动_____
施加_____　　转移_____
兴建_____　　展开_____

三、选词填空：

| 与……相关 | 在……基础上 | 违背 | 运用 | 兴建 | 展开 |
| 就是 | 安置 | 推动 | 转移 | 施加 | |

1. 他这样攻击竞争对手，_____为了_____人们的注意力，让选民不再关注他的丑闻。
2. 为了_____残疾人就业，兴办福利工厂，按残疾人占工厂人员比例，会给予税收减免照顾。
3. 电影《手机》的故事并不复杂，它_____每个人的生活密切_____。
4. 有媒体评论说，公众力量正越来越多地对大型工程决策_____影响。
5. 我们的交通建设虽然发展很快，但还不能适应社会交往频率提高的要求，继续改善交通运能，把设计能力放_____流动的_____，是今后相当长的时间内的一个重要任务。
6. 发展的内涵不是"消灭"，而是协调。比如，对目前存在的高中低收入现象，也不是"消灭"高收入，而是提高低收入，_____低收入增长。
7. 欧盟的相关法律规定，电子产品生产厂家必须负责电子垃圾的回收或承担电子垃圾回收的费用。但是这些废弃物处理起来非常复杂，费用极高，投入_____电子垃圾处理厂不仅投入巨大，而且在5、6年内都很难赢利。
8. 推进政府决策的科学化、民主化、规范化，是通过公共政策的_____，扩大政府服务的公益性影响，提高政府服务质量和效率的制度保证。
9. 在经济全球化进程日益加快的今天，人才争夺已在世界范围内_____。
10. 人类的行为如果_____自然规律，必将遭到大自然的惩罚。

四、根据课文内容判断正误：

1. 1949年，中国的城市化水平相当低。（　　）
2. 从1949年到1978年，中国的城市化进程较快。（　　）
3. 改革开放后，中国的小城镇数量增加很快。（　　）
4. 2020年中国城镇化水平将达到50%左右。（　　）

五、请按正确的语序将下列各个句子组成完整的一段话：

1. A 在未来的十几年中
   B 提高到2010年的1200美元甚至更高
   C 我国的人均GDP(国内生产总值)将从1997年的800多美元
   D 有专家分析
   正确的语序是：(　　)(　　)(　　)(　　)

2. A 城市化水平每提高一个百分点
   B 搭上城市化的列车
   C 我国人口数量庞大
   D 即意味着要有1000多万农村人口转移到城市
   E 农业人口占绝大多数
   正确的语序是:(　　)(　　)(　　)(　　)(　　)

六、根据课文内容选择最合适的答案:
1. 1949年中国的城市化水平与1978年相比,相差_____。
   A 10.6%　　　B 18%　　　C 8%　　　D 不到7.4%
2. 1978年中国的城市化水平与2000年相比,相差_____。
   A 10.6%　　　B 超过18%　　C 18%　　　D 不到18%
3. 1997年,中国的人均GDP(国内生产总值)是_____美元。
   A 500　　　　B 800　　　　C 1200　　　D 800多
4. 根据世界城市化发展的规律,中国目前的城市化正进入_____发展阶段。
   A 低速　　　　B 停止　　　　C 快速　　　　D 高速

七、请尽量使用以下词语进行话题讨论:

| 与……相关 | 推动 | 违背 | 运用 | 就是 | 安置 |
| 在……基础上 | 转移 | 兴建 | 施加 | 展开 | 规律 |

1. 你一直生活在城市还是农村?你比较喜欢城市还是农村?为什么?
2. 中国的城市化速度越来越快,你认为这会给中国带来哪些好处和哪些问题?可以结合自己国家情况来谈谈。

八、快速阅读:
阅读一　(字数:902;阅读与答题的参考时间:6分钟)

中国的城市化建设必须走出三大"误区"

陈筱红

　　日前发布的中国城市发展战略"白皮书"——《2001-2002中国城市发展报告》指出,中国的城市化建设必须走出认识上的三大"误区":

　　误区之一:认为城市的发展必然引发"城市病"。其实,城市的合理发展,在一定程度上是可以避免"城市病"的出现,应该建立起"以发展克服城市病","以规划减少城市病"、"以管理医治城市病"的全新观念。一位分析家对于城市无计划的盲目扩大,即通常所谓的大范围、低密度的外延式的"摊大饼",进行了归纳描述,认为这是一种错误的城市发展模式,其结果是导致城市病的根源,使城市异常混乱,过于分散庞大,没有具备大城市应有的等级性、有序性、多样性。

　　误区之二:认为必须严格控制大城市的发展。实际上,大城市的发展能够给社会整体发展带来很多好处。不同规模的城市是一个有机的整体,城市规模结构是一个具有等级、共生、互补、高效和多样化的开放系统,大、中、小城市都应当在统一规范下得到合理的发展。根据统计,英国、美国、日本、韩国百万人口以上城市的人口集中度,分别占全国人口总量的23%、39%、37%、52%,而中国的比例只有10%。显然,这个比例太小。由于大城市能为现代化的、专业化的、集约化的和高附加的生产提供有利的产业环境和技术支撑,因此成为高效利用土地资源、高效利用人力资源、高效利用货币资源、高效利用信息资源、高效利用科技成果的首要选择。

  误区之三:认为城市化的结果应当是均衡分布、遍地开花。由于各个地区的地理基础、发展阶段和生态条件的差异,城市间的发展的不平衡是必然的,也不是坏事。城市的布局在三维模型中(时间、空间、速度)必然是非均衡的、非对称的和非线性的。美国的经济总量,主要集中于纽约都市带、芝加哥都市带和洛杉矶都市带;日本的经济总量,主要集中在东京都市带、大阪都市带和名古屋都市带;欧洲的经济实力也是如此。这说明城市的布局和发展一定要打破"低效对称"、"维持均衡"的思维方式,大力在中国的珠江三角洲地区、长江三角洲地区和环渤海地区,高密度地建设和扩大城市体系。

(《北京青年报》2003年01月09日,有改动。)

回答问题:

1. 中国的城市化建设必须走出认识上的哪三大"误区"?
2. 中国应大力在哪些地区高密度地建设和扩大城市体系?

阅读二　(字数:1250;阅读与答题的参考时间:10分钟)

权威专家说:中国城市化进程必须"提速"

  新华网北京12月19日电(记者韩洁)　国内外近百名权威专家和学者通过多年研究完成的中国第一部城市发展报告显示,作为世界上人口最多的发展中国家,中国要在未来20年实现全面建设小康社会的奋斗目标,必须加快城市化步伐,发挥城市的中心作用。

  19日在北京正式面世的《(2001-2002)中国城市发展报告》是在中国市长协会的组织下,由全国人大常委会副委员长蒋正华,清华大学建筑学院教授、两院院士吴良镛以及中国科学院可持续发展战略研究组组长、首席科学家牛文元等近百名国内外一流专家共同完成的。今后该报告将在中国每年出版一次。

  蒋正华在报告的首发式上说,改革开放以来,中国城市发展迅速,城市化进程的速度达到世界同期的两倍,但与世界发达国家相比,中国城市化程度仍然十分落后。中国在2000年的城市化率仅为36%,而当时美国和日本的城市化率分别为80%和65%。城市化率的不同导致了国家社会财富聚集能力的差异,因此,加快中国的城市化进程是发挥城市中心作用提高经济效率的必由之路。牛文元说,中国城市化发展水平落后,城市化率低,城市体系不协调,大城市人口规模与经济规模都偏小的现象,已成为严重制约中国经济发展、国家竞争力快速提高、知识经济时代新一轮财富集聚的四大"瓶颈"。报告显示,中国人口只有11%集中于百万人口以上的城市之中,低于世界平均水平5个百分点,而英国、美国、日本、韩国百万人口以上城市的人口集中度在23%至52%。中国大城市规模与发达国家的极大差异直接导致了上海、北京等中国最大城市所产出的GDP比重也处于较低水平:东京、伦敦、汉城的GDP分别占全国的18.6%,17%和26%,而北京和上海的GDP占全国的比重仅为2.5%和4.6%。

牛文元说,提速中国城市化进程,必须走出三大误区:认为城市发展必然引起"城市病",认为必须严格控制大城市发展,认为城市化的结果应当是均衡分布,遍地开花。他认为,中国现有大城市的规模还不够大,集聚财富的能力有待提高。未来城市发展应向城市经济群和城市经济带延伸,比如上海,在提高城市密度和城市运转速度的同时,眼光要放远,将城市整体经济效益向周边的江浙地带扩展。

中国现有城市662个,小城镇2万多个,城镇总人数超过4.8亿。报告预测,到2050年,中国的城市化率将从现在的36%提高到75%以上,城市人口将增至11亿左右,并形成结构合理、功能互补、整体效益最大化的大中小城市体系。

(新华网2002年12月19日,有改动。)

回答问题:

1. 为什么蒋正华认为,与世界发达国家相比,中国城市化程度仍然十分落后?
2. 牛文元认为,什么已成为严重制约中国经济发展、国家竞争力快速提高、知识经济时代新一轮财富集聚的四大"瓶颈"?
3. 北京和上海的GDP占全国的比重分别为多少?
4. 报告预测,到2050年,中国的城市化率将从现在的36%提高到多少?城市人口将增至多少?

阅读三 （字数：1194；阅读与答题的参考时间：10分钟）

城市化就是要把农民"化"入城市

《北京青年报》评论员　　潘洪其

北京石景山区现有的 15535 名农业人口将在 12 月 1 日全部转变为城市居民。此举将使石景山区成为北京继东城、西城、崇文、宣武之后第五个没有农业人口的城区，也是北京在城市化进程中迈出的具有重大探索意义的一步。

城市化是随着现代工业的发展，以及经济社会、信息社会的分工而产生的人口向城市集中的过程。城市化水平是一个城市经济社会发展水平的综合体现，是一个城市和地区的竞争力与现代化程度的重要标志。在当今经济全球化的大背景下，国际间的竞争越来越表现为以城市为核心和载体的综合实力的竞争。改革开放以来，中国的城市化水平从 1978 年的 18% 提高到目前的 37.3%，但与工业化水平相比，仍然落后了 10 多个百分点。城市化水平低下，城乡二元结构的存在，限制了城市工业化对劳动力的需求，也限制了农民收入的增长，影响了农村消费市场的规模，最终将制约城乡经济与社会的协调发展。所以，逐渐打破城乡二元结构的限制，增加农民收入，用农村消费需求推动城市经济发展，通过转移农村剩余劳动力以加快城市化进程，是当前中国必须着力解决的一个深层次矛盾。

这几年来，北京市城市化迅速发展，截至目前，城区的农业人口已由 1995 年的 52.8 万人缩减为 45 万多人。在未来几年内，北京将消除"大城市、小农村"的格局，农业人口和农村耕地的缩减，将进一步推动城乡一体化。此次石景山区实施的一次性农转居，在以往农转非的基础上，又创造了农村劳动力通过市场手段顺利转移的一些新经验。类似的举措在全国已渐成气候。

刚刚通过的《农村土地承包法》，确立了农民在土地承包及经营权流转中的主体地位，农民对土地拥有了非常接近于法律意义上的所有权的权利。与继续留在农村承包土地的农民相比，被"化"入了城市的农民，如何将他们原来在农村的权利转移到城市中来，并实现其保值增值(比如石景山区在这过程中采取资产变股权、社员做股东的形式，发展城镇社区股份合作制企业)，将是一个意义重大、影响深广的课题。

（《北京青年报》2002 年 11 月 29 日，有改动。）

判断正误：

1. 石景山区将是北京第五个没有农业人口的城区。（   ）
2. 城市化是一个城市和地区的竞争力与现代化程度的重要标志。（   ）
3. 中国的城市化水平从1978年的18%提高到目前的37.3%，但与工业化水平相比，仍然落后了10个百分点。（   ）
4. 通过转移农村剩余劳动力以加快城市化进程，是当前中国必须着力解决的惟一深层次矛盾。（   ）
5. 北京市城市化迅速发展，截至目前，北京城区的农业人口已由1995年的52.8万人缩减为45万多人。（   ）
6. 在未来几年内，北京将消除"大城市、小农村"的格局。（   ）
7. 将农民"化"入城市的过程中，最关键的是保证农民的权益不受损害。（   ）

第九课

课文

教育发展最快的十年

不久前,全社会广泛关注的高考刚刚结束。全国 527 万考生怀着焦急不安的心情,怀着对未来美好生活的种种梦想,期待着一个月后大学录取通知书的到来。今年又将有 275 万考生迈进各类普通高等学校的大门,录取比例约为 2:1。而十年前的这个数字您知道是多少吗?同样是 400 余万考生,只有 75 万考生得到了被普通高等学校录取的机会。短短十年,普通高等学校的录取率,提高了 2 倍多!1992 年普通高等学校只有 218 万本专科学生在校学习,而目前的数字是 719 万,提高了 2.3 倍。大学生的地位悄悄发生了变化,广大民众得到了越来越多地接受高等教育的机会。去年开始试行的一年两次高考、高考考生年龄放开等新措施,都让人切身感到,高等教育不再是"少数人的专利"。

十年前研究生在中国绝对是少数,全国在校生只有 9.4 万人,2001 年这一数字已超过了 39 万,"考研"已成了高校和社会最时髦的字眼,今年秋季又将有近 20 万学生进入研究生队伍。十年前,很少人知道"MBA"(工商管理硕士),今天培养 MBA 的学校已从当时的两所发展到今年的 62 所,录取 MBA 学生达 3 万人。而"EMBA"(在职工商管理硕士)、"MPA"(公共管理硕士)等国际职业学位教育也逐渐为人们所知。仅 MPA 一项,2001 年国务院学位委员会准予北京大学、清华大学等 24 所高校开始招生,目前已有在校学生 2400 人。

同样的变化发生于教育的各个层次、各个领域、各个方面。许多新的教育观念从陌生到逐步为人们所接受,以

至影响着众人的社会生活。素质教育正在实施(从重视智力到强调创新),教育消费市场异常火热,高校毕业生自主择业稳步走进市场,人力资本成为最重要的财富。这十年,继续教育变革的风气的影响丝毫不低于正规教育,终身教育开始为中国人所理解,继续学习成为时尚。高层次的有各种专业资格认证培训和考试,如国际注册会计师(ACCA 资格认证考试)、注册金融分析师(CFA 资格认证考试)、国际商务职业资格证书(IBL)、国际行销职业资格证书(IIEM)等等;中低层次的有各种技能培训班、语言培训班、学习班。学习途径也早已突破了传统课堂讲授的方式,如自学考试、网上学习等等,由百姓任意选择……

　　人们常说"十年树木,百年树人",十年尚难以完全评价教育变革的成效,但过去的十年确实是建国以来教育发展最快的十年,也是教育工作最为全国、全社会所重视和关注的十年。

(字数统计:997)

(节选自《北京青年报》2002 年 07 月 15 日,有改动。)

1. 怀	huái	(动)	心里存有 to think of, to harbour (thoughts, suspicions, doubts, etc.), to hold (thoughts, beliefs, etc.) (ある種の感情を)抱く,持つ 마음속에 생각등을
2. 焦急	jiāojí	(形)	着急;心中感到非常急迫 very anxious; impatient 焦る 초조하다, 매우 긴박하다
3. 不安	bù'ān	(形)	不安宁;不安定 uneasy; disturbed 不安である 불안하다
4. 录取	lùqǔ	(动)	选取并接收 to select; to admit (to a university; college; etc.) - here 录取通知书 means "admission notice"

第九课

			選拔採用する＜录取通知书＝合格通知書＞ 합격시키다, 뽑다
5. 迈	mài	（动）	抬脚向前走 to stride forward, to step 足を踏み出す 성큼 나아가다
6. 切身	qièshēn	（副）	亲身 personally; directly 身にしみる,肌身に感じる 절실하다
7. 专利	zhuānlì	（名）	创造发明者在一定时期内依法受到保护的独自享有的权益 patent 特権,特許 특허
8. 研究生	yánjiūshēng	（名）	经高等学校或科研机关考试录取,进一步研究高深学问的学生；有博士研究生、硕士研究生。 research student (e.g. a postgraduate student studying for a PhD or a Masters degree by research) 院生（博士課程の院生、修士課程の院生） 연구생(대학이나 과학연구기관 시험에 합격해 더 심도있는 학문을 연구하는 학생, 석사생과 박사생이 있음)
9. 学位	xuéwèi	（名）	根据专业学术水平由高等院校、科研机构等授予的称号,中国学位分学士、硕士、博士三级。 academic degree 学位＜中国では学士、修士、博士の三つに分けられる＞ 학위(중국역시 학사, 석사, 박사 3단계임)
10. 准予	zhǔnyǔ	（动）	允许；准许；同意 to permit, to authorize 許可する 허가하다

11.	招生	zhāo shēng	(词组)	招收新生 to enroll students 新入生を募集する 신입생을 모집하다
12.	层次	céngcì	(名)	同一事物由于大小、高低等不同形式而形成的区别 order of importance 段階 단계
13.	素质	sùzhì	(名)	指由人的体质、品质、知识和修养等综合形成的外在表现 the "quality" of people - in terms of their physical condition, taste, knowledge, ability, culture etc. (this term, very widely used in China in recent years) 素質 소양, 자질
14.	智力	zhìlì	(名)	指人认识事物和解决问题的能力 intelligence 知能 지능
15.	人力	rénlì	(名)	人的劳力;人的力量 human power or strength (here 人力资本 means "human capital") 人力 인력
16.	风气	fēngqì	(名)	社会上或某个集体中流行的爱好或习惯 customs, common practices; general mood 気風, 風潮 풍조, 분위기
17.	丝毫	sīháo	(名)	极少或很少的量 the tiniest; slightest or least amount (here means "at least") 少しも～ない 추호, 극히 적은 수량(주로 부정문에 쓰임)
18.	认证	rènzhèng	(动)	公证机关对当事人提出的文件审查属实后给予证明 to accredit; to recognise (a qualification) 認定する 인증하다

第九课

19.	培训	péixùn	（动）	培养和训练 to train 育成する 훈련, 양성하다
20.	注册	zhùcè	（动）	向有关部门登记备案以取得合法地位 to register, to be chartered (as in "chartered accountant") 登録する 등록하다(관련기관에 등록함으로써 합법적 지위를 얻어냄)
21.	金融	jīnróng	（名）	一般指与货币流通及银行信用有关的一切经济活动 finance/financial 金融 금융
22.	证书	zhèngshū	（名）	用来证明具有某种资格、荣誉或权力等的专用文件 certificate 証書 증서
23.	<u>行销</u>	xíngxiāo	（动）	出售；发售 to sell; to be on sale 広く販売する 판매하다
24.	技能	jìnéng	（名）	掌握专业技术的能力 skill; technical ability 技能 기능
25.	途径	tújìng	（名）	路径；比喻为达到某种目的所采取的方式、方法 a way; a road, a path 道,（比喻的に）方法, 手段 경로, 수단
26.	任意	rènyì	（形）	没有拘束,不加限制,想怎么样就怎么样 arbitrary; free 任意の 마음대로 하다, 임의대로 하다

107

27. 十年树木，百年树人	shí nián shù mù, bǎi nián shù rén	（成语）	说明培养人才是长久之计，也表示培养人才很不容易。 "It takes ten years to grow a tree, but one hundred to grow a man." (traditional saying) 木を植えるには10年、人を育てるには100年かかる＜人材の育成には長い年月がかかることを強調している＞ 인재를 키우는 것은 장기의 계획이 필요한 일이며 또 어려운 일임을 의미함
28. 难以	nányǐ	（副）	不容易 with difficulty 〜するのが難しい 〜하기 어렵다
29. 成效	chéngxiào	（名）	效果；功效 result, effect 効果 효과
30. 建国	jiàn guó	（词组）	建立国家 the establishment of the state; to establish a state 建国する 나라를 세우다

1. 素质教育		sùzhì jiàoyù	指为了提高全民素质以适应社会主义现代化需要的教育（区别于"应试教育"） quality education(see definition of 素质 above) 素質教育＜全人民の素質を高め、社会主義現代化の要求に応えるための教育（'受験教育'とは分けて考える）＞ "시험에 대응하는 교육"이 아닌 전 국민 자질을 높이고 사회주의 현대화에 적응하도록 하는 교육

第九课

2. 工商管理硕士	gōngshāng guǎnlǐ shuòshì	MBA(Master of Business Administration)
3. 在职工商管理硕士	zàizhí gōngshāng guǎnlǐ shuòshì	EMBA (Executive MBA)
4. 公共管理硕士	gōnggòng guǎnlǐ shuòshì	MPA (Master of Public Administration)
5. 国际注册会计师	guójì zhùcè kuàijìshī	ACCA(The Association of Chartered Certified Accountants)
6. 注册金融分析师	zhùcè jīnróng fēnxīshī	CFA(Chartered Financial Analyst)
7. 国际商务职业资格证书	guójì shāngwù zhíyè zīgé zhèngshū	IBL
8. 国际行销职业资格证书	guójì xíngxiāo zhíyè zīgé zhèngshū	IIEM (International Import and Export Management)

词语例释

1. 而"EMBA"(在职工商管理硕士)、"MPA"(公共管理硕士)等国际职业学位教育也逐渐为人们所知。
   为……所：被……。"为"后接动作的发出者,"所"后接动词。
   ① 爱唠叨是大多数母亲的通病。岂不知这种特别的"关心"并不为子女们所认可。
   ② 读画家黄永玉先生的《比我老的老头》的时候,感觉这些前辈的大师们成名或者为公众所知的才能可能只是他们众多才能中的一部分。
   ③ 一些人希望自己的名字为全世界的人所知,认为这是个人最大价值的体现。

2. 高层次的有各种专业资格认证培训和考试,如国际注册会计师(ACCA资格认证考试)、注册金融分析师（CFA资格认证考试)、国际商务职业资格证书(IBL)、国际行销职业资格证书(IIEM)等等。
   如……等等：表示举例子说明前面的情况。

① 电信部门不合理的条款比哪个部门都多,如双向收费、月租费、全国漫游费等等,这全是电信部门不合理的条款。
② 一项政策对这部分人比较有利,而对另一部分人比较不利,如住房制度改革、就业制度改革、社会保障制度改革等等,都会产生这样的结果。
③ 由于绝大多数人从小就受到种种有条件的关注,或者严格的管束,致使很多人以为只有具备某种条件,如漂亮的外表、优秀的学习成绩、过人的专长、出色的业绩等等,才获得被自己和他人接纳的资格。

3. 人们常说"十年树木,百年树人",十年尚难以完全评价教育变革的成效。

难以:不容易;不易于。主要用在动词前。多用于书面语。

① 很多时候,不是因为有些事情难以做到,我们才失去了自信,而是因为我们不自信,才显得难以做到。
② 据统计,在空调房间办公的250万人,其中160万人感觉不适,其表现为:感冒、过敏、风湿痛、紧张、烦躁、注意力难以集中、头疼等等。
③ SARS带给我们的伤痛,也许我们永远难以忘记。不过,即使SARS再次来临,以前的局面也不会再发生。

背景知识

中国的高考与考研

高考与考研,目前在中国是最有影响力的两种考试形式。高考以前在每年的7月上旬举行。为了避开过于炎热的天气,从2004年起,中国夏季高考的时间改在每年的6月举行。除了夏季高考时间的变化外,近些年来,中国的高考正发生一些新变化,如改革考试的具体课程、部分地区试行一年两次招生考试、放宽考生年龄限制等。随着中国高等教育的普及,以及本科生就业压力的不断增加,"考研"热在迅速升温。考研一般在每年的1月(在大学生放寒假之后、春节之前)举行笔试,笔试的具体课程分为全国统一出题的公共课和各招生单位自主出题的专业课这两种。

第九课

练 习

一、请在课外阅读一篇最新中文报刊文章,将它剪贴在你的笔记本上,然后把它写成摘要,并谈谈自己的看法。

二、给下列动词搭配适当的词语:

录取_____　　　　迈进_____
准予_____　　　　培训_____
接受_____　　　　试行_____
强调_____　　　　放开_____

三、选词填空:

| 录取 | 迈进 | 为……所 | 准予 | 如……等等 |
| 难以 | 培训 | 招生 | 调查 | |

1. 有机食品虽好,但价格"太贵",要比一般食品贵上一到数倍的价格,使广大工薪阶层_____承受。
2. 环境污染问题往往_____一些只顾发展经济的厂家_____忽略。
3. 目前,全国拥有MBA办学资格的高校已发展到56所,_____人数几年间增加了105倍。
4. 从2000年起,国家加大了东西部干部交流力度,除东西部之间互派干部到对方挂职或任职外,东部还为西部_____了2596名骨干公务员、上万名专业技术人才和企业管理人才。
5. 休闲时间的增加自然引发了教育市场的升温,人们舍得花钱、花时间参加各种培训,_____考研培训、新东方英语、雅思英语、MBA研修班、通讯软件人才培训、金融分析师考前辅导_____,一批新兴的培训学校和培训班不断出现。
6. 凡具有大专(高职)以上学历的非本市生源毕业生,有单位接收并办理了社会保险手续,同时有合法住所的,都_____到广州就业入户。
7. 我未被_____的理由不是业务素质、个人能力不行,而是我不适合他们招聘的职位。
8. 她经过努力拼搏,最终如愿_____河南大学医学院的大门。

四、根据课文内容判断正误:

1. 2002年中国普通高等学校的录取率是1992年的2倍多。(　　)
2. 2002年中国普通高等学校的本专科在校生的人数是1992年的3.3倍。(　　)
3. 2002年秋季中国又将有20万学生进入研究生队伍。(　　)
4. 十年前,中国培养MBA的学校只有两所。(　　)

五、请按正确的语序将下列各个句子组成完整的一段话：
1. A 很少人知道"MBA"（工商管理硕士）
   B 录取MBA学生达3万人
   C 今天培养MBA的学校已从当时的两所发展到今年的62所
   D 十年前
   正确的语序是：（   ）（   ）（   ）（   ）
2. A 全国在校生只有9.4万人
   B 十年前研究生在中国绝对是少数
   C "考研"已成了高校和社会最时髦的字眼
   D 2001年这一数字已超过了39万
   正确的语序是：（   ）（   ）（   ）（   ）

六、根据课文内容选择最合适的答案：
1. 2002年被中国普通高校录取的考生比1992年多_____。
   A 75万　　　　B 527万　　　　C 275万　　　　D 200万
2. 2002年中国普通高等学校本专科在校生比1992年多_____。
   A 218万　　　　B 501万　　　　C 719万　　　　D 527万
3. 课文第二段主要是介绍中国的_____的发展变化。
   A 高考　　　　B 本专科生教育　　　　C 研究生教育　　　　D 继续教育
4. 本文的主要内容是介绍_____。
   A 十年来中国教育的巨大发展变化
   B 十年来中国教育所取得的巨大成就
   C 十年来中国教育所存在的问题
   D 十年来中国教育观念的转变

七、请尽量使用以下词语进行话题讨论：

| 为……所…… | 录取 | 迈进 | 准予 | 难以 | 招生 |
| 如……等等 | 培训 | 研究生 | 素质 | 风气 | 技能 |

1. 在你们国家大学里，哪些是热门专业？
2. 毕业后，你打算参加工作，还是攻读研究生？为什么？

八、快速阅读：
阅读一　（字数：807；阅读与答题的参考时间：6分钟）

欲说"考研"好困惑

晏扬

在上周末进行的2003年研究生招生考试中，全国共有考生约79.9万人，比去年增长了27.7%。社会对高层次人才的需求不断增长，是研究生报考人数和招生规模不断扩大的内在动因，持续升温的"考研热"在

第九课

一定程度上表明尊重知识、尊重人才的社会风气正在形成。然而,如果对这股考研热潮作一番冷静观察,我们就能发现其中的一些问题依然让人备感困惑。

由研究生入学考试所产生出来的巨大"考研市场",更让人觉得变了味儿。不管是办辅导班的还是出版辅导书的,都想方设法从"考研市场"中分得更大的利益,就连考点附近的旅馆餐厅也会在考研期间临时提高价钱,趁机赚上一把。有些据称是押题特别准或者知晓命题"内幕"的辅导"名师",每年考研之前便坐着飞机不停地奔走于各大城市的辅导点,上一次约2个小时的辅导课,所得讲课费可高达5000元,甚至上万元。"考研族"有的时候明知挨宰,却不得不乖乖地交钱听课。考研成了一种不轻的经济负担。

再从导师与研究生的关系上来看研究生的培养质量。我国研究生连年扩招之后,很多高校相应的师资力量和教学设施并没有跟上,一名导师带好几名研究生的现象普遍存在,六七名研究生挤一间宿舍的情况也不少见。有些研究生导师虽然挂着"硕导"、"博导"的头衔,平时却忙于各种事务,"师"而不"导"。如此情形之下,难免有些研究生放松自我要求,研究风气淡薄,思考能力下降,缺乏真才实学,甚至连毕业论文也要请人捉刀代笔,或者花钱去网上买来。这样培养出来的研究生,其质量之高低可想而知。在热闹非凡的考研潮流之中,包含着巨大的泡沫空洞,这怎能不让人感到困惑和忧虑?

(《工人日报》2003年01月21日,有改动。)

回答问题:

1. 持续升温的"考研热"在一定程度上表明什么样的社会风气正在形成?
2. 作者对"考研热"中的哪些问题感到困惑和忧虑?
3. 你是怎么看待中国目前的"考研热"的?

阅读二 (字数:975;阅读与答题的参考时间:7分钟)

影响我国教育发展的制度原因

杨东平

我国当前出现的种种教育不平等,主要是由其发展状态决定的:经济落后导致教育的有效供给不足,经济、文化的不平衡发展导致巨大的地区差距、城乡差距和贫富分化,重男轻女的文化传统导致女童教育的薄弱,等等。这一现实是历史形成的,并将会在我国长期存在,只有通过经济发展及社会进步,才能逐步加以解决。

在这一实际国情中,值得重视的是导致教育不平等的制度性原因。这种制度性的不平等,主要表现在两个方面:教育资源配置不公、教育政策和规则不公。

长期以来,在城乡二元结构、高度集中的计划体制下,形成了一种忽视地区差别和城乡差别的"城市中心"的价值取向:国家的公共政策优先满足甚至只体现城市人的利益,例如过去的粮油供应政策,就业、医疗、住房、劳保等各项社会福利等等。随着城市化的进程和市场经济体制的逐渐建立,这一思路显然已经不合理,应设法予以纠正。

例如,无视城市和农村儿童、发达地区和贫困地区儿童在教育环境、教育资源上的巨大区别,主要以城市学生条件为依据制定的全国统一大纲、统一教材和统一标准,对农村和边远地区的学生无疑是很不公正的。多项调查表明,导致农村学生失学居第二位的重要原因(仅次于经济负担),是由于教学难度过高,致使许多学生难以胜任,成为学业的失败者。这"规则的不公"导致了在受教育机会上"起点的不公"。其背后,正是由"城市中心"的价值倾向造成的。

我国现行的统一高考制度,具备了形式上的公平——分数面前人人平等。但由于实际录取学生采取分省定额划线录取的办法,各省市区的录取定额并不是按照考生数量平均分布的,而是按计划体制下形成的优先照顾城市考生的准则,因此出现同一份考卷,各地录取分数线的极大差异,从而加剧了原本已经存在的城乡之间的教育不平等。

1998年,太原市中专录取分数线,非农村学生为376分,农户生按不同区划分别为532分、529分,最大差距达156分,引起强烈不满。近年来各省市高校录取线的极大差距,也引起社会的高度关注。

(选自《南方周末》2003年01月03日,有改动。)

回答问题:

1. 造成中国当前出现的种种教育不平等的历史原因是什么?
2. 农村学生失学的两个主要原因是什么?
3. 为什么作者认为高考制度加剧了原本已经存在的城乡之间的教育不平等?

阅读三 (字数:1518;阅读与答题的参考时间:11分钟)

关于高考改革方向的几点思考

山东 杨曾宪

如何调整改革高考的价值取向呢?我认为,关键就要重新定位和明确高考的性质与功能:高考不应是为大学选拔科学家、工程师、文学家、

第九课

语言学家而设的资格考试,而应是检验考生基本文化素质的能力测试。这种素质,既可为考生进大学深造打下坚实的文化基础,又能为考生踏入社会预备基本技能。根据这一目标,目前中小学教学内容必须进行大调整。我认为,语文文法句法分析类的科学化内容要果断砍去4/5,数理化教学的深度和难度则要削减2/5甚至更多。在由此多出的教学时间中,要将课堂教学重点放到促使知识向素质品格和能力的转化上。知识本身不是素质、不是品格、不是能力,但人类的众多素质、品格和能力都要以知识为载体。这里转化的重点有两个方向,一是树立正确的价值观、世界观,一是掌握基本的方法和技能。

相对说来,价值观的养成要放到首位。因为成才固然重要,成为一个好人坏人更重要。少年杀母的恶性案件多次发生,是当代教育的奇耻大辱。而诸多价值观的养成并不能靠专门的思想品德课完成,需要渗透在所有知识教学中,包括数理化的教学中(如培养科学精神)。这之中,语文课地位尤其重要,我甚至认为,应取消思想道德课,以防止语文课推卸其品德品质教育的任务。语文课的主要功能,一是"成人":让学生学会做人;一是"成才":让学生学会作文。封建时代教育可以做到这两点,今天的教育就更应该做到。敢峰先生40年前对小学课文毫无价值信息量的批评,至今有效。因此,我主张中小学生应背诵百篇诗词,百篇名文。从小学第一课开始,就学习背诵,学习识字,到中学阶段再思考领悟做人道理作文规律,直至高三。高考就考其背功,考其体会,考其活用的水平。其他的语文时间,让学生阅读经典名著,获得人文精神滋养。这样的十年语文教育,便成为百年的育人教育。仅次于价值观的是方法论:掌握了各科学习方法,学生就踏上了终生进修的阶梯;掌握了基本逻辑方法,学生就有了一双明辨情理的眼睛;掌握了问卷调查方法,学生就具有了社会工作的常规武器,如此等等。这将是一种双赢的目标:大学生,不必再学大学语文、礼仪规范,不再重复学外语,不必为论文写作发愁,如此等等,这样集中精力学习专业理论课,可以更快更扎实地出高等人才。

至于如何具体调整教学内容与高考的价值取向,是需专题研究的大课题。这里简单谈一下我的设想:比如语文教学,重点是培养学生的人文精神,掌握基本的语言工具,具有各种应用文体的写作能力。相应地,语文考试,则应全是名篇默写和各种应用文体的写作:从民事诉状到工作总结等等。高考中的阅读分析题也要砍去,用读后感取代。外语教学和考试则应强化,强化到中学毕业外语能过应用关。显然,以上这些能力测试,都是完全可以通过书面考试检验并促进教学的,这种促进的结果,就是向全面的素质教育转轨。

(《高校招生》2003年01月16日,有改动。)

判断正误：

1. 作者认为,高考不应是为大学选拔科学家、工程师、文学家、语言学家而设的资格考试,而应是检验考生基本文化素质的能力测试。（   ）
2. 作者认为,目前中小学教学内容必须进行大调整,要将课堂教学重点放到促使知识向素质品格和能力的转化上。（   ）
3. 作者认为,诸多价值观的养成主要靠专门的思想品德课来完成。（   ）
4. 作者认为,语文课的主要功能是让学生学会做人。（   ）
5. 作者认为,中国的大学生应该学习大学语文、礼仪规范和外语。（   ）
6. 作者认为,语文考试应全是名篇默写和各种应用文体的写作。（   ）
7. 作者认为,外语教学和考试应该强化到中学毕业外语能过应用关。（   ）

第十课

中国经济在世界经济中的地位

1978~2000年,中国国内生产总值(GDP)年均增长达到9.5%,是世界上增长最快的国家,这个速度是同期世界经济年均增速的3倍,创造了世界经济发展史上的奇迹。高速的经济增长使中国的生产力水平和国家实力获得极大提高。中国已经超过意大利成为世界第六经济大国,而20年前的意大利则远远强于中国,是中国GDP的2.3倍。20年前,中国、墨西哥、西班牙、印度、荷兰、澳大利亚等国家的经济总量大致相当,如今中国的经济总量则分别是它们的2.5倍、1.6倍、2.3倍、2.3倍和2.1倍;20年前中国GDP占世界总量的1.87%,如今占3.28%;20年前中国只占世界头号强国美国GDP的7.45%,如今已上升到11.38%;20年的时间,世界GDP增长1.8倍,中国经济总量则奇迹般增长了3.9倍!

中国绝大部分重要的工农业产品产量上升至世界前列。主要农产品中,如谷物、肉类、棉花、花生、油菜籽、水果等产品产量居世界第1位,茶叶、大豆、甘蔗居第3位。主要工业品中,钢、煤、水泥、化肥、电视机产量居世界第1位,发电量、棉布、化学纤维居世界第2位,糖、原油分列第4、5位,其他产品的位次也明显提高。

中国创造了令人惊讶的经济奇迹,举世瞩目。美国著名经济学家华尔特·罗斯托在其新作《世界经济:历史与未来》中这样叙述:在整体作为现代化的迟到者的亚洲,日本作为第一航班已飞上天空;亚洲"四小龙"作为第二航班紧随其后;中国则已经登上了

21世纪的新航班,它将开拓新的航线,并且一飞冲天。美国前助理国务卿布热津斯基认为,世界舞台的下一个巨人将是中国。

人们也纷纷预测中国何时能够赶上世界头号强国——美国,成为世界第一大国。麦迪逊(Angns Maddison, 1998)按购买力平价(PPP)计算,1987年中国GDP相当于美国的23%,到1995年上升为52%,2000年为60.6%,预计在2015年左右超过美国。新加坡内阁资政李光耀认为,50年后中国经济规模可以达到20万亿美元,大约相当于美国的4/5。国内许多人也进行了简单的数学计算,设想以现在的总量和速度为首要条件,中国和美国的GDP分别为1万亿美元和9万亿美元,增速分别为8%和3%,中国GDP大约在47年后赶上并超过美国。世界银行认为,按购买力平价,中国GDP为4万亿美元,美国国家安全委员会的报告更认为达到6万亿美元,依照这种方法计算,中国GDP将在20年内超过美国。

中国社科院的学者1996年在研究"中国至2050年经济发展各阶段分析与支柱产业选择"时,也对中国与美国经济规模进行了比较分析。在对两国的经济发展前景进行比较时,经济增长、汇率等将共同发生作用。研究中发现,日本、新加坡在1964~1993年间,不仅经济增长率高于美国,而且随着货币大幅度增值,汇率分别提高了3倍和2倍,这也可以说是这些国家经济总量迅速增长的秘密所在。这项研究当时的结论是,2030年中国GDP超过美国,成为未来世界上经济总量最大的国家,2050年中国GDP将是美国的两倍。

这些对中国经济规模未来发展的不同结论,不应该影响我们对中国目前所处发展阶段的认识保持清醒的头脑,从评价一个国家发展水平的关键指标——人均GDP来看,中国仍处于非常低的水平。1999年中国人均GDP仅为780美元,排在世界第140位,是世界中等收入国家平均水平的40%,是世界平均水平的16%,是高收入国家平均水平的3%,是美国的2.5%。同时,我国的城市化水平仅为36%,农村就业人口仍高达50%,这些都表明中国经济发展水平刚刚从低收入国家进入中下收入国家行列。中国的现代化之路还要经历一个艰难而又漫长的过程。

(全文字数统计:1524)

(节选自《北京青年报》2002年7月1日,有改动。)

第十课

1. 同期　　　tóngqī　　　（名）　　同一个时期
at the same time
同時期
동일기간

2. 奇迹　　　qíjì　　　（名）　　少见的不平凡的事情
miracle
奇跡
기적

3. 高速　　　gāosù　　　（形）　　高速度
high speed
高速度の
빠른 속도

4. 前列　　　qiánliè　　　（名）　　最前面的一列。比喻带头的地位
Precedent
先頭,トップ
선두

5. 农产品　　　nóngchǎnpǐn（名）　　农业生产出来的物品
agricultural products
農産物
농산품

6. 惊讶　　　jīngyà　　　（形）　　惊奇,感到很意外
amazed, dumbfounded
あっと驚く
놀라다, 의아해하다

7. 举世瞩目　　　jǔshìzhǔmù　　　（成语）　　全世界都关注
to transfix the attention of the whole world (to "amaze" the whole world)
世界の注目を集めている
온세상 사람이 모두 주목하다

8. 叙述　　　xùshù　　　（动）　　写出或说出事情的经过
to narrate, to recount, to relate
叙述する,記したり述べたりする
서술하다

119

9. 整体	zhěngtǐ	（名）	一个集体的全部，全体 the whole 全体 전체	
10. 航班	hángbān	（名）	客机飞行的班次；也指某一班次的客机 flight (of an aircraft) - as in "light number 117" （飛行機の）～便 비행기편	
11. 航线	hángxiàn	（名）	飞机航行的路线 flight path 航路 항로, 항공로	
12. 舞台	wǔtái	（名）	供演员表演的平台；比喻供人发挥才能的场所 stage 舞台 무대	
13. 预计	yùjì	（动）	预先计算、计划或推测 to estimate; to predict 予測する 미리 어림잡다, 예상하다	
14. 设想	shèxiǎng	（动）	假想；着想 to think, to imagine 想定する 고려하다, 상상하다	
15. 首要	shǒuyào	（形）	最重要的 of the first importance 最も重要な 가장 중요하다	
16. 依照	yīzhào	（介）	根据 according to ～に基づいて ～에 따르다, ～에 의하다	
17. 学者	xuézhě	（名）	在学术上有一定成就的人 scholar 学者 학자	

第十课

18. 支柱　　zhīzhù　　（名）　　比喻中坚力量
a prop, a support
支柱, 中核
지주, 기둥(중심역량을 비유함)

19. 产业　　chǎnyè　　（名）　　关于工业生产的
industry
産業
산업

20. 汇率　　huìlǜ　　（名）　　一种货币兑换另一种货币的比例
exchange rate
為替レート
환율

21. 货币　　huòbì　　（名）　　固定充当一切商品的等价物的特殊商品
currency
通貨
화폐

22. 清醒　　qīngxǐng　　（形）　　(头脑)清楚；明白
clear, wide-awake (here 保持清醒的头脑 means "to keep a clear head")
明晰である, はっきりしている
명석하다, 분명하다

23. 头脑　　tóunǎo　　（名）　　脑筋；思维能力
brains, intelligence
頭脳, 思考力
두뇌, 사고력

24. 艰难　　jiānnán　　（形）　　困难
difficult, hard
困難である
어렵다

25. 漫长　　màncháng　　（形）　　很长很长的(多指时间、道路)
very slow
長く果てしない
매우 길다

专名

1. 墨西哥　　Mòxīgē　　国名
Mexico
メキシコ合衆国
멕시코

2. 荷兰	Hélán	国名 Holland オランダ王国 네덜란드
3. 澳大利亚	Àodàlìyà	国名 Australia オーストラリア連邦 오스트레일리아
4. 华尔特·罗斯托	Huá'ěrtè Luósītuō	人名 人名 인명
5. 亚洲"四小龙"	Yàzhōu "Sìxiǎolóng"	指亚洲的韩国、新加坡和中国的台湾、香港 The four Asian "dragons" 韓国、シンガポール、中国の台湾、香港を指す 한국, 싱가폴, 대만, 홍콩
6. 布热津斯基	Bùrèjīnsījī	人名 人名 인명
7. 李光耀	Lǐ Guāngyào	人名 人名 인명

词语例释

1. 主要农产品中,如谷物、肉类、棉花、花生、油菜籽、水果等产品产量**居**世界第1**位**。
   居……位：处在……位置。表示某一事物在某一范围内所排列的次序。
   ① 2002年3月10日,高耀洁被美国《时代》周刊评为25位"亚洲英雄"之一,居第9位。
   ② 在不久前新华网和新浪网联合举办的2003年度十大国内新闻评选中,神舟五号载人飞船飞天成功以93.3%(截止到2003年12月25日13时30分)的获选率居各大国内新闻的第1位。
   ③ 进大学不是问题,进什么样的大学才是问题。复旦大学青年研究中心日前公布的《2002—2003年上海大学生发展报告》显示,上海大学生认为影响毕业求职的要素中,学校名气居各种因素的首位。

2. 麦迪逊(Angns Maddison, 1998)按购买力平价(PPP)计算,1987年中国GDP **相**

第十课

当于美国的 23%。

相当于：与……差不多。用于可对比的两方面,两方面差不多(多指数量、价值、条件等方面)。

① 培养一个大学生所需的 4 年 10 万元,的确是个负担不轻的数字。这对于一个年收入 5 万左右的中等水平的家庭来说,相当于"用一个人的工资供养一个大学生"。

② 中国经过 25 年改革开放,经济总量相当于美国的九分之一,人均 GDP 只相当于美国的三十分之一。中国要赶上中等发达国家要用 50 年,要赶上像美国这样的发达国家可能还要 100 年。

③ 危险的 SARS 疫情,为中国的记者造就了一个相当于战地采访的环境,端着相机往事发地前沿"冲"一回,不仅是考验,也是一种骑士般的荣誉。

3. 世界银行认为,按购买力平价,中国 GDP 为 4 万亿美元,美国国家安全委员会的报告更认为达到 6 万亿美元,依照这种方法计算,中国 GDP 将在 20 年内超过美国。

依照：介词,根据。

① 公民的合法的私有财产不受侵犯,国家将依照法律规定保护公民的私有财产权和继承权。

② 当事人可以依照《中华人民共和国担保法》约定一方向对方给付定金作为债权的担保。

③ 有文章认为,要对学生严格监考,对作弊行为一经查实,必须依照规定严肃处理,绝不手软。

背景知识

中国经济的历史转型——由计划经济到市场经济

中国经济改革最大的变化就是由计划经济体制转向市场经济体制,这一过程从 1979 年的改革开放开始就启动了,但当时的中国政府还是以计划经济为主、市场经济为辅。直到 1992 年邓小平发表南巡讲话,指出计划经济并不等于社会主义、市场经济并不等于资本主义,在思想观念上扫除了中国发展市场经济的障碍。从此,中国开始全方面的发展市场经济,为 2001 年中国加入世界贸易组织铺平了道路。

练习

一、请在课外阅读一篇最新中文报刊文章,将它剪贴在你的笔记本上,然后把它写成摘要,并谈谈自己的看法。

二、给下列动词搭配适当的词语：
预计＿＿＿＿＿＿＿＿＿＿　　　设想＿＿＿＿＿＿＿＿＿＿
叙述＿＿＿＿＿＿＿＿＿＿　　　经历＿＿＿＿＿＿＿＿＿＿
登上＿＿＿＿＿＿＿＿＿＿　　　比较＿＿＿＿＿＿＿＿＿＿
分析＿＿＿＿＿＿＿＿＿＿　　　创造＿＿＿＿＿＿＿＿＿＿

三、选词填空：

| 居……位 | 叙述 | 相当于 | 预计 | 设想 |
| 依照 | 举世瞩目 | | | |

1. 中国汽车业，2002年赢利204亿元，位居《中国八大赢利行业》之四，而2003年上半年便实现利润179.9亿元。据有关方面＿＿＿＿＿＿＿，全年赢利将超过360亿元，其在赢利行业排行榜上的位置将有可能继续前移。
2. 改革开放二十多年来，中国的民营经济发展迅速，取得了＿＿＿＿＿＿＿的成就。
3. 在就业和选择职业方向的问题上，就业无疑应该＿＿＿＿＿＿＿第一＿＿。
4. 根据个人的专业、爱好、特长，有目标地向用人单位求职，不要简历"满天飞"，无目的地投简历＿＿＿＿＿＿＿没投。特别不要应聘同一单位的不同岗位，容易给用人主管留下随意、不专业、缺少诚信的不良印象。
5. 《写给小读者》系列丛书以童话的方式从美德与善行、人生的梦想、活着的快乐和与他人和谐相处4个方面＿＿＿＿＿＿＿成长的故事，每本书围绕一个主题写作，用奇思妙想的故事吸引小读者。
6. 学习的理想，或者说教育的理想，只能通过具体的、切近的、个人的学习目标和学习动力来实现。我们当然可以＿＿＿＿＿＿＿一个人们不为功利自觉学习的社会，但是，人们不可能直接走到那里去。
7. 应该将教育方式逐步从"供给导向"向"需求导向"转变，给高校较大的专业设置和招生自主权，使高校能够＿＿＿＿＿＿＿经济发展和劳动力市场的需求情况，及时调整专业设置和招生规模。

四、根据课文内容判断正误：
1. 1978~2000年，中国国内生产总值(GDP)年均增长速度比同期世界经济年均增速快2倍。（　　　）
2. 如今中国的经济总量比印度多2.3倍。（　　　）
3. 如今中国绝大部分重要的工农业产品产量上升至世界首位。（　　　）
4. 麦迪逊预计中国在2015年超过美国，成为世界第一大国。（　　　）

五、请按正确的语序将下列各个句子组成完整的一段话：
1. A 从评价一个国家发展水平的关键指标——人均GDP来看
　　B 这些对中国经济规模未来发展的不同结论
　　C 中国仍处于非常低的水平
　　D 不应该影响我们对中国目前所处发展阶段的认识保持清醒的头脑
　　正确的语序是：（　　）（　　）（　　）（　　）

2. A 中国国内生产总值(GDP)年均增长达到9.5%
   B 1978~2000年
   C 是世界上增长最快的国家
   D 创造了世界经济发展史上的奇迹
   正确的语序是：（   ）（   ）（   ）（   ）

六、根据课文内容选择最合适的答案：
   1. 目前意大利是世界第_____经济大国。
      A 六   B 五   C 八   D 七
   2. 如今中国的经济总量比澳大利亚多_____倍。
      A 1.6   B 1.1   C 2.3   D 2.1
   3. 世界银行认为，按购买力平价，中国GDP将在_____年内超过美国。
      A 15   B 25   C 20   D 30多
   4. 从评价一个国家发展水平的关键指标——人均GDP来看，中国目前的经济发展水平正处于_____国家行列。
      A 低收入   B 中下收入 C 中等收入 D 高收入

七、请尽量使用以下词语进行话题讨论：

| 居……位 | 叙述 | 相当于 | 预计 | 设想 | 依照 |
| 举世瞩目 | 奇迹 | 前列 | 首要 | 艰难 | 漫长 |

   1. 你认为中国经济总量要赶上美国需要具备哪些条件？
   2. 你认为中国在大力发展经济的同时，还应该注意哪些社会问题？

八、快速阅读：
   阅读一 （字数：752；阅读与答题的参考时间：6分钟）

私营经济成为中国经济第三大支柱

徐松

国家统计局17日公布的数字显示，自1996年至2001年末，按照企业数量、从业人员、生产规模等指标衡量，私营经济在中国经济中位居第三，仅次于国有企业和集体企业。国家统计局在第二次全国基本单位普查数据公布会上宣布，截至2001年末，中国已有私营企业132.3万家，占全部企业数的43.7%。其中在统计5年间新开业的154.5万家企业中，私营企业占61%，比1996年增加了两倍。私营企业在全部企业中所占的比重已经超越了港澳台投资企业和外商投资企业。

私营经济的快速发展，不仅有力推动了中国国民经济快速稳定的发展，而且还创造了可观的就业岗位。1996至2001年，中国私营企业从业人数增长了近3倍，年均增长率达到31.6%，创造了3170万个就业机会，占中国全部就业岗位的近20%。统计局普查报告还显示，中国私营企业的发展正在向新兴服务业领域聚集。从事公证、律师、会计、审计、统计等新兴咨询服务业的私营企业发展迅猛，企业数年均增幅达115.3%；房地产业、旅游业、计算机等应用服务业私营企业数量的年均增长数也达到70%左右。截至2001年底，从事制造业的私营企业所占比重比1996年下降了11个百分点。

同时，中国私营企业规模正在明显壮大。截至2001年末，私营企业平均拥有资本金额106.3万元，比1996年增加了37.6万元，年营业收入也比1996年增长了6.8倍，从业人员在500人以上的私企数为1996年的15倍。

(2003年01月17日新华网，有改动。)

回答问题：
1. 截至2001年末，中国已有私营企业多少家？占全部企业数的多少？
2. 私营经济的快速发展对中国有什么好处？
3. 中国私营企业的发展有哪些新变化？

阅读二 （字数：1564；阅读与答题的参考时间：11分钟）

中国经济增长靠的是什么？

要解释中国的高速经济增长，必须先抛弃两个误区：一个误区来自中国经济的外行，一个来自中国经济的内行。外行的误区是相信中国还是一个农业经济，因为他们知道中国有6至7成的人口生活在农村。而内行的误区是不相信贸易对中国的经济增长竟有那么的重要。

先来说来自外行的这个误区。没错，中国有65%的人口在农村，这的确是"国情"，但是如果因此而相信中国经济还依旧是一个农业经济，那就错了。与东亚的新兴工业化经济体类似，从增长的角度来说，中国依赖的不是农业，而是工业，尤其是制造业。现在，工业的增加值已经占到GDP的45%左右，与新加坡和韩国当年不相上下。而农业所提供的GDP只有10%，而且这个份额还在下降之中。这意味着，解释中国的高速经济增长，需要将注意力转移到制造业部门中。

只有理解了这个特征，才能懂得投资对中国的经济增长为什么一直那么重要。20年来，是高水平的投资支撑着制造业的扩张。与东亚新兴工业化经济类似，从总量上看，中国在20世纪80年代以来保持了较高的投资率。从固定资产投资的口径来计算，投资率由80年代初的20%上升到了90年代末的35%左右。

尤其值得引起我们注意的一点是，在改革以后的15年时间里，居高不下的投资率基本上是在中国经济发生显著的结构性变化的过程中实现的。这个结构性的变化具有两个可以识别的特征，一是资本和就业在

第十课

部门间的转移,二是资本和就业在地区间的转移,而这两个转移的过程几乎是同时发生的。乡镇企业、外资企业和其他非国有企业的进入和快速扩张是资源在部门间转移的最引人注目的现象。中国制造业也因此而开始进入高速增长的时期。但这个部门间转移的过程几乎同时又表现为地区间的转移过程。绝大多数新兴的制造业部门迅速地在东部和南部沿海地区集中和集聚。这样一种同时拥有多个增长中心的经济在世界上其实并不多见。显而易见,中国的高速经济增长不仅是依赖了高速扩张的制造业,而且是依托了能产生显著"集聚效应"的制造业在地理上的多极化态势。

同样值得我们关注的另一点是,在制造业的高速扩张过程中,贸易和外商直接投资的增长发挥着重要的作用。但是,在很多研究文献里,贸易的增长对中国经济增长的贡献常常被严重地低估了。这就是我前面所说的"内行的误区"。大多数研究都一致地认为,在中国所实现的高速经济增长中,贸易的增长几乎可以忽略不记。特别是1997年东亚金融动荡之后,关于中国经济的"内向性"的判断事实上已成为"共识"。因为总消费和总投资占了中国GDP的90%,就是说中国经济是一个内需为主的经济、增长主要为"内需"而推动,似乎该是一个常识,但不幸的是,这个常识可能导致一个误区。

应该不难想象,消费、投资、进口和出口之间都存在着相互的关联性。而且对中国这样一个以制造业为主的经济而言,进口和出口对经济其他部门的贡献往往可能更大一些。这个问题已经引起中国经济学家的注意,而且开始有人利用更合理的方法来重新估计中国的出口对GDP的贡献份额。例如,林毅夫和李永军(2002)最近的研究就是先估计出口对消费、投资和进口的积极影响,之后再对出口增长可以拉动GDP增长的贡献大小进行估计。结果发现,平均而言,出口增长10%就可以拉动1%的GDP增长率。

其实,简单的经验会提醒我们,这几年,没有出口保持着15%至20%的高速增长率,中国的经济增长要被拖下2个百分点似乎是确定无疑的事。再从珠江和长江三角洲的经济增长来看,出口扩张和外资的流入显然已经成为经济持续走高的最重要的力量。

(《上海证券报》网络版2002年12月19日,有改动。)

回答问题:

1. 要解释中国的高速经济增长,必须先抛弃哪两个误区?
2. 中国经济的快速增长主要靠哪两方面的发展?

阅读三 （字数：1544；阅读与答题的参考时间：12分钟）

中国经济增长为何出人意料？

本报记者 邹建锋

"预计全年经济增长率能达到8%，国内生产总值将跨上10万亿元的新台阶，实现历史性的突破。"2002中国经济增长论坛于12月14—15日在苏州举行，国家统计局局长朱之鑫就我国今年经济运行的特点、增长动力和发展前景发表了专题演讲。

四大动力为经济列车提速

今年中国经济之所以令人欣喜，是政策和市场驱动力共同作用的结果，也是国内因素和国际因素相互作用的结果。

首先，积极的财政政策和稳健的货币政策，是促使今年经济稳定增长的最关键因素。1500亿元国债资金较好地发挥了示范和引导作用。在继续实施稳健的货币政策的过程中，中国人民银行适时下调了人民币存贷款利率，加强了对商业银行的"窗口"指导，货币供应量的增长速度因之加快。

第二，世界经济的温和复苏及美元贬值促进了中国出口的快速增长。据测算，前三季度12.2%的规模以上工业增加值增长率中，约有2.5个百分点是出口的贡献，明显高于去年同期1.1个百分点的水平。

第三，加入WTO以后，中国的市场更加开放，多元化的经济增长空间得到拓展。从今年的情况看，加入WTO对中国的正面效应要大于负面影响。具体表现在进口关税降低对某些产品的冲击没有预期的大，相反，使得引进先进设备的成本降低，有利于产业结构调整；外资进入中国的速度和力度再创新高，1—11月份实际利用外资480亿美元，比去年同期增长14.6%，预计全年可超过500亿美元，成为世界上吸收外商直接投资最多的国家；出口环境得到进一步改善。

第四，连续五年来实施的改革开放和扩大内需的政策效应逐步释放，经济内在增长的机制有所增强。

经济较快增长将是长期趋势

展望未来，朱之鑫表示，中国经济在经历了20多年的高速增长后，仍处于经济起飞的稳定增长阶段，从一些长期起作用的因素看，21世纪上半叶的中国仍然具有保持较快增长的条件和潜力。

首先，良好的政治、社会环境是中国经济持续发展极为重要的保证。而中国作为世界上人口最多的发展中大国，有一个潜力巨大的国内市场，可以依靠内需、凭借国内巨大市场潜力实现规模经济，保持经济的较快增长。这是中国经济能够长期较快增长的重要条件。

第十课

　　另外,中国已经拥有可以支撑经济快速增长的供给能力。包括:基础产业和基础设施的供给能力大大提高;人力资源在数量庞大的基础上又不断实现质的提高,目前具有大学以上学历的人口已达5000万左右;稳健货币政策、外商投资信心、超过2700亿美元的外汇储备、丰富的民间资本构成了一个比较充足的资金储备。

　　随着科教兴国战略的实施,科技进步仍将在中国经济未来的增长中发挥重要作用。

　　城乡结构的调整,城市化进程的加快将成为经济增长新动力;产业结构的调整将不断培植新的经济增长点;地区之间发展水平和产业结构的差距,为在结构优化过程中实现产业在城乡之间、地区之间的转移,使城乡和不同发展水平的地区在不同产业层次上发挥动态优势提供了机遇。

　　　　　　　　　　　(《中国经济时报》2002年12月16日,有改动。)

判断正误:

1. 积极的财政政策和稳健的货币政策,是促使中国今年经济稳定增长的最关键因素。(　　)
2. 从今年的情况看,中国加入WTO对中国的正面效应要大于负面影响。(　　)
3. 预计中国全年实际利用外资500亿美元,成为世界上吸收外商直接投资最多的国家。(　　)
4. 中国经济在经历了20多年的高速增长后,难以继续处于经济起飞的稳定增长阶段。(　　)
5. 目前中国具有大学以上学历的人口已达5000万左右。(　　)
6. 科技进步仍将在中国经济未来的增长中发挥重要作用。(　　)
7. 城乡结构的调整,城市化进程的加快对中国经济增长的作用不大。(　　)

第六~十课测试题

答题参考时间:100 分钟　　　　　　**分数:**＿＿＿＿＿＿

一、给下列动词搭配适当的词语:(10 分)

树立＿＿＿＿＿＿＿＿　　　　筹集＿＿＿＿＿＿＿＿
改善＿＿＿＿＿＿＿＿　　　　治理＿＿＿＿＿＿＿＿
预测＿＿＿＿＿＿＿＿　　　　参与＿＿＿＿＿＿＿＿
面临＿＿＿＿＿＿＿＿　　　　期待＿＿＿＿＿＿＿＿
违背＿＿＿＿＿＿＿＿　　　　运用＿＿＿＿＿＿＿＿
安置＿＿＿＿＿＿＿＿　　　　推动＿＿＿＿＿＿＿＿
录取＿＿＿＿＿＿＿＿　　　　迈进＿＿＿＿＿＿＿＿
兴建＿＿＿＿＿＿＿＿　　　　培训＿＿＿＿＿＿＿＿
预计＿＿＿＿＿＿＿＿　　　　设想＿＿＿＿＿＿＿＿
叙述＿＿＿＿＿＿＿＿　　　　施加＿＿＿＿＿＿＿＿

二、选词填空:(10 分)

如……等等	固然	尤其是	取决于	与……相关
准予	在……基础上	难以	为……所……	
相当于	从……来看	依照		

1. 在一个竞争愈来愈激烈的社会里,人人都可以在事业上取得一定的成就。这在一定程度上＿＿＿＿＿＿＿你是否善于学习、善于获取最新的知识。

2. ＿＿＿＿＿＿＿总结以往经验的＿＿＿＿＿＿＿,政府将参照国际惯例,进一步提高 GDP 数据的透明度和准确度。

3. 大家对所学专业和工作经历在选择职业中的作用是有共识的,＿＿＿＿＿＿＿那些专业技术性比较强的学科,情况更是如此。

4. ＿＿＿＿＿＿＿经济发达国家的发展历程＿＿＿＿＿＿＿,农村劳动力从占社会全部劳动力的 70%至 80%逐步减少到 30%以下,是现代化进程的普遍规律。

5. 美国政府每年＿＿＿＿＿＿＿6000 名左右的外国著名科学家和高级科技人员直接到美国合法定居。

6. 他后来的成就,＿＿＿＿＿＿＿与他的智慧分不开,但更与他的勤奋分不开。

7. ＿＿＿＿＿＿＿德国科技部的预测,到 2010 年纳米技术的市场会达到 1.4 万亿美元。

8. 知识要准备,养育子女是一门学问,父母不掌握科学教育的知识,面对处于成长阶段的孩子,将＿＿＿＿＿＿＿承担教育他们健康成长的责任。

第六~十课测试题

　　9. 他的热心助人的精神_____公司上下_____称赞。
　　10. 不少学生的梦想_____家庭、父母给自己带来的影响密切_____。

三、判断 A、B 两句的意思是否相同：(10 分)

1. A 水资源已成为我国北方工农业和城市发展的限制性因素之一。(　　)
   B 水资源已成为一种限制我国北方工农业和城市发展的因素。
2. A 据世界银行估计,加入世贸组织后五年内,我国贸易量在世界上所占的比重将从目前的 4.5% 提高到 6.5%。(　　)
   B 据世界银行估计,加入世贸组织后五年内,我国贸易量在世界上所占的比重将有较大提高。
3. A 世界各国城市化的历史,大致经历了由慢到快、由快到慢,直至停止不前的曲线发展过程。(　　)
   B 世界各国城市化的历史,都经历了一个曲线发展的过程。
4. A 这十年,继续教育变革的风气的影响丝毫不低于正规教育。(　　)
   B 这十年,继续教育变革的风气的影响大于正规教育。
5. A 中国绝大部分重要的工农业产品产量上升至世界前列。(　　)
   B 中国绝大部分重要的工农业产品产量上升到世界首位。

四、请按正确的语序将下列各个句子组成完整的一段话：(7 分)

1. A 人们期待着服务方面有更多更好的选择
   B 逐步兴起的现代服务行业的竞争局面使绝大多数人为之欢喜、看到了希望
   C 期待着国际标准服务随处可见
   正确的语序是：(　　)(　　)(　　)
2. A 全国在校生只有 9.4 万人
   B 十年前研究生在中国绝对是少数
   C "考研"已成了高校和社会最时髦的字眼
   D 2001 年这一数字已超过了 39 万
   正确的语序是：(　　)(　　)(　　)(　　)

五、根据下面各段内容回答问题：(10 分)

1. 而且水资源空间分布欠佳,我国北方耕地占全国 64%,水资源不足 18%,地多水少;而长江流域及其以南地区则恰好相反。
   问题：长江流域及其以南地区水资源和耕地分布情况怎样?
2. 加入世贸组织以后,我国经济发展的状况将主要取决于我国企业在国际竞争中的地位与实力,而我国现行的经济体制还存在着不少不足,使本来就因为生产力发展水平不高而缺乏国际竞争力的我国不少企业更难以应付国际竞争的挑战。
   问题：为什么说加入世贸组织以后,我国不少企业更难以应付国际竞争的挑战?
3. 改革开放前,由于工农业生产落后、经济基础薄弱及与城市化相关的政

策、制度等原因,中国城市化进程曲折缓慢,直到1978年城市化水平仍低于18%。改革开放后,工农业生产迅速发展,经济基础日益增强,城市化进程随之加速。

问题: 改革开放前,由于什么原因,中国城市化进程曲折缓慢?

4. 1992年普通高等学校只有218万本专科学生在校学习,而目前的数字是719万,提高了2.3倍。大学生的地位悄悄发生了变化,广大民众得到了越来越多地接受高等教育的机会。

问题: 目前普通高等学校在校学习的本专科学生是1992年的多少倍?

5. 高速的经济增长使中国的生产力水平和国家实力获得极大提高。中国已经超过意大利成为世界第六经济大国,而20年前的意大利则远远强于中国,是中国GDP的2.3倍。

问题: 目前意大利的经济居世界第几位?

六、用自己的话或原文中的关键句子概括下列各段的主要内容,字数不要超过30个:(9分)

1. 据2001年全国重点水质统计资料显示,七大水系污染均比较严重,一类至三类,也就是较好的水质,所占比例不到三成,四类水质不到二成,五类和五类以下的水质占一半以上。即使按干流统计,一类至三类所占比例也不到一半。长江和珠江的水质较好,长江以二类水质为主,占八成,珠江以二类和三类水质为主,近八成。但长江流域水土流失日益严重,水中含沙量增高,水质逐渐变差。

2. 从经济发展水平看,世界银行对全球133个国家的统计资料表明,当人均国内生产总值从700美元提高到1000~1500美元、经济步入中等发展中国家行列时,城市化进程加速,城市人口占总人口比重将达到40%~60%。有专家分析,在未来的十几年中,我国的人均GDP(国内生产总值)将从1997年的800多美元,提高到2010年的1200美元甚至更高。城市化和经济发展水平的指标都表明,我国城市化的列车已奔入快车轨道,进入快速发展的阶段。

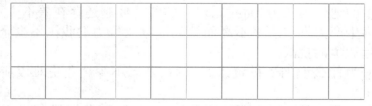

3. 从评价一个国家发展水平的关键指标——人均GDP来看,中国仍处于非常低的水平。1999年中国人均GDP仅为780美元,排在世界第140位,是世界中等收入国家平均水平的40%,是世界平均水平的16%,是高收入国家平均水平的3%,是美国的2.5%。同时,我国的城市化水平仅为36%,农村就业人口仍高达50%,这些都表明中国经济发展水平刚刚从低收入国家进入中下收入国家行列。

七、阅读:(44分)
　　阅读一　(17分)

注意求职"软包装"

　　记者在采访招聘会时注意到,用人单位在考查毕业生时,除了了解学习成绩、个人素质外,还常常通过求职"软包装"来全面考查求职者。所谓的求职"软包装",就是你不经意间流露出来的细节。

简历:不可因求简洁而过于简单

　　前几年厚厚一堆,今年只有一两页,求职简历从"面面俱到"终于回归到"简洁"。然而,记者注意到,不少缺乏就业指导的大学生,从一个极端走向了另一个极端,他们的简历因简洁而过于追求"简单"。
　　在北京举行的几场高校毕业生双选会上,记者发现,不少外地来京找工作的大学生的简历只有一页,既没有成绩单,也没有社会实践经历、获奖情况等。华北科技学院的几位女生告诉记者,她们准备简历时比较茫然,为了追求"一目了然"的效果,个人优势等用人单位看重的内容,竟然被她们糊里糊涂地"省略"了。
　　参加招聘会,毕业生应该带上足够的求职材料,求职心态会比较从容。虽然招聘会会场内设有复印点,但现场复印的肯定比不上提前准备的那样精致,那样具有统一的个人风格。最近一次招聘会上,中国人民大学经济学院几位研究生用彩色打印纸制作的简历,标新立异,大胆创新的风格得到不少用人单位的关注。

现场"推销"很重要

　　在招聘会现场,总能看到不少忙忙碌碌的大学生奔波于展台间。好不容易挤到展台前,却放下简历,扭头就走。有些学生认为招聘会是免费投递简历的最佳场所;一位大学生自称这是在全面撒网。然而,这样随随便便撒的"网"是网不住"鱼"的。

一家公司负责招聘的工作人员告诉记者："招聘会又不是废纸处理厂，有些学生扔下简历就走，这种不认真的态度让我们也懒得看那些简历。而且有些学生专业还不对口，如果你都懒得介绍自己，不和我们交谈、沟通，我们怎么会录用你呢？现场'推销'很重要，不要认为简历一交就完事大吉了。"

善用肢体语言

招聘会上，求职者与人事主管谈话，其实就是第一次面试。既然是面试，求职大学生就不要与家人、恋人在招聘会上表现得过于亲密，否则会给人以很不独立、很不职业的感觉。

人山人海的招聘现场，经常看到一些人事主管站在展台高处，给求职学生发放问卷或宣传材料。站得高，看得远，不少有经验的人事主管，会目送自己感兴趣的面试者回到人群中，看看他们面试后的真实面貌。所以，无论面试前，还是面试后，细节问题一定要注意。

给面试官一个坚定的眼神

一家企业负责招聘的工作人员曾向记者抱怨："现在求职的大学生底气不足，现场回答问题声音太小，有的男生不知道是不好意思还是害怕，说话时吓得连头都不敢抬。"

面谈时，双眼看着人事主管，是求职时基本的礼貌。声音洪亮，敢于在人群中大胆表达自己想法的求职者，更容易得到就业机会。

小小名片以小胜大

堆积如山的求职简历，不少用人单位只带走感兴趣的一部分。采访中，记者发现一位广告专业的毕业生给用人单位递交简历时，还送上一张自己设计的名片。名片体积小，便于携带、保存。这家广告公司的人事主管很是欣赏："这张小小的名片，可以看出这个年轻人的细心，一定程度上也体现了作为一名广告人的职业素质。"

（节选自《中国青年报》2004年01月14日，有改动。）

1. **判断正误，正确的打√，错的打×：(14分)**
   1) 前几年毕业生的求职简历和现在差不多厚。（   ）
   2) 华北科技学院的几位女生的简历准备得很充分。（   ）
   3) 在招聘会现场，不少大学生挤到展台前，放下简历就走。（   ）
   4) 一家公司负责招聘的工作人员表示，他们不会录用放下简历就走的学生。（   ）
   5) 求职大学生不应该与家人、恋人一起出现在招聘会上。（   ）
   6) 面谈时，应该声音响亮，双眼看着面试官。（   ）
   7) 一位广告专业的毕业生给用人单位递交简历时，还送上一张自己设计的名片，得到了用人单位的欣赏。（   ）

2. 回答问题:(3分)
   1) 最近一次招聘会上,中国人民大学经济学院几位研究生为什么得到不少用人单位的关注? (3分)

阅读二 (17分)

面对风险的选择

面对风险决策,人们是会选择躲避还是勇往直前?

让我们来做这样两个实验——

一是有两个选择:A 是肯定赢 1000 元,B 是 50%的可能性赢 2000元,50%的可能性是什么也得不到。你会选择哪一个呢?大部分人都选择A,这说明人是回避风险的。

二是这样两个选择:A 是你肯定损失 1000 元,B 是 50%的可能性你损失 2000 元,50%的可能性你什么都不损失。结果,大部分人选择 B,这说明他们是风险偏好的。

由此不难得出结论:人在面临获得时,往往小心翼翼,不愿冒风险,而在面对损失时,人人都成了冒险家了。

另一个重要结论是:人们对损失和获得的敏感程度是不同的,损失的痛苦要远远大于获得的快乐。

让我们来看一个问题:假设一个人得了一种病,有万分之一的可能性会突然死亡,现在有一种药,吃了以后可以把死亡的可能性降到零,你愿意花多少钱来买这种药呢?

再请你设想一下,假定你身体很健康,如果现在医药公司想找人测试他们新研制的一种药品,这种药服用后会使你有万分之一的可能性突然死亡,那么你要求医药公司花多少钱来补偿你呢?在实验中,很多人会说愿意出几百元钱来买药,但是即使医药公司花几万元钱,你也不愿参加试药实验。

这其实就是损失规避心理在作用。得病后治好病是一种相对不敏感的获得,而本身健康的情况下增加死亡的概率,对人们来说却是难以接受的损失,显然,人们对损失要求的补偿,要远远高于他们愿意为治病所支付的钱。

不过,损失和获得并不是绝对的。人们在面临获得的时候规避风险,而在面临损失的时候偏爱风险,而损失和获得又是相对于参照点而言的。改变人们在评价事物时所使用的观点,可以改变人们对风险的态度。

根据人们在损失和获得面前的心理,在日常生活中可以用于好消息和坏消息的公布,有以下四个原则:(a)如果你有几个好的消息,应该把它们分开发布。比如假定今天你的老板奖励了你1000元钱,而且你今天在一家百货商店抽奖中了1000元,那么你可以把这两个好消息分两次告诉你的妻子,这样的话她会开心两次。因为分别经历两次获得所带来的高兴程度之和要大于把两个获得加起来经历所带来的总的高兴程度。(b)如果你有几个坏消息要公布,应该把它们一起发布。比方说如果你今天丢了1000元,还不小心把你妻子1000元的手机弄坏了,那么你应该把这两个坏消息一起告诉她。因为两个损失结合起来所带来的痛苦要小于分别经历这两次损失所带来的痛苦之和。(c)如果你有一个大大的好消息和一个小小的坏消息,应该把这两个消息一起告诉别人。这样的话,坏消息带来的痛苦会被好消息带来的快乐所冲淡,负面效应也就小得多。(d)如果你有一个大大的坏消息和一个小小的好消息,应该分别公布。这样的话,好消息带来的快乐不至于被坏消息带来的痛苦所淹没,人们还是可以享受好消息带来的快乐。

(节选自《中国青年报》2004年02月05日,有改动。)

1. 判断正误,正确的打√,错的打×:(14分)
   1) 在第一个实验中,大部分人都选择B。(　　)
   2) 在第二个实验中,大部分人都选择A。(　　)
   3) 实验结果表明,人们在面对损失时,愿意冒险。(　　)
   4) 损失的痛苦比获得的快乐对人的影响要大得多。(　　)
   5) 人们对损失要求的补偿,不会超过他们愿意为治病所支付的钱。(　　)
   6) 如果你有几个好的消息,应该把它们一起发布。(　　)
   7) 如果你有一个大大的好消息和一个小小的坏消息,应该把这两个消息分别告诉别人。(　　)

2. 回答问题:(3分)
   1) 如果你有一个大大的坏消息和一个小小的好消息,应该怎么做?为什么?(3分)

阅读三　(10分)

情人节他出差了

　　在机场和先生告别,眼见没熟人在场,忸怩作小女儿态:"这个情人节,算你欠我的啊!"老公一脸的抱歉:"好好好,回来你说要什么就是什么,都给你补上。"挥挥手看他进了候机楼,我长舒一口气,太好了,情人节前,他出差了!

　　你们猜得不对,我并没有婚外男友等在门口,也没打算和旧情人藕断丝连,只是觉得这个莫名其妙的节让人为难。过吧,心疼荷包不说,也觉得太为形式而形式,不过吧,满街都是鲜花和巧克力一起构成的强加于人的味道,逃不掉也躲不开。

第六~十课测试题

　　一个办公室的同事 A 早几天就在嚷嚷,要和女友同飞上海去过情人节。选择这个日子兴师动众专程去外滩漫步,当然留下的记忆也将非比寻常。尤其是在同办公室的女同事 B 感叹"真羡慕你女友"时,A 的得意之情更加溢于言表。不过 B 在私下里却和我说,如果是她老公这样做,她不会感动只会反对。B 刚刚新婚不久,却也已明白了一个道理,这样的浪漫是要花银子的,就算是他的,也是从自家荷包里出的。站在外滩,想想要上千元的机票,几百元的酒店住宿,平均一步一百块钱,哪儿还有什么浪漫,全剩下心痛了。

　　我的另一个女友这几天正和老公闹别扭,打电话来说要和我一起过情人节。开列的节目单有:共进午餐、看情人节专场电影、商场购物,最后以互赠一朵玫瑰花而达到高潮。我听了只给了她两个字的评价:有病!我说你要是为了让你老公有危机感我可以给你找个高大威猛的志愿者陪你演戏,前提是那些情人节翻番的开销一律由你买单。她说不是那意思,只是觉得没有男人照样可以过情人节。我说没有男人照样可以生活不是专指情人节,只要你自己觉得幸福快乐没有人能拦得住,但没必要非得情人节两个女人手挽手上街,好像要告诉全世界我虽然被抛弃了可我依然坚强。我说我可没这么大义凛然。

　　情人节来临,全世界都在焦虑。这一天,没有情人是可耻的,有而不过节也是可耻的,过了只送了或收了一朵玫瑰而不是一捧还是可耻的,送了或收了一捧玫瑰却不是蓝色妖姬依然可耻。其实,心意的表达是在平时点滴时刻,是夜里把她伸在外面的胳膊放进被子里,是在他疲惫归来,给他放一缸洗澡水。但是,巧克力商当然不爱听这些,满大街跟着水涨船高的消费项目在浪漫大旗下,齐心合力喊的都是同一句话:花钱吧快花钱吧,花大钱!

　　公元 270 年,修士瓦伦丁为了反抗暴政,给年轻人主持婚礼,在 2 月 14 日被暴君杀害。而如今,在这个纪念他的节日里,却没有人敢于继承勇士的精神。在商业社会的暴政面前,谁敢反抗!

　　所以,情人节,我老公他——出——差——了。

　　(节选自《中国青年报》2004 年 02 月 11 日,有改动。)

1. 判断正误,正确的打√,错的打×:(10 分)

1) 情人节前,丈夫出差了,"我"感到很难受。(　　)
2) "我"很喜欢过情人节。(　　)
3) 同事 A 打算要和女友同飞上海去过情人节,女同事 B 不希望她老公这样做。(　　)
4) "我"的另一个女友打电话来说要和"我"一起过情人节,"我"表示反对。(　　)
5) 情人节的产生,与修士瓦伦丁反抗暴政有关。(　　)

第十一课

课文

当今中国人的道德水平：下降，还是上升？

进入20世纪90年代以来，社会急速变化中道德观念的改变以及道德素质的现状，曾一再成为社会谈论的对象，引人注目。面对众多令人关注却至少是一时难以达成共识的现象，学术界出现了"道德水平下降论"与"道德水平上升论"之争。在物质利益表现出其特有的巨大推动力的状况下，在商品生产与交换规律正日渐影响到社会生活的今天，是否还有必要重视，以及如何发挥道德的作用？并且应该如何看待现今道德的地位与状况？

据2001年一项对农村地区的调查结果，对于"在今天讲道德已经没有多大用处"这一观点，农民中表示赞同的人占24.9%，持中性的"一般"态度的人占11.7%，表示不赞同的人占63.4%。也就是说，大多数人仍基本倾向于重视道德在社会生活中的重要作用。"法律管不着的事就可以大胆地去干"吗？对于这一观点，仅有27.5%的人表示赞同，有15%的人持中性的"一般"态度，而有57.5%的人则表示不赞同。大多数人对于道德所具有的特殊社会意义和规范作用给予了极大地强调。

一个极有意义的例子是，2000年教育部基础教育司组织、北京师范大学负责实施的一项对全国1万余名高中学生的调查表明，高尚的道德榜样仍得到青少年的赞扬。对于"你最欣赏（或崇拜）的人是谁？"在没有具体列出人名而是让学生自己填写的情况下，选择"周恩来"的人为24.4%，以绝

138

第十一课

对优势排在第一位。对于所有歌星、影星的选择率加起来不到20%。这说明具有强烈的自我意识、判断能力的当今青少年,在偶像崇拜方面更深刻认同的是道德人格榜样。

值得注意的是,在这个道德更新与重建的时代,一些中国的传统道德规范在当今年轻一代身上依旧普遍存在,最典型的一个方面表现在,孝敬父母仍是绝大多数青年人所遵循的道德行为规范。1999年的一项调查结果显示:对于自己在孝敬父母方面的表现,有43%和41.4%的人认为"做得很好"和"做得较好",承认"做得较差"和"做得很差"的人为1.3%和0.5%;另有13.7%的人表示"做得一般"。另一典型方面是,节俭观念仍然为较大比例的青年所认同。据1997年的一项调查,对于"即使有了钱,也要过节俭的日子"这一看法,表示"非常同意"和"较同意"的人分别为18.5%和63.4%,选择"很不同意"和"不同意"的人为2.2%和13.5%,认为"说不清"的人占2.4%。共计81.9%的大多数人仍没有忘记节俭这一传统道德观念。现代化并非要放弃一切传统。吸收传统中的优秀成分并在新的时代条件下加以继承发扬,仍旧成为现代化的一种重要支持因素。青年以自己的行动体现着这一点。

应该说,当今的道德观念中的确含有某种矛盾,难免存在某些空白,而道德新质的生长则是社会发展的历史的和逻辑的必然要求。因而,不论是道德水平下降论,还是道德水平上升论,都不可能是对当今整体道德现状的一种准确判断和客观概括。处在一个剧变时代,评价道德的标准应该符合时代发展的要求。但在现实中,对于一些具有不同道德评价倾向的人而言,所得出的结论并不会一致。道德水平下降论的过于悲观,道德水平上升论的过于乐观,都会影响我们对道德重建实际上应该付出的努力。当今时代,我们应该更多地从道德转型论来正视道德的新质与道德的问题。

(字数统计:1350)

(节选自《北京青年报》2002年8月5日,有改动。)

1. 一再　　　yízài　　　(副)　　　一次又一次

				again and again, repeatedly
				再三再四，一度ならず
				몇번이나, 수차
2.	引人注目	yǐn rén zhù mù	（词组）	吸引人注意
				to attract people's attention
				人の注目を引く
				사람들의 주의를 끌다
3.	达成	dáchéng	（动）	达到；得到
				to reach, to achieve, to succeed in
				まとまる, 得る
				도달하다
4.	共识	gòngshí	（名）	共同的认识
				common consensus
				共通の認識
				공통된 생각
5.	倾向	qīngxiàng	（动）	偏于赞成
				incline to
				傾く
				찬성하는 편이다, ~하는 경향이다
6.	特殊	tèshū	（形）	特别
				special, unusual, unique
				特別である
				특수하다
7.	规范	guīfàn	（名）	约定俗成或明文规定的标准
				a norm, a standard
				規範
				규범, 기준
8.	榜样	bǎngyàng	（名）	值得学习的人或事
				a model, an example
				手本, 模範
				모범, 귀감
9.	赞扬	zànyáng	（动）	称赞表扬
				to praise
				称賛する
				칭찬하다

第十一课

10. 欣赏　　xīnshǎng　　（动）　　认为好；喜欢
    to admire
    すばらしいと認める
    좋아하다, 좋다고 여기다

11. 崇拜　　chóngbài　　（动）　　尊敬钦佩
    to worship
    崇拜する
    존경하다, 숭배하다

12. 绝对　　juéduì　　（形、副）　　没有任何条件的，不受任何限制的；完全
    absolutely, totally, completely
    絶対的な
    절대적으로, 완전히

13. 优势　　yōushì　　（名）　　能压倒对方的有利形势
    advantage
    優位
    우세

14. 意识　　yìshí　　（名）　　人的头脑对于客观物质世界的反映，是感觉、思维等各种心理过程的总和
    consciousness (here 自我意识 means "self-consciousness")
    意識
    의식

15. 偶像　　ǒuxiàng　　（名）　　比喻崇拜的对象
    idol
    偶像
    우상, 숭배하는 대상

16. 认同　　rèntóng　　（动）　　表示跟别人的认识一致；承认；认可
    to identify (with), to approve of, to admit (the truth or validity of something)
    共通して認める，賛同する
    다른 사람과 의견을 같이 하다

17. 人格　　réngé　　（名）　　人的道德品质
    character, personality
    人格
    인격

18. 依旧　　yījiù　　（副）　　依然；照旧
    as before, still
    依然として
    여전히, 예전대로

141

19. 典型	diǎnxíng	（名、形）	具有代表性的人物或事件；具有代表性的 typical (example) 典型, 典型的である 전형, 전형적이다
20. 孝敬	xiàojìng	（动）	对长辈孝顺尊敬 filial; to be filial (to show respect for and to care for one's parents, grandparents, etc.) （目上の人を）敬う 공경하다
21. 遵循	zūnxún	（动）	遵照 to follow; to keep to 従う 공경하다 따르다
22. 节俭	jiéjiǎn	（形）	用钱等有节制；俭省 frugal, austere 質素である, つましい 절약하다, （돈 등을) 절제있게 사용하다
23. 加以	jiāyǐ	（动）	用在多音节的动词前，表示如何对待或处理前面所提到的事物 expression used in front of multiple-character verbs-added for emphasis to show how the object of the sentence is treated (it can be omitted with no alteration in meaning). （ある行為を）加える＜常に複音節語を目的語に用いる＞ ~를 가하다 (쌍음절 이상의 동사 앞에 쓰여 앞에 얘기한 사물을 어떻게 대하고 처리할 것인지를 나타냄)
24. 继承	jìchéng	（动）	泛指把前人的作风、文化、知识等接受过来 to inherit, to succeed to 受け継ぐ 계승하다
25. 发扬	fāyáng	（动）	发展；宣扬 to develop, to enhance, to encourage 発揚する 발전시키다

第十一课

26. 仍旧　réngjiù　（副）　仍然；还
　　　　　　　　　　　　　still
　　　　　　　　　　　　　依然として,なお
　　　　　　　　　　　　　여전히

27. 体现　tǐxiàn　（动）　具体表现出
　　　　　　　　　　　　　to embody
　　　　　　　　　　　　　体現する
　　　　　　　　　　　　　구체적으로 나타내다

28. 难免　nánmiǎn　（形）　难以避免
　　　　　　　　　　　　　difficult to avoid; unavoidable
　　　　　　　　　　　　　避けられない,免れ難い
　　　　　　　　　　　　　면하기 어렵다

29. 空白　kòngbái　（名）　空着,没有填满或没有被利用的部分
　　　　　　　　　　　　　a vacuum
　　　　　　　　　　　　　空白
　　　　　　　　　　　　　공백

30. 逻辑　luójí　（名）　客观的规律性
　　　　　　　　　　　　　logic
　　　　　　　　　　　　　論理
　　　　　　　　　　　　　논리

1. 在物质利益表现出其特有的巨大推动力的状况下,在商品生产与交换规律正日渐影响到社会生活中的今天,是否还有必要重视,以及如何发挥道德的作用？

   以及：表示联合关系。连接并列的名词、动词、介词短语、小句。一般用在各并列成分的最后一项之前。多用于书面语。

   ① 调查结果发现,有 1/4 的读者认为"工作忙,没有时间"以及"没有毅力坚持"是阻碍他们学习的原因。
   ② 广州鼓励用人单位大力接收教育部所属、原国家部委所属以及列入国家"211 工程"的普通高校本科以上毕业生。
   ③ 2002 年 1 月 12 日,2002 年春运铁路票价听证会在北京举行。尽管听证会的组织以及听证的结果没有让很多人满意,但它毕竟为广大普通消费者提供了一次说话的机会,打破了几十年来票价只由"铁老大"说了算的局面。

2. 据 2001 年一项对农村地区的调查结果,对于"在今天讲道德已经没有多大用处"这一观点,农民中表示赞同的人占 24.9%,持中性的"一般"态度的人占 11.7%,表示不赞同的人占 63.4%。也就是说,大多数人仍基本倾向于重视道德在社会生活中的重要作用。

也就是说：表示对前面所说的事情、情况进行解释。

① 调查显示,有64%的人愿意直接就业,33%的人愿意继续考研深造,也就是说,如果有好工作,大多数人是愿意直接就业的。

② 2003年手机降价幅度巨大,甚至到了"800元的手机送900元的话费"。也就是说,手机降价已降到了不仅白送,还倒找钱的程度。

③ 中国的书价大致是这样构成的：印刷费及纸张成本约在书价中占到23%~25%,也就是说,一本定价20元的书,从印刷厂出来的价钱尚不到5元,作者的稿酬在8%左右,为1.6元,出版社利润一般在10%左右,为2元。

3. 但在现实中,**对于**一些具有不同道德评价倾向的人**而言**,所得出的结论并不会一致。

对于……而言：对……来说。"对于"后接所谈论的对象。

① 对于公众而言,深入的调查性报道,使他们有机会了解真相被掩盖下的另一面。因此,调查性报道对维护公众利益、扫除黑幕和社会罪恶等方面,意义重大。

② 从整体上来看,人类的活动领域在不断地扩大,但对于多数个体而言,人的活动空间却在不断缩小。这是因为现阶段人们的交往,由于物质水平的提高反而减少了。因此,人与人的交往就显得非常可贵。

③ 对于教育而言,所谓实质性进展,指的是除了校园、宿舍、教学楼这些实物以外的进展。

背景知识

中国的道德观念的转变

在计划经济时代,中国民众的道德观念比较单一,以政府的要求为标准,中国政府大力提倡、要求民众遵循大公无私、集体主义等道德准则,个人主义、利己主义等被严厉批判,政府要求民众的道德出发点首先为集体、社会、国家的利益着想。改革开放以来,发展经济成为整个社会的共识,中国人的道德观念发生巨大变化,走向多元化,出现了许多新的关涉道德的现象。作为普通的民众,道德的重心与出发点已经下移,即每个人首先为自己的合法合理的利益着想。对于这种建立在个人利益之上的道德观念,不同的人有不同的评价。

练 习

一、请在课外阅读最新中文报刊文章,将其中的两篇剪贴在你的笔记本上,然后把它们写成摘要,并谈谈自己的看法。

第十一课

二、给下列动词搭配适当的词语：

达成＿＿＿＿＿＿＿＿＿＿＿ 欣赏＿＿＿＿＿＿＿＿＿＿＿
遵循＿＿＿＿＿＿＿＿＿＿＿ 继承＿＿＿＿＿＿＿＿＿＿＿
赞扬＿＿＿＿＿＿＿＿＿＿＿ 孝敬＿＿＿＿＿＿＿＿＿＿＿
发扬＿＿＿＿＿＿＿＿＿＿＿ 体现＿＿＿＿＿＿＿＿＿＿＿

三、选词填空：

| 以及 | 达成 | 也就是说 | 欣赏 | 遵循 | 继承 |
| 对于……而言 | 引人注目 | 孝敬 | 体现 | | |

1. 父母需要与孩子一起成长。惟有这样，才能理解和＿＿＿＿＿＿＿孩子的成长，才能在平等、双向的关系中，伴随孩子一起跨入人生的新阶段。
2. 他的理想是干一份能＿＿＿＿＿＿＿个人价值，并且值得努力奋斗的工作。
3. 公司在挑选一个人时，看中的是他是否适合一个职位。＿＿＿＿＿＿＿，按职位去选人，以职位所需要的性格特征和专业知识去挑人。
4. "坚持以人为本，树立全面、协调、可持续的发展观，促进经济社会和人的全面发展。"这一新论断，是对以往有关人的全面发展理论的＿＿＿＿＿＿＿、丰富和发展。
5. 面试首先考核的就是应聘者的外在气质，应聘者的衣着、外表，＿＿＿＿＿＿＿与面试人员打招呼、接送文件的举止，这些不经意间完成的动作，正是公司对他们外在气质的考察过程。
6. 在过去的一年间，一个＿＿＿＿＿＿＿的现象就是由房屋的拆迁导致的矛盾和冲突。
7. 有些高中生表示，只想成为一名普通工人，能够养活家，＿＿＿＿＿＿＿父母就行了，实在不喜欢名利相争的世界。
8. 参与协议的诸方，经过充分谈判和讨论，＿＿＿＿＿＿＿共识，协议才能成立。
9. 民事活动应当＿＿＿＿＿＿＿自愿、公平、等价有偿、诚实信用的原则。
10. 虽然我送给她的只是一双不起眼的手套，但＿＿＿＿＿＿＿我＿＿＿＿＿＿＿，它又是十分珍贵的。因为，它代表了一个男人对一个女人最朴素、最纯洁，却也是最真诚、最值得信赖的感情。

四、根据课文内容判断正误：

1. 据2001年一项对农村地区的调查结果显示，大部分农民不赞同"在今天讲道德已经没有多大用处"这一观点。（　　）
2. "法律管不着的事就可以大胆地去干"吗？对于这一观点，仅有1/4的人表示赞同。（　　）
3. 在这个道德更新与重建的时代，孝敬父母仍是中国绝大多数青年人所遵循的道德行为规范。（　　）
4. 本文作者反对道德水平下降论，赞同道德水平上升论。（　　）

五、按正确的语序将下列各句组成完整的一段话：

1. A 评价道德的标准应该符合时代发展的要求
   B 处在一个剧变时代
   C 对于一些具有不同道德评价倾向的人而言
   D 所得出的结论并不会一致
   E 但在现实中
   正确的语序是：(　　)(　　)(　　)(　　)(　　)

2. A 还是道德水平上升论的过于乐观
   B 都会影响我们对道德重建实际上应该付出的努力
   C 无论是道德水平下降论的过于悲观
   正确的语序是：(　　)(　　)(　　)(　　)(　　)

六、根据课文内容选择最合适的答案：

1. 2000年对于"你最欣赏（或崇拜）的人是谁？"的调查结果表明，当今中国青少年更认同_____。
   A 歌星　　　B 影星　　　C 名人　　　D 高尚的道德榜样

2. 在1997年的一项调查中，对于"即使有了钱，也要过节俭的日子"这一看法，共计_____的中国人仍没有忘记节俭这一传统道德观念。
   A 六成　　　B 七成　　　C 八成　　　D 八成以上

3. 为了说明当今中国人的道德状况，本文先后列举了_____项调查结果。
   A 三　　　　B 四　　　　C 五　　　　D 六

4. 本文作者对当今中国人道德状况的评价是_____。
   A 道德水平下降论　　　B 道德转型论
   C 道德水平上升论　　　D 道德不变论

七、请尽量使用以下词语进行话题讨论：

| 以及 | 达成 | 也就是说 | 欣赏 | 遵循 | 对于……而言 |
| 继承 | 赞扬 | 引人注目 | 孝敬 | 体现 | 崇拜 |

1. 你对当今中国人的道德水平有怎样的评价？
2. 你认为当今社会主要存在哪些道德问题？不同国家的人都应该遵循哪些道德？

八、快速阅读：

阅读一　（字数：543；阅读与答题的参考时间：3分钟）

调查显示：城乡家庭道德总体是稳定和谐平等向上

中新网1月22日电　全国妇联最近运用PPS抽样方法对全国家庭道德状况进行了社会调查，调查结果显示：中国城乡家庭道德总体是稳定、和谐、平等、向上。

第十一课

中央电视台新闻30分报道,在对中国城乡婚姻的调查中显示:初婚者占85.5%;再婚者占2.5%;离婚者占1.3%,丧偶者占2.3%,说明中国城乡婚姻比较稳定,婚外恋虽不普遍但较为严重,多数人对婚外恋持理性态度;对生育观念的调查数字显示,养儿为防老的占31.5%、为尽社会责任的占22.3%、为传宗接代占18.8%,这说明养儿防老仍然是首位;这和调查中显示的目前老年人的赡养主要还是由子女分担的现象是分不开的。调查还显示,大部分居民都关心国家和社会事物,有较高的公德意识。在调查中显现出的突出问题是,家庭暴力发生率较高;代际关系上有较为突出的错位,一方面是家庭对老年人的需求相对重视不够,另一方面是对子女"过度关注",引发亲子间冲突;还有一部分人在公共事物上态度冷漠。

(中国新闻网 2003年01月22日)

回答问题:

1. 调查表明,中国城乡家庭道德总体状况如何?
2. 调查表明,目前中国城乡婚姻状况如何?
3. 调查数字显示,目前中国人的生育观念怎样?
4. 在调查中显现出的突出问题是什么?

阅读二　(字数:1065;阅读与答题的参考时间:8分钟)

父女俩的"道德合同"

余同友　章小兵

一份特殊的"合同"摆在笔者面前——这是一份手写的长达6页纸的"合同"。"合同"中,父亲要求自己要为女儿做出道德表率,女儿约束自己要德智体全面发展。令人感动的是,订立"合同"的父亲是一位下岗工人,且双眼高度弱视,女儿则是一个读初三的小女孩。

宋昌华是青阳县原针织厂的一名工人,今年48岁,双眼高度弱视。1999年,宋昌华下岗了,妻子也和他离了婚,12岁的大女儿宋婧归他抚养。宋昌华挺起腰扛起了生活的重担。为解决经济来源,他从旧货店买了一辆三轮车,将厂里原来同事们家中的针织内衣收来,骑着自行车穿街走巷做起了小本生意。

2000年9月,小宋婧升到青阳二中读书,第一学期期中考试成绩公布出来了,她只考了全班第6名。宋昌华着急了,一天,他找到老师和同学了解情况,原来小宋婧心理压力很大,一方面她心疼爸爸,一方面作为单亲家庭的孩子,她担心爸爸会一直对自己负责吗?那一晚,宋昌华父女俩充分交流了心里话,宋昌华对女儿说:"我们来订一个合同吧,让我们以合同来要求我们的日常行为,让我们一起进步。"小宋婧点头说好,父女俩一共写了16条,写好后,父女俩认真地在上面写上了自己的名字。

有了父亲的关爱,有了那份充满了爱的"合同",小宋婧一下子消除了心头的不快。由于这份"道德合同",小宋婧对生活有了另一种感受,她是"春蕾计划"的受助者,前不久,她在给池州市妇联阿姨们的一封信中这样写道:"我的家境在班上可能是倒数第一,但我努力使自己的自身素质顺数第一。"

为了遵守那份"道德合同",宋昌华天天检点着自己的一言一行。"半盲人"做生意,少不了要吃些亏,有好几次,有人用假币骗他,有好心人劝他在进货时或找钱时再骗别人,把损失补回来。宋昌华摇了摇头说:"我不能做这种不道德的事。"有一次,他在菜市场摆摊,捡到一个钱包,旁边有人喊道:这下,瞎子走运了。可宋昌华却坐在菜市场门口,一直等到失主来认领。

笔者近日来到了宋昌华的家——青阳县城关城墙脚105号,这是他租住的一间房。低矮的屋子里,没有一件像样的家具,可自始至终,宋昌华和女儿宋婧的脸上看不见一丝忧伤,明亮的阳光照在他们快乐的脸上。

(《江淮晨报》2003年01月15日)

回答问题:
1. 宋昌华父女俩订立"合同",为什么令人感动?
2. 宋昌华父女俩为什么要订立"合同"?
3. 订立"道德合同"后,宋婧有什么变化?
4. 为了遵守那份"道德合同",宋昌华是怎么做的?
5. 当宋昌华捡到一个钱包后,他是怎么做的?

阅读三 (字数:1939;阅读与答题的参考时间:15分钟)

道德伦理中的快乐原则

尽管一些所谓的道德体系明确地反对和排斥享乐,甚至排斥快乐,但能够享受生活快乐仍是道德伦理的一个重要基础。所有严厉反对享乐原则的伦理体系都是以失去个人的自由为代价的。

下面的故事或许能让我们重新认识和思考,它让我们看到没有快乐的生活会给年轻人带来什么样的后果。

徐力在老师和同学的眼中是一个很有礼貌、性格温和的孩子,他们怎么也不会想到就是这个平时不大说话的男孩居然用锤子打死了自己

第十一课

的母亲。"她为我计划了一条光明的前途：努力学习，进入重点大学，然后找一份好工作，"徐力在电视采访中回忆道。但是，徐力的母亲过于注意孩子在学校的成绩，除此之外，别的一切在她眼中都不重要。徐力上小学的时候母亲就为他定下了一条规定，他每次考试的成绩不能低于97分。"如果我得了95分，她就会打我。"徐力说。徐力被市里的一所重点中学录取，当然这也是母亲计划中的重要一步。但她仍然感到不满意，她经常提醒徐力说，她原本希望他被另一所更好的重点学校录取。

徐力的家庭作业是母亲最关心的事情，甚至成了她生活的主要内容和目的。"如果我不努力学习，如果我进不了一所重点大学，妈妈就会说我将来的生活没有任何希望了，那她的生活也就没有意义了。妈妈为我定下的目标是清华或者北大，最差也得是浙江大学。"

但是徐力喜欢踢足球，他想参加学校的足球队。母亲知道以后不让他参加。徐力惟一能做的活动就是学习、拿班级的头几名。巨大的压力使徐力感到难以承受，他时常跑到外面一个人痛哭。

徐力曾经试着和母亲谈他的感受，"我经常情绪不好，我觉得自己已经养成了一种古怪的性格，但妈妈从来不关心我的感受。"结果，两人完全没有了交流的基础。这时候，压力已经让徐力的成绩下降。母亲在一次家长会上发现徐力在班里的排名居然落到了18名！"她非常生气，结果用棍子和皮带狠狠地打了我一顿。她在打我的时候还愤怒地说，如果我再敢踢球，她就要打断我的腿，如果我期末考试进不了班里的前十名，她就要打死我。"

两个月后，母亲正在看电视，徐力在一旁坐下来休息，母亲便让他回房间学习。当时，他非常气愤，想到了要离家出走，于是回到自己房间。当他低下身来系鞋带时，他看到了柜子里的一把锤子。他突然间失去了理智，拿起锤子走到客厅。他用锤子拼命地击母亲的头部，一连好几下，直到血从她的嘴里和耳朵里流出来他才停手。徐力跑出来，在街上走了几个小时，然后进了一家旅馆。第二天，他到学校就好像什么事情也没有发生过一样，还参加了两门考试。他的同学说："我们没有人觉得他有什么不正常的地方，而且我们都忙着期末考试。"

这期间孩子的父亲在哪里呢？徐有贤在铁路系统工作，常年在外地，每周只回家一次。当他回到家中，他发现了妻子血肉模糊的尸体。在电视采访中徐力的父亲承认："虽然我知道儿子有两个缺点，他很内向，而且易怒，但是我很少有时间和他交流。现在一切都晚了。我失去了妻子，儿子的前途也毁了，整个家都完了。"

在这个令人震惊的故事中，我们很难判定到底是哪一个环节出了问题。难道只是母亲的过错？还是徐力自己失去了理智？或是父亲没有尽到自己的责任，对家里不健康的情形不闻不问？或者是中国的学校考试的压力太大？或者周围的同学应该更关心徐力的处境？答案并不简单,但我们清楚地看到一点:由于生活中没有了快乐,孩子的发展失去平衡。孩子除了睡觉,生活中的每一刻都承受着学习和考试的压力,这种做法是不人道、不健康,也是不道德的。

  事实上,除了那些最严厉的教育形式,所有教育体制都为年轻人留出时间来放松、娱乐。现代学校的出现带来日益激烈的竞争,而在此以前,教育的目的是全面地发展一个人,伦理和娱乐通常是一致的。

  今天,很多为年轻人设计的休闲活动都将娱乐和某些伦理教育结合在一起,甚至还有一些评分等级标准专门用来衡量各种活动,评价某种休闲活动对于年轻人的教育价值和质量。

  不过,你也未必非要使用测试形式——常识就能够告诉你,玩电脑游戏和在山里与朋友野营相比,后者绝对是一种更能锻炼道德伦理的体验;同样,文化观光比坐在家里喝啤酒、看足球比赛更有意义。

  (http://www.sina.com.cn 新浪教育 2002 年 08 月 16 日 15:36)

判断正误:

1. 所有严厉反对享乐原则的伦理体系都是以失去个人的自由为代价的。(　　)
2. 徐力在老师和同学的眼中不是一个坏孩子。(　　)
3. 徐力的母亲比较注意孩子在学校的成绩,此外,她更重视孩子的兴趣。(　　)
4. 徐力被市里的一所重点中学录取,他的母亲感到很满意。(　　)
5. 徐力喜欢踢足球,他的母亲不反对他踢足球。(　　)
6. 徐力杀死母亲后,好像什么事情也没有发生过一样。(　　)
7. 作者不赞成徐力母亲的教育方式。(　　)

第十二课

课文

我是一个特需要吹捧的人
——冯小刚对答浙江大学生

信报记者　　郝晓楠

11月3日晚,由1000多名高校师生参加的"大学师生与导演冯小刚对话会"在嘉兴学院体育馆举行,在激烈进行的过程中,对话经常被笑声和掌声打断。

电影

1. 为什么不拍反映大学生生活的影片?

冯:我从来没有上过大学,真的是一天都没上过。所以我觉得我特别不适合拍大学生题材的影片。自己完全没有体会,怎么能凭空想像生活呢?我只能说,我想拍令大学生满意的电影。

2. 所拍电影都可找到生活原型吗?

冯:如果完全是的话,观众未必愿意看;如果完全不是的话,观众也未必愿意看。所以"似是而非"才是原则。我要做的就是,在看电影的一两个小时内,将观众迷住,等电影演完了,再让他们醒过来,回到生活中去。

3. 导演应该为迎合电影市场而拍片吗?

冯:我肯定不会这样,导演要领着观众走才对。这就好像当初所有人都觉得电影会赔钱,可我自己拍的片子却赚了钱,让大家都走进了电影院。这就是领导了观众。

4. 你拍了一部你觉得特别好的电影,可观众都特讨厌,你怎么办呢?

冯:啊?我的判断力会有这么差吗?我心目中的好电影,一定是观众最多的。

徐帆和家庭

1. 谈谈徐帆老师好吗?

冯:谢谢大家关心我,关心我的领导徐帆老师。不过好多朋友都说我,别四处散布家里那点儿事,就显摆你们俩是明星似的。所以我就不说什么了。但是我确实觉得自己很走运,能找到这样一个老婆,我很知足。

2. 有没有想让自己的孩子当演员或者导演?

冯:我过去上不了电影学院是因为家里没人,所以只能自己瞎混,现在混出来了,还不错。所以我最讨厌介绍一个人的时候先介绍这个人的父母。所以我的孩子应该自己去闯,能闯到什么样,算什么样吧。

个人发展

1. 怎么想到拍贺岁片的?

冯:我不是有意拍贺岁片的,就是当初看了王朔的一本小说《你不是一个俗人》,我觉得这本书满足了我的孩子心理,就把它拍成了我的第一部贺岁电影《甲方乙方》,观众反应特别好。我就这么继续做下来了。

2. 你怎么能够把商业性和艺术性结合得那么好呢?

冯:我虽然没上过大学,可是拍电影就是靠一点点悟性,我也不知道我是怎么结合的,反正不是老师教出来的。

3. 你曾经演过《阳光灿烂的日子》等电影,以后还想继续做演员吗?

冯:我拍《阳光灿烂的日子》是个意外,当初那个角色本来姜文是想找葛优演的。后来刘晓庆跟姜文说,"你找冯小刚也挺合适的",姜文一想,"对啊",于是就找我来演了,我记得那还是我刚拍摄完《北京人在纽约》的时候。我没怎么想过做演员,做演员只是为了能够换位思考,体会演员的心情。我觉得演员特别脆弱。像我和周星驰合拍《功夫》的时候,我每拍完一段,周星驰就过来给我鼓励,我是一个特别需要吹捧的人。(哈哈大笑)

4. 你想过用DV拍摄电影吗?

冯:我最近才弄明白DV是怎么回事。我发现这个小东西还挺有意思,能够没有束缚的拍出很多东西。我现在拍电影做不到这一点,因为不是我自己花钱

第十二课

拍,别人花钱让我拍,我就要对得起人家的钱,否则是件很不道德的事情。等有一天我有了很多很多的钱,我会考虑拍一部没有限制的电影。

葛优,新书

1. 冯小刚和葛优这个黄金搭档是怎么产生的呢?怎么能保持那么长久的紧密合作关系呢?对傅彪的看法呢?

冯:我是因为看《顽主》与葛优相识的,我太喜欢他演的这个片子了。当时拍《编辑部的故事》立刻想找他演。一来二去,我们俩就熟了,就会亲密合作。我们一共拍了5部电影。我们打算拍到一定数量的时候好好儿开个大party庆祝一下。

另外,我觉得傅彪为人民服务的态度非常端正,像傅彪一样,给人民面子的人,我就要给他们面子。

2. 你的新书《我把青春献给你》,销量非常好,以后有没有想过去当作家,继续写书?

冯:去年没拍什么电影,冬天天又冷,干点儿什么呢?写书挺有意思的,回顾往事吧!我抢不了别的作家的饭碗,我没那水平,我只会拍电影。

(全文字数:1534)

(节选自《北京娱乐信报》2003年11月5日第44版,有改动。)

1. 吹捧	chuīpěng	(动)	吹嘘捧场 lavish praise on; flatter おだてあげる 치켜세우다, 칭찬하다
2. 导演	dǎoyǎn	(动、名)	排演戏剧或拍摄影视片的时候,组织和指导演出工作。担任导演工作的人 direct (a film, play, etc)/director 映画監督 연출하다, 감독
3. 对话	duìhuà	(动、名)	两个或更多的人之间谈话。 to dialogue/dialogue 会話する、会話 대화하다, 대화

4. 拍	pāi	（动）	摄影 take (a picture); shoot (a film) 撮影する 찍다
5. 题材	tícái	（名）	构成文学和艺术作品的材料 subject matter; theme テーマ 소재, 제재
6. 凭空	píngkōng	（副）	毫无根据地 without foundation; groundless わけもわからなく、何の根拠もなく 근거없이, 터무니없이
7. 未必	wèibì	（副）	不一定；不见得 may not; not necessarily 〜とは限らない 꼭 ~한 것은 아니다
8. 似是而非	sì shì ér fēi	（成语）	好像是对的,实际上是错的 apparently right but actually wrong; specious 正しいようだが、間違っている 비슷한 것 같지만 사실은 아니다
9. 迷	mí	（动）	醉心于某事物。分辨不清,失去判断能力 be absorbed in; be confused; be lost 迷う 빠지다, 매혹되다
10. 迎合	yínghé	（动）	为求得别人的欢心,按照人家的好与恶说话、办事 cater to; pander to 人の気に入るようにする 영합하다, 비위를 맞추다
11. 赔	péi	（动）	(做买卖)亏损 suffer a (business) loss 償う、謝る 손해보다
12. 赚	zhuàn	（动）	获得利润(跟"赔"相对) make a profit 儲かる、儲ける 돈벌다

第十二课

13. 散布　　sànbù　　（动）　　谈论传播
spread; disseminate
散らばる、散らす
뿌리다

14. <u>知足</u>　　zhīzú　　（形）　　对已经得到的(指生活、愿望等方面)很满足
be content with one's lot
満足する
만족하다

15. 瞎　　xiā　　（副）　　没有根据地；没有来由地；没有效果地
groundlessly; at random; in vain; for nothing
何の根拠もなく、でたらめに
되는대로, 근거없이

16. 混　　hùn　　（动）　　蒙混；得过且过
pass off as; muddle through; drift along
いい加減に過ごす
되는대로 살다, 그럭저럭 살다

17. 闯　　chuǎng　　（动）　　为一定的目的而到处活动；奔走
break through
突進する
뛰어들다, 부딪치다

18. 有意　　yǒuyì　　（动）　　有心思；想
intentionally; deliberately; purposely
気がある
고의로, 일부러

19. <u>悟性</u>　　wùxìng　　（名）　　理解、判断和推理的能力
power of understanding; comprehension
悟り
이해, 판단력

20. 灿烂　　cànlàn　　（形）　　光彩鲜明耀眼
bright; magnificent; splendid; dazzling
きらきら光る
찬란하다

21. 拍摄　　pāishè　　（动）　　用照相机或摄影机把人、景物摄成照片、影片等
take (a picture); shoot (a film)
撮影する
찍다

155

22. 鼓励	gǔlì	（动）	使人振作起来采取某种正确的行动，或肯定某种行动是正确的，使人乐于继续做下去 encourage; urge 励ます 격려하다
23. 束缚	shùfù	（动）	使受到约束、限制；使停留在狭小的范围里 tie; bind up; fetter 束縛する 속박하다, 구속하다
24. 搭档	dādàng	（名）	合作共事的人 partner 協力者 파트너
25. 相识	xiāngshí	（动、名）	彼此认识；认识的人 be acquainted with each other/acquaintance 知り合う、知り合い 서로 알다, 아는 사람
26. 编辑	biānjí	（动、名）	对资料或现成的作品进行整理、加工；做编辑工作的人 edit; compile/editor; compiler 編集する、編集者 편집하다, 편집인
27. 端正	duānzhèng	（形）	正派 proper; correct 端正である、きちんとしてる 단정하다, 바르다
28. 青春	qīngchūn	（名）	青年时期 youth 青春 청춘
29. 回顾	huígù	（动）	回过头来看（以前的事情） look back (on some past event); review 顧みる 회고하다, 돌이켜보다

第十二课

30. 往事　　wǎngshì　　（名）　　已经过去的事情；从前的事
past events; the past
昔の事、過ぎ去った過去の事
지난 일, 옛일

专名

1. 浙江　　　　Zhèjiāng　　　　　中国的省名
2. 冯小刚　　　Féng Xiǎogāng　　中国导演
3. 徐帆　　　　Xú Fān　　　　　 中国演员
4. 王朔　　　　Wáng Shuò　　　　中国作家
5. 葛优　　　　Gě Yōu　　　　　 中国演员
6. 刘晓庆　　　Liú Xiǎoqìng　　 中国演员
7. 姜文　　　　Jiāng Wén　　　　中国演员
8. 周星驰　　　Zhōu Xīngchí　　 中国香港演员
9. 傅彪　　　　Fù Biāo　　　　　中国演员

词语例释

1. 自己完全没有体会,怎么能**凭空**想像生活呢?
   凭空:副词,没有根据地。后面接动词或动词性短语。含贬义。
   ① 你没有事实证据,不能凭空认定是他偷了你的钱包。
   ② 如果没有对事故现场的认真调查研究,就不能凭空设想事故是怎么发生的。
   ③ 伟大的艺术作品并不会凭空产生,而是有着艺术家丰富的人生和社会生活体验。

2. 如果完全是的话,观众**未必**愿意看。
   未必:副词,不一定,不见得。后面常接动词或动词性短语,也可以单独成句。
   ① 有很多观众看过电影《英雄》,但未必能看得懂这部故事情节跳跃性较大的电影。
   ② 很多网民未必读过钱钟书的学术著作,但还是敬重他,情不自禁地选他作为20世纪中国十大文化偶像之一。
   ③ ——他看过冯小刚的贺岁片《甲方乙方》、《大腕》吗?
   　　——未必。

3. 导演应该**为**迎合电影市场**而**拍片吗?
   为……而……:为了……才……;为了……就……。"为"后面可接名词、动词、代词或短语等,"而"后面接动词、动词性短语或形容词。

① 他为毕业后能进跨国公司工作而努力学习汉语。
② 冯小刚为拍好电影《手机》而做了精心准备和多种尝试。
③ 他为这次考试没发挥出应有的水平而后悔不已。

背景知识

冯小刚与贺岁片

冯小刚,中国著名的电影导演。1958年出生。从小喜爱美术、文学。高中毕业后进入北京军区文工团,担任舞美设计,后参军。转业后,到北京城市建设开发总公司当了工会文体干事。1985年,他调入北京电视艺术中心成为美工师,先后在《大林莽》、《凯旋在子夜》、《便衣警察》、《好男好女》等几部当时很有影响的电视剧中任美术设计。他与王朔联合编剧的电视系列剧《编辑部的故事》使他成为家喻户晓的人物。

近几年,冯小刚连续推出贺岁电影《甲方乙方》、《不见不散》、《没完没了》、《大腕》、《手机》等,票房成绩不错,影响很大,以致人们一提到中国内地的贺岁片,就自然想到中国内地贺岁片的开创者冯小刚。

练 习

一、请在课外阅读最新中文报刊文章,将其中的两篇剪贴在你的笔记本上,然后把它们写成摘要,并谈谈自己的看法。

二、给下列动词搭配适当的词语:

拍 _____   有意 _____
迷 _____   散布 _____
拍摄 _____   吹捧 _____
迎合 _____   回顾 _____

三、选词填空:

| 为……而…… | 凭空 | 未必 | 拍 | 迷 | 有意 |

1. 他到桂林漓江旅游的时候,_____了很多精彩的照片。
2. 他对工作很投入,经常_____加班_____牺牲了休息时间。
3. 我今天根本没得罪他,可他对我说了很多难听的话,简直是_____气我。
4. 他_____喜欢看周星驰表演的电影,但为了陪女朋友,不得不去。
5. 我在小时候,特别_____动画片,看过《花仙子》、《聪明的一休》等。
6. 再成功的导演也难以_____拍摄出自己根本不熟悉的生活题材的电影。

四、根据课文内容判断正误:

1. 冯小刚打算拍大学生题材的影片。( )

第十二课

2. 冯小刚为能找到徐帆这样的老婆感到很满足。（　　）
3. 冯小刚一开始就有意拍贺岁片。（　　）
4. 冯小刚并不打算当作家。（　　）

五、根据课文内容回答问题：
1. 冯小刚认为导演应该为迎合电影市场而拍片吗？
2. 冯小刚为什么出演《阳光灿烂的日子》？
3. 冯小刚和葛优这对黄金搭档是怎么形成的？
4. 冯小刚去年写了一本什么新书？

六、根据课文内容选择最合适的答案：
1. 冯小刚的第一部贺岁电影是＿＿＿＿＿＿＿。
   A《不见不散》　　B《甲方乙方》　　C《没完没了》　　D《大腕》
2. 《阳光灿烂的日子》的导演是＿＿＿＿＿＿＿。
   A 冯小刚　　　　B 刘晓庆　　　　C 姜文　　　　　D 周星驰
3. 葛优第一次在冯小刚所拍的＿＿＿＿＿＿＿中演出过。
   A《顽主》　　　　B《功夫》　　　　C《手机》　　　　D《编辑部的故事》
4. 这场冯小刚与大学师生的对话会举办得＿＿＿＿＿＿＿。
   A 很活跃　　　　B 很冷清　　　　C 令人失望　　　D 令人吃惊

七、请尽量使用以下词语进行话题讨论：

| 为……而…… | 凭空 | 未必 | 拍 | 迷 | 有意 |
| 似是而非 | 迎合 | 拍摄 | 鼓励 | 回顾 | 题材 |

1. 通过这场对话会，你对冯小刚有何认识和评价？你赞同或反对冯小刚的哪些观点，为什么？
2. 你看过冯小刚的什么电影？对他的电影有何评价？

八、快速阅读：
阅读一　（字数：1231；阅读与答题的参考时间：7分钟）

冯小刚叫卖《手机》

陈滨

昨天下午，冯小刚的新片《手机》作为今年最为瞩目的贺岁片在京首映，所有曾帮助过冯小刚的朋友及媒体都到场参加了名为"冯小刚亲朋好友看片会"的发布会。

平民导演改变风格

《手机》讲的是一个偷情的男人在家庭和情人面前对着手机编假话，或编着手机的假话，这当然不是一个很轻松的活计，心虚和尴尬之间自然会产生很多的笑料。不过尽管冯小刚这次主要还是用了以往的原班人马，保持了一贯的叙述简洁，结构明快，语言幽默的特点，但和他以前的贺岁喜剧相比风格还是有了很大的改变。《手机》在给我们带来笑声时没有了以往的欢快,它基本上讲的是一个男人(当然这回的男主角不可能会是小人物了)婚外恋结束后接着三角恋的故事。戴上假发的葛优这次饰演的春风得意、风流多情的著名电视主持人,在一次偶然中把手机忘在家里后,他的命运就被这手机改变了。现代通讯的无处不在当然在改变着我们的生活,影片中除了90多岁的老奶奶和襁褓中的婴儿没有使用手机外,那些被这手机改变了命运的主人公所发出的感触,却很难引起大众的认同。这在冯小刚这位"平民导演"以前的作品中是很少见的。

票房冠军胸有成竹

新闻发布会上,与电影有关的商业大户们依次亮相,像是一场要赚钱的商品招商会。内藏满足与得意的冯小刚出场,他说,《手机》是我最好的一部电影,他会有很好的票房,最大的一个票房回收的保证,是这部电影和每位观众心灵之间发生的互动。原来是打算拍成喜剧,后来改了好几遍稿,很多内容都变了。我以前一直觉得一年到头了,大家高高兴兴地看个片子,把年过了,所以这贺岁片应该是指喜剧。对于影片的市场,冯小刚表示,和《无间道》、许鞍华的《玉观音》比起来,《手机》一定会成为今年的票房冠军。

从根本上来讲冯小刚的这部《手机》的观众是针对拥有这种时髦通讯工具的人群,当然这不是一部科教片。

电影促销走进商场

本月18日,《手机》将在全国公映,影片出品发行方华谊兄弟透露,本次《手机》的宣传除了走常规渠道,如院线预告、户外广告、地铁广告外,还将走非常路线——《手机》的预告片将率先出现在"家电巨头"国美全国百余家分店里。华谊兄弟公司专门为国美剪辑了长达3分零6秒的预告片花。与此同时冯小刚将带着众多明星亲临国美电器商城,展开近半个月的全国巡回签售活动,与影迷进行零距离接触。

这将是国美"激情十二月"活动最核心的部分。签售活动将在北京、上海、深圳、成都、重庆、天津、青岛、郑州八大城市举行。北京方面举行签售的时间是12月17日,不过地点还没定,《手机》方面来的人将会有冯小刚、刘震云、葛优、徐帆、张国立、范冰冰等其中的几位。届时,影迷有机会得到明星签名的《手机》海报、电影画册、冯小刚的著作《我把青春献给你》以及刘震云的小说《手机》等贺岁礼品。

(《北京晚报》2003年12月11日,有改动。)

回答问题:

1.《手机》和冯小刚以前的贺岁喜剧相比,风格有什么变化?
2. 为什么冯小刚认为《手机》会有很好的票房率?
3. 本次《手机》的宣传还采用什么样的特殊方式?

第十二课

阅读二　（字数:2226;阅读与答题的参考时间:13分钟）

徐帆:有人喜欢冯小刚我高兴

信报记者王菲/文

徐帆,冯小刚的妻子,北京人艺的演员。在人艺现在上演的话剧《赵氏孤儿》中,她扮演的皇太后在观众中引起了巨大的反响。昨天,记者在首都剧场的化妆间,对徐帆作了独家专访。面前的徐帆比过去漂亮了许多,一件黑毛衣和一条宽腿裤衬托出一个成熟的女性。

《赵氏孤儿》　不能一味地迎合老百姓

记者:今天您又没化妆。

徐帆:对,我从来不喜欢化妆,除非是拍戏。不化妆可以随便些,比化妆方便。

记者:这次《赵氏孤儿》的票房不是特好。

徐帆:不能都拿票房来衡量一个戏。我们之前演的两个戏和《赵氏孤儿》不在一个层面上。老百姓可以去选择,但我们不能一味地迎合老百姓。

记者:有人说林兆华这次是把演员当符号。

徐帆:我觉得参与这个的人会喜欢这样的形式。其实让演员在舞台上大动就不是符号吗?林兆华说,我最喜欢你们最放松的状态。

记者:林兆华说过现在的演员都按照一个模式去演戏,让老百姓以为表演就是现在这样的。

徐帆:对。大家好像拿表演当一种玩笑来做。现在表演的差距非常大,就像贫富分化一样。中国现在没有一个惟一标准去评价一个演员的演技,我觉得这个现象特别滑稽,各种奖项都说自己最权威,但我真的不知道真正的权威在哪儿,我看不到!

演技　一哭就成了最差劲的演员

记者:好多观众觉得一个演员能哭能笑就是个好演员。

徐帆:我觉得这是一个技能,而不是衡量演员的标准。我在演戏的时候尽量控制着自己,对自己说,千万别哭,一哭就成了最差劲的演员。我都是实在忍不住了,眼泪才流出来的。

记者:那你觉得中国衡量一个好演员的标准应该是什么?

徐帆:我不知道。如果我说出来又会让很多人钻空子。我喜欢那种表演没有痕迹的,同时又有内在张力的演员。

记者:你觉得自己是一个什么样的演员?

徐帆：我不希望大家把我当一个明星看。我希望自己能把工作做得好一些，将来人们再提起我的时候能说我是一个专业的演员。我太希望专业了。

记者：你的表演都是自己摸索出来的吗？

徐帆：摸索很重要，但导演也很重要。这十多年我就没离开林兆华的手，他就像园丁一样，把我的枝丫修剪掉了，让我的枝干很茂密。演员还是很感性的，而导演有整体的处理。

记者：他把你塑造成了什么风格？

徐帆：我自己倒没觉得我有什么风格，我只想用最质朴的情感和理智来控制自己的演技。我也不主张投入到自己失控的状态，演员要有激情也要有自制力，这样你持续的时间会长。如果光凭激情，就会把自己毁掉。

纯真　　做学生时很怕得罪人

记者：你说过你很留恋在中央戏剧学院时的那种纯真。

徐帆：我希望自己永远有那种儿童般的天真。人在最高兴的时候是最容易接纳的时候。我对任何人都不戴面具，从来不拐弯抹角。

记者：你从小就这样？

徐帆：我进演艺圈之前不这样想。做学生的时候特怕得罪别人，我在课桌的抽屉里贴一块胶布，上面写着"少语"，我以为不说话就不得罪人。毕业以后我发现，由于我老防范着别人，所以朋友特少。我觉得自己得变得"皮实"一些，能适应各种环境。我原来真的不知道家庭的稳定会给我带来这么大的快乐，家庭的稳定让我无论到哪里都无拘无束，不用和别人撒谎，让我特踏实。

冯小刚　　他最喜欢的女演员不是我

记者：你自己觉得冯小刚是一个什么样的导演？

徐帆：变化多端的。就像他的作品一样，你老是摸不准他的定式是什么、他的主要宗旨在哪里，但他那种小的变化是你没有办法去猜测的。

记者：他生活中也是这样吗？

徐帆：生活中也是这样的。因为我们已经生活10年了，我都不知道明天会是什么样子。

记者：那你心里还有安全感吗？

徐帆：我觉得特踏实。因为他会让你很喜悦地期待明天是什么。

记者：冯小刚最喜欢的女演员是你吗？

徐帆：不是，他喜欢演技好又漂亮的，我不好看。他是一个画画出身的人，喜欢那种轮廓分明的。我在他眼里不属于轮廓分明的。

传闻　　老公有人喜欢我应感到高兴

记者：现在媒体和观众都很关注你和冯小刚的家庭生活。

徐帆：我是不愿意老和别人谈我们的生活的。我们不能和全国人民

第十二课

在一个碗里吃饭、在一个床上睡觉。我们一直觉得距离产生美,我们希望大家只关注我们的演艺事业。

记者:现在外界盛传冯小刚很喜欢关之琳?

徐帆:我是不知道有这回事,有这种传闻只能说明演艺圈太安静了,那些人没的可做,只能给我们编些假的消息。我自己和关之琳就是好朋友,再说冯小刚就是真喜欢她又怎么了?我老公有人喜欢我应该感到高兴。我希望全世界的女人都喜欢我老公,我老公也希望全世界的男人都喜欢我。

记者:对这些传闻你永远这样淡然处之吗?

徐帆:对。如果我去澄清了,那些人反而会觉得真有些什么事情。

记者:你们已经在一起10年了,你们的感情生活就没有起过什么波澜吗?

徐帆:从我们相爱的那一天到今天你采访为止一直很好,我不知道这算不算波澜。

记者:那你想过有一天会和冯小刚分开吗?

徐帆:为什么要分开?我没有理由。我不乞求一天比一天过得好,我只希望每天都像现在这样。

记者:什么时候要孩子?

徐帆:这是很自然的事了,我时刻准备着。

(节选自《北京娱乐信报》2003年11月1日第2版,有改动。)

回答问题:

1. 请选择与划线部分词语意思最接近的解释:
   a) 我也不主张投入到自己**失控**的状态,演员要有激情也要有自制力。
      A 控制　　　　B 约束　　　C 失去控制　　　　D 不清醒
   b) 如果我去**澄清**了,那些人反而会觉得真有些什么事情。
      A 评价　　　　B 批评　　　C 弄清楚　　　　　D 指责
2. 徐帆是怎么看待化妆的?
3. 徐帆喜欢什么样的演员?
4. 在处理人际关系方面,徐帆做学生时是怎么想的,后来她为什么改变了这种想法?
5. 徐帆是怎样看待有关冯小刚很喜欢关之琳的传闻的?

阅读三 （字数:2429;阅读与答题的参考时间:14分钟）

章子怡:最难面对的是精神压力

五年来,章子怡始终是中国电影的一个焦点话题。

五年来,有一个奇怪的现象,从1999年的《我的父亲母亲》到2000年的《卧虎藏龙》,从2003年的《英雄》到2004年的《茉莉花开》、《十面埋伏》、《2046》,"幸运"这个词一直跟了她整整五年。

章子怡——电影的好与坏,我能直接从观众的反响看出来

近些年,从国内每年上映的电影来看,章子怡无疑成了各大影片的招牌,张艺谋的电影先不说,李安的《卧虎藏龙》、娄烨的《紫蝴蝶》、王家卫的《2046》……章子怡几乎已和国内的知名导演都有合作,每上映一部影片,媒体及观众都会纷纷评论章子怡。子怡表示,对于影片的好坏,她不会单纯的去看来自于某方面的说法,而会更直接的感受观众的态度!

"毕竟看电影的人中观众占多数,评委只有10几个人,他们的想法和看法可能只是代表这部分人的喜好和态度,相对而言,我很在乎观众的反应,就像《十面埋伏》在戛纳首映时,当时我只是以一个普通观众的心态去看这部电影,观看时我已经不再把自己放到一个创作者的角度,尽量避开所有一切我知道创作的那一个过程。而我跟在场的所有观众一样,第一次观看,是因为电影感动了我,我落泪了!观众长时间的掌声证明了他们喜欢这部电影,他们用掌声表达着自己的心情,他们的表现是最直接最自然的,那是非常真实的!你要知道这对于电影对于演员来说,是最好的肯定。"

章子怡——不管拍什么戏,你都能学到很多东西

在工作的运用中,实际的操作和学习时的理论都是有所差别的,章子怡毕业于中央戏剧学院表演系,根据时间的推移,许多理论知识在实际的操作中,都会变得很熟练,而电影的人物都是多样化的,有些人物最直白的表现不是每一个演员都能够胜任的,章子怡表示,她在所拍的这些影片中,感到压力最大的就是唱歌,因为她不是专业歌手。"这次拍新电影我最大的压力就是唱歌,角色有这方面的要求,我就要去用心学习,这对我来说是个挑战,因为我不是专业歌手,我可能唱得不是那么完美,但是我懂得角色是要表达情感,我希望我的歌声是为电影人物服务。其实不管拍什么戏,你都能学到很多东西。""我认为走到今天不容易,可能大家觉得我

第十二课

很幸运,其实任何人是我的话,都会付出努力的,我没有不努力的原因。"

章子怡——人最怕的不是体力上的艰辛,最难面对的是精神上的压力

不管是在国内还是国外,章子怡一直都是媒体关注的焦点。"我从19岁出道,那时什么都不了解,一出来就要面对许多问题,关于一些评论,我都会去接受,但我觉得应该用一个健康的心态去面对。以前我特别在意别人的说法,但是现在仔细想一想,还是做好自己就行了。"

演员这个职业,可能是太受关注了,对于身处这个职业,章子怡有着自己的看法:"其实大家没有必要把这看的多大,有多么了不起,这不过就是一个职业罢了,只要努力做得好就可以了。"

对于自己今天取得的成绩,章子怡认为这完全是靠着能吃苦的结果。"我认为我是能吃苦的人,性格很坚强,面对所有的困难,我都敢去拼搏,这可能和我小时候学舞蹈有关,这给了自己坚强的毅力,记得在拍《卧虎藏龙》时,我顶着很大的压力,拍了6个月,在刚拍时,我基本上天天都在哭,那时精神上的压力和疲惫的体力就像一点点抽你的血、抽你的筋一样,每天早上拍戏时,总是看不到信任的目光,那时的念头只有一个,就是要坚强,就是要面对。其实人最怕的不是体力上受到了多少的辛苦,而是需要面对精神上的压力。现在在我人生中的过程中,所有的喜怒哀乐都是我最大的财富。"

章子怡——如果是工作之外,我希望我远离这个圈子

人成名后,避免不了会参加各式各样的宴会活动,一提起这些活动,章子怡表现得很令人意外,"其实了解我的人都知道我是能躲就躲了,能不出席就不出席了,这个圈子呆久了会让人更浮躁,我工作的时候,需要我去面对,我就去面对它;不工作的时候我希望自己可以远离这个圈子,过我理想的生活,做自己想做的事情,保持一种很平常的心态。"

说这些话的时候,章子怡显得很谨慎,毕竟活在这个圈子中,还需要考虑一些规则;但是她也很坦诚,把自己的意思都表达出来了。

章子怡——现在最大的幸福,就是有好戏拍

提起中国电影,人们会为一些好的电影和电影人感到兴奋,但也为一直以来达不到更高更好的状态而担忧,这种似乎成为气候的市场,也不可能是一个、两个导演或是制片人能解决的问题,尽管章子怡已经非常幸运,能经常和著名的导演合作,但是她对现在电影市场的前景还是很担心的。

"我想更多的去尝试各种类型的电影,尤其是像《活着》那样的意义深刻的作品!很多时候我都在读剧本,但是很难碰到真正令你心动的剧本,这样的概率简直太小了。"章子怡很无奈地表示,她经常会有茫然的时候,就是每次拍完一部戏后,就在为下一步的工作做打算,每到这时,她都会选许多剧本看,渴望着心中能够有"激动"的感觉,她认为现在最大的幸福,就是有好戏拍,"我只要遇到自己喜欢的角色就会去演,对于

一些难度较大的角色,只要给自己信心,努力就可以了。"

在章子怡的眼中,中国电影市场之所以不太景气,并不是因为没有钱拍电影,而是少了好剧本和好的制片人及导演。"如果中国多几个像张伟平这样有想法的制片人的话,我想我们演员拍戏的空间也就大了,中国的电影市场肯定会有一个高速的发展。"

(节选自《明星 Bigstar》2004 年 06 月 24 日 有改动。)

判断正误:

1. 章子怡在王家卫的《2046》里演出过。(　　)
2. 章子怡很在乎观众对她的电影的反映。(　　)
3. 章子怡在拍电影时不怕唱歌。(　　)
4. 章子怡在拍《卧虎藏龙》时,没有感到有什么压力。(　　)
5. 章子怡很喜欢参加各种宴会活动。(　　)
6. 章子怡对目前中国电影市场的发展前景很担心。(　　)
7. 在章子怡看来,中国电影市场不太景气,是因为缺少好剧本和好的制片人及导演。(　　)

第十三课

后单位制时代:没有"铁饭碗"的应变

据 2000 年 12 月 15 日《北京晨报》报道,在北京中关村高新技术企业中,居然有 10 万名没有北京户口的大学生在打工,他们基本上是自己找上门的,其中近几年分回家乡后又重回北京的和始终没有离开北京的各占一半……

改革开放以前,在具有高度计划性特征的社会经济体制下,社会成员并不存在选择职业的问题。当时"参加工作",完全由组织安排或分配。而一个人自参加工作之日起,就成了"单位人",他的工作、收入、医疗、住房、自身养老等几乎一切问题都完全依赖于工作单位加以解决,从而形成了一种具有"小社会"功能的"单位制"。

进入 90 年代以来,择业,日渐成为一种社会现实,人们择业的自主程度越来越高。随着"单位制"影响的逐渐减弱,国家推行直接面向市场、满足市场需求的就业政策,尤其是社会价值观念变化的深刻影响,当今社会成员尤其是青年一代身上正表现出多样化趋势的择业心理,其主要特征有:

第一,在择业目标上,更关注开发自己的潜能、实现自己的价值。当今青年在选择职业时所考虑的主要标准上,职业能否为自己提供良好的发展前景这一条件常常被排列在第一位。它表明,在小康社会来临的今天,人们求职时不只是将职业当做生存的首要手段,自我实现这种高层次的需要正逐渐被意识到。

第二,随着"铁饭碗"意识的减弱,职业风险意识正在提高。过去曾受到极度重视的"职业稳定性",逐渐地被更多的人放在非优先考虑的地位上,总是被排列在"发挥自己潜能和实现自己价值"、"高收入"这类标准之后。现代社会所需要的职业风险意识正在开始形成。

第三,在就业机构选择上,单位意识已很大程度地淡化。市场经济体制的建立,社会世俗化进程的深入,人们自我意识的增强,使得青年在考虑从业问题时,更少前辈们身上那种单位依赖心理、官本位意识,而更乐意接受自由度较大、自主性较强的从业方式,更愿选择时代特征鲜明、管理体制规范的从业机构。

第四,在职业流动方面,主动改变工作的意识进一步增强。"跳槽"心理实际上在一定程度上表现了自主择业意识的提高。自主择业带来的一个现象就是,职业流动的速度和范围的加快和扩大。其中人们自愿选择流动的情形占有很大比例。大多数青年在选择职业时,最倾向于接受意见的对象是自己,即他们更倾向于择业问题上的自立决策。

这种择业心理的多样化趋势有着特定的合理性:其一,它是社会结构分化、社会职业类型多样化的一种主观反映;其二,它是价值观念多样化的一种必然选择结果。表现这种择业心理的一个最鲜明的例子就是,当今社会中各种自由职业者人数的迅速增长。

最近译成中文名为《谁动了我的奶酪》的畅销书,引人注目之处在于它叙述了一个同样简单的、有时代特色的、被称为"奶酪哲学"的道理:假如一个人不主动加以改变,就不能适应多变的社会,最终就会被淘汰。变,则意味着机会的产生,变化的丰富性也就意味着机会的多样性……

"奶酪哲学",似乎也就成为对当今人们的择业心理所展现出的多样化趋势的一个独特解释。

(字数统计:1218)

(节选自《北京青年报》2002年9月2日第18版,有改动。)

第十三课

词语表

1. 后单位制时代　hòudānwèizhì shídài　（词组）本文指中国从改革开放以来，人们不再像过去计划经济体制时代那样非常固定地属于某一个单位，人们自身的很多生活问题不再像以往那样完全依赖于单位来解决。
The "post work unit era" ("work units" are state-owned factories, offices or other organizations which not only constitute a place of work, but also usually provide accommodation, health-care, schooling and other forms of welfare for their members. Until the reforms of the 1980s, all Chinese workers belonged to these "work units".)
改革開放以来、以前のように計画経済体制の下、一つの職場でずっと働き、生活上の問題も完全に職場に依存して解決するというような時代ではなくなった。
중국개혁개방이래 사람들이 더이상 예전처럼 어떤 직장에 고정적으로 속해 있지 않고 생활상의 문제해결도 더이상 직장에 의존하지 않게된 상황을 가리킴

2. 铁饭碗　tiěfànwǎn　（名）比喻稳固的职业或职位
"iron rice bowl" (describes the condition of absolute job security enjoyed by workers under the old socialist system)
食いはぐれのない働き口
아주 안정적인 직업이나 직위를 비유함

3. 应变　yìngbiàn　（动）应付突然发生的情况
to adapt oneself to changes
急な変化に対応する
변화에 대응하다

4.	居然	jūrán	（副）	表示没有想到；竟然 surprisingly 意外にも，なんと 뜻밖에도
5.	户口	hùkǒu	（名）	户籍；属于某地区居民的身份 the residential districts with which all Chinese are registered (the hukou system can determine the right to work and enjoy access to essential services in urban areas for example, a person registered to a hukou in Hebei Province is in theory required to obtain official permission before going to live and work in Beijing or any other big city.) 戸籍 호적
6.	打工	dǎ gōng	（词组）	做工（指临时的） to work （臨時の）仕事をする 일하다(주로 임시기간동안)
7.	始终	shǐzhōng	（副）	从开始到最后 from start to finish, from beginning to end いつまでも，一貫して 처음부터 끝까지
8.	成员	chéngyuán	（名）	集体或家庭的组成人员 a member 構成員 구성원
9.	医疗	yīliáo	（名）	疾病的治疗 medical treatment 医療 의료
10.	养老	yǎnglǎo	（动）	年老在家休养；奉养老人 provide for the aged （退職後）心おきなく日を送る 양로하다

第十三课

11. 依赖	yīlài	（动）	缺乏独立性，专门依靠别的人或事物 to rely on 頼る 의존하다
12. 功能	gōngnéng	（名）	事物或方法的功用和效能 ability 機能 기능
13. 推行	tuīxíng	（动）	普遍实行；推广 to promote (a cause, movement, etc.) 推し進める 추진하다, 보급하다
14. 趋势	qūshì	（名）	事物发展的走向 tendency, trend 傾向 추세
15. 开发	kāifā	（动）	扩大发展的门路。 to develop (natural resources, industry, etc.) 開発する, 引き出す 개발하다
16. 风险	fēngxiǎn	（名）	可能发生的危险 risk, danger リスク, 危険 위험
17. 官本位	guān běnwèi		以政府的官员为社会的根本（与"以人为本"相对） status 職務上の地位の高低、権力の大小で、個人または職場の社会的地位の価値を決める考え方 직위의 높고 낮음, 권력의 대소에 따라 개인과 직장의 사회적 지위를 결정하는 가치관념
18. 乐意	lèyì	（动）	甘心愿意 to be very willing 喜んで〜する 기꺼이

19. 愿　　　　yuàn　　　（动）　　愿意
　　　　　　　　　　　　　　　　　　to be willing
　　　　　　　　　　　　　　　　　　望む，願う
　　　　　　　　　　　　　　　　　　원하다

20. 流动　　　liúdòng　　（动）　　指人员变动工作地点或工作单位
　　　　　　　　　　　　　　　　　　to move jobs; to be itinerant
　　　　　　　　　　　　　　　　　　（勤務先・職種などを）変える
　　　　　　　　　　　　　　　　　　유동, 옮겨다니다

21. 跳槽　　　tiào cáo　　（词组）　改换工作单位
　　　　　　　　　　　　　　　　　　to switch (jobs)
　　　　　　　　　　　　　　　　　　転職する，異動する
　　　　　　　　　　　　　　　　　　직업을 바꾸다

22. 自愿　　　zìyuàn　　　（动）　　自己愿意
　　　　　　　　　　　　　　　　　　to be willing (oneself)
　　　　　　　　　　　　　　　　　　自ら希望する
　　　　　　　　　　　　　　　　　　자신이 원하다

23. 自立　　　zìlì　　　　（动）　　自己独立
　　　　　　　　　　　　　　　　　　to be independent, to be self-reliant
　　　　　　　　　　　　　　　　　　自立する
　　　　　　　　　　　　　　　　　　자립하다

24. 决策　　　juécè　　　（动）　　决定计策或策略
　　　　　　　　　　　　　　　　　　to make a decision
　　　　　　　　　　　　　　　　　　方策を決定する
　　　　　　　　　　　　　　　　　　방법, 정책을 결정하다

25. 畅销　　　chàngxiāo　（动）　　(货物)销路广，卖得快
　　　　　　　　　　　　　　　　　　to sell well
　　　　　　　　　　　　　　　　　　よく売れる<暢銷書＝ベストセラー>
　　　　　　　　　　　　　　　　　　잘 팔리다

26. 特色　　　tèsè　　　　（名）　　事物所表现的独特的色彩、风格等
　　　　　　　　　　　　　　　　　　special feature, characteristic
　　　　　　　　　　　　　　　　　　特色
　　　　　　　　　　　　　　　　　　특색

27. 奶酪哲学　nǎilào zhéxué　（词组）　指《谁动了我的奶酪》一书中所表达的思想观点，即人们应主动地适应不断变化的社会现实，以获得自己最想得到的东西。
　　　　　　　　　　　　　　　　　　"cheese philosophy" (from the best-selling American book *Who moved My Cheese*)

第十三课

『谁动了我的奶酪（邦题：チーズはどこへ消えた？）』という本の中で書き記されている思想観点。変化し続けている社会の現実に自主的に対応することで、自分が最も得たいものを獲得するというもの。

'누가 내 치즈를 옮겼는가' 책에 나오는 관점(대강의 뜻은 주동적으로 사회의 변화에 적응해야 자신이 원하는 것을 얻을 수 있다는 것임)

28. 假如	jiǎrú	（连）	如果 if もし～ならば 만약
29. 主动	zhǔdòng	（形）	不用外力推动，而自己行动起来。 conscious, deliberate 自主的である 자발적이다, 주동적이다
30. 淘汰	táotài	（动）	去掉坏的、弱的、不适合的，留下好的、强的、适合的。 to eliminate(inferior or unsuitable goods, etc.) 淘汰する 도태시키다, 탈락시키다

《谁动了我的奶酪》　　　　《Shuí dòngle wǒde nǎilào》

　　书名。该书告诉人们"一个在工作或生活中处理变化的绝妙方法"。它描写了四个小精灵在迷宫里寻找奶酪的过程，面对突如其来的变化，有的积极应变，获得成功；有的只会埋怨，消极等待。故事里的奶酪代表着每个人最想得到的东西，比如：工作、金钱、财产、健康等。这本只有91页的寓言故事已经在全球销售2000多万册，在多家畅销书排行榜上长期排列第一。

　　The best-selling American book, *Who Moves My Cheese*.
　　This book tells us "an amazing way to deal with change in work and in your life". It describes two mice and two "little people" traped in a maze. Facing

precipitate changes, some changed actively and won the success. Some complained the changes, just waiting negatively. Cheese is a metaphor for whatever you want in your life. It can be a job, money, poverty and health,etc. For this allegory book about 91 pages, the sales amount has reached 20 million,and ranked No.1 on the best-selling books list for a long time.

　　書名。邦題は『チーズはどこへ消えた？』。この本は'仕事や生活の中で変化に対応する絶妙な方法'を述べている。4 人の小人が迷宮の中でチーズを探す過程で、突然発生した変化に直面し、ある者は積極的に変化に対応して成功を勝ち取ったが、ある者は不平を言うだけの消極的な態度であった。物語の中のチーズは、それぞれが最も欲する物を意味しており、例えば仕事であり、金であり、財産であり、健康である。この本はたった 91 ページの寓話であるが、全世界で 2000 万冊あまり売れており、長期にわたってベストセラー1 位の座にあった。

　　책이름, 이 책은 사람들에게 '일이나 생활에서변화에 대처하는 기묘한 방법'을 알려준다. 네마리 쥐가 미궁 속에서 치즈를 찾아헤매는 과정을 그렸는데 갑작스런 변화가 생겼을 때 어떤 쥐는 적극적으로 대처해 성공을 거두고, 또 어떤 쥐는 그저 원망만 하고 소극적으로 기다린다. 이야기 속 치즈는 사람들이 저마다 얻고 싶어하는 것, 일, 돈, 건강 등을 상징한다 91 쪽에 불과한 이 우화는 이미 전세계에 2000 만부가 팔렸으며 많은 서점의 베스트셀러 순위에 장기간 1 위를 기록했다.

1. 据 2000 年 12 月 15 日《北京晨报》报道,在北京中关村高新技术企业中,**居然**有 10 万名没有北京户口的大学生在打工。
   居然：表示没有想到、出乎意料。指本来不应该、不可能发生的事竟然发生,或指本来不容易做到的事竟然做到。
   ① 2003 年,作为中国商品房风向标的北京商品房,价格又上涨了 13%,许多地方的房价居然上扬了 20%,创历年之最。
   ② 德国贝塔斯曼集团,其年利润高达 140 亿美元,图书出版盈利高达 50 亿美元,它的总利润居然是中国所有出版社营业额的总和。
   ③ 他来北京这么久了,居然还没去过故宫、长城。
2. 大多数青年在选择职业时,最倾向于接受意见的对象是自己,**即**他们更倾向于择业问题上的自立决策。
   即：就是。表示对前面所说的情况进行解释。用于书面语。
   ① 从经济学上看,无论是宏观决策还是微观决策,无论是运用市场机制还是由政府决策,都面临着一个基本问题,即信息的不完全性和风险的不确定性。信

第十三课

息的不完全性既可以导致市场失效,也可以导致政府失效或政策失效。

② 考试时注意考研作文命题"小视点、大话题"的特点,即虽然所提出的是某一常见的现象,可考生应该学会分析在这一现象后隐藏的大话题是什么,避免出现无话可说的情形。

③ 我们商量着分餐的形式。如果一人一盘饭菜,剩菜剩饭不好处理,倒掉又可惜。最后取了最简便的方法,即三人各备自己专用的碗筷,每一道菜上都放一双公用筷子。为避免洗碗时交叉感染,各人用过的碗筷都在自来水下冲洗,洗完后各归其位。

3. 假如一个人不主动加以改变,就不能适应多变的社会,最终就会被淘汰。

假如:如果。表示假设。用于书面语。

① 拥有自己的私人空间和独立的心灵空间,是成长的标志;假如一个年轻人没有隐私意识,当他走向社会,进入职场后,会为此付出沉重的代价。

② 有人说,假如你非常热爱工作,那你的生活就是天堂;假如你非常地讨厌工作,你的生活就是地狱。因为你的生活当中,有大部分的时间是和工作联系在一起。

③ 假如处理回收旧电脑的方法不善,产生的问题可能更为严重。

背景知识

由单位制到后单位制

中国经济由计划经济走向市场经济的过程中,中国的众多职工也就由单位制走向后单位制时代。在单位制时代,个人的生老病死、一切的工作与生活问题都依赖于单位来解决,个人几乎完全属于某一个单位。在后单位制时代,人们的择业自由、流动自由大为增强,个人只是部分地属于所工作的单位,单位也不能绝对地控制职工,个人与单位之间更多的是一种合同、合约的关系。

练 习

一、请在课外阅读最新中文报刊文章,将其中的两篇剪贴在你的笔记本上,然后把它们写成摘要,并谈谈自己的看法。

二、给下列动词搭配适当的词语:

推行_____ 自愿_____
淘汰_____ 开发_____
减弱_____ 考虑_____
解释_____ 淡化_____

三、选词填空：

| 居然 | 推行 | 自愿 | 假如 | 即 |
| 铁饭碗 | 趋势 | 开发 | 淘汰 | |

1. 对_____到西部参加开发建设的各类急需人才,有关部门将会在人事代理、社会保险费用征缴、户口迁移(包括对外籍高科技人才、高层次管理人才的出入境管理)等方面提供便利。
2. 纳米材料人工增雨剂对更广泛地_____云水资源提供了契机,降雨效率会成数量级增加。纳米材料无资源制约,便于大规模生产,成本相对目前的人工降雨贵金属化合物而言要低得多。
3. 每年都有一部分毕业生未办理正常派遣手续,在校方统计就业率时没被算进去,但他们实际上并没有闲着,而是通过多种方式从事着临时性的工作,_____隐形就业。
4. 美国是世界上最大的电子产品生产国和电子垃圾的制造国,每年产生的电子垃圾高达700万吨至800万吨,而且数量正在变得越来越大,未来几年内仅要_____的旧电脑就有约3亿台。
5. 从大学生的就业选择也可以感受到社会发展_____的强烈影响。比如,选择高新企业的人数较多,显然与国家重视发展科技,给高新企业招聘人才优惠政策分不开的。
6. _____你想与她交往,一定要主动。让对方首先感受到你的友好与诚意。
7. 为了保护劳方的利益,我国从1990年代中期就开始_____集体协商制度。但在出租车行业中,似乎并没有相应的制度安排。这样就使得一盘散沙的司机缺少用集体的方式为自己争取合法利益的机制。
8. 这么好吃的饭菜,他_____说不合自己的胃口。
9. 城市中的工人,在改革的过程中不仅逐步失去了种种过去令人艳羡的福利待遇,而且其中有几千万人失去了过去以为不可能失去的"_____"。

四、根据课文内容判断正误：
1. 改革开放以前,在具有高度计划性特征的社会经济体制下,中国人没有自主择业的自由。(　　)
2. 当今中国青年在选择职业时所考虑的主要标准上,职业能否为自己提供高收入这一条件常常被排列在第一位。(　　)
3. 当今中国青年在考虑从业问题时,已经不再有前辈们身上那种单位依赖心理、官本位意识。(　　)
4. "跳槽"心理实际上在一定程度上表现了自主择业意识的提高。(　　)

五、请按正确的语序将下列各个句子组成完整的一段话：
1. A 完全由组织安排或分配
   B 就成了"单位人"
   C 而一个人自参加工作之日起

D 从而形成了一种具有"小社会"功能的"单位制"
E 当时"参加工作"
F 他的工作、收入、医疗、住房、自身养老等几乎一切问题都完全依赖于工作单位加以解决
正确的语序是：(　　)(　　)(　　)(　　)(　　)(　　)

2. A 就不能适应多变的社会
B 假如一个人不主动加以改变
C 最终就会被淘汰
D 变化的丰富性也就意味着机会的多样性
E 变,则意味着机会的产生
正确的语序是：(　　)(　　)(　　)(　　)(　　)

六、根据课文内容选择最合适的答案：

1. 进入20世纪90年代以来,中国人择业的自主程度与意识越来越高的主要原因有_____点。
A 2　　　　B 3　　　　C 4　　　　D 5

2. 当今中国社会成员,尤其是青年一代身上正表现出多样化趋势的择业心理,其主要特征有_____个方面。
A 3　　　　B 4　　　　C 5　　　　D 6

3. 当今中国人择业心理的多样化趋势的合理性主要有_____点。
A 两　　　　B 三　　　　C 四　　　　D 五

4. 本文作者用畅销书《谁动了我的奶酪》中的"奶酪哲学"来说明_____的道理。
A 社会变化太快　　　　　　　　B 人们难以适应社会的变化
C 人们应努力找到最满意的工作　　D 人们应主动适应多变的社会

七、请尽量使用以下词语进行话题讨论：

| 居然 | 推行 | 自愿 | 即 | 假如 | 淘汰 | 开发 |
| 铁饭碗 | 趋势 | 应变 | 始终 | 依赖 | 跳槽 | 主动 |

1. 你在择业时,会考虑哪些条件?
2. 为了更好地适应多变的社会,你认为人们应该做好哪些准备?应该具有哪些思想观念?

八、快速阅读：

阅读一 （字数：738；阅读与答题的参考时间：4分钟）

最困苦的日子不要轻易放弃

张浩

　　大学毕业后，我以优异的成绩考入一家超大型的公司。刚到公司的那段日子，由于我所在的车间刚成立，机器设备还不齐全，经常干干停停。随着设备的增加，订单的增多，我们开始频繁地加班。

　　老板有个心腹——王主任，他像盯贼一样地整天盯着我们，不是训这个，就是要扣那个工资。一次，王主任走到我身边，怪里怪气地说："我看了你的档案，在学校是个学生干部，而且父母在政府工作，为什么还出来打工？"我说："我想锻炼一下自己。"他听我说完后，便没好气地哼了一声走了。接下来的日子，他像是有意和我过不去，总是有意无意挑我的刺儿，还说："别总记得是学生干部，你现在是个给别人打工的。"无数次的恶语讽刺，我都默默地忍下了。

　　几个月后，老板打算从我们当中选几位组长，选出的人都是平时和王主任打得火热的同事。这太不公平了！我开始向往办公大楼白领的世界。一天，我鼓足勇气把简历和以前在媒体上发表的文章呈给老板，我说我相信自己会做得更好。老板用欣赏的眼光看着我的文章和简历，并说明天给我答复。第二天，老板对我说："王主任说，你才22岁，还要在生产线上多锻炼锻炼，今后大有发展……"我灰心了，甚至想让父母帮忙找工作。最终，我还是挺下来了。

　　几天后，忽然一个调令，我被调到被视为天堂的办公大楼里工作。这时，我才想起上个月我曾参加业务部招聘助理的考试，没想到我竟以第一名的成绩入选。我很感谢那段生产线的生活，它让我学会了坚持和忍耐，让我懂得在最困苦的日子不要轻率地放弃。

　　（《中国青年报》2002年12月27日，有改动。）

回答问题：

1. 王主任是怎么对待"我"的？
2. "我"后来为什么能被调到办公大楼里工作？
3. "我"是怎么评价那段生产线的经历的？

第十三课

阅读二 (字数:1613;阅读与答题的参考时间:9分钟)

同事关系应该怎么处？嘴巴要紧肚量要大

话题主持:于冰

背景:最近,深圳某小学中年女教师阎某请3名保镖护送自己到学校上课的事经媒体披露后引起了人们的关注。据阎老师说,她之所以这么做,是因为自己被男同事黄某8个月内打了两次。而黄老师则说,自己打阎某是因为她在一次外出旅游途中对他进行了人格上的侮辱。不论究竟谁是谁非,两个人都为此身心疲惫,黄某还因此被免去行政职务,并被拘留。这件事也让人们感叹如今同事关系的难处。据资料显示,同事关系已经成为困惑都市人的因素之一。现代人大都在事业上竭尽全力,每天与同事在一起的时间有时会大大超过家人。在职场上奋力打拼的人们该怎样处好同事关系？你在与同事相处中有着怎样的体会？说出来,与大家分享一下吧！

嘴巴要紧,肚量要大

田加根(深圳市某酒店员工):我的寝室墙上挂着一副对联,上联:闲谈莫论人非;下联:静坐常思己过。在和同事相处的过程中,我始终以此为准则。多年来,我和同事的关系相处得非常好。

俗话说得好:病从口入,祸从口出。因此,上班时,我尽量多做事少说话。这样做既可以让自己多积累工作经验;又可以让繁忙的工作冲去多余的时间,避免无聊时,闲谈别人的是非。即使在工作之外,我亦从不对同事评头论足,但谁是谁非,心中自然明了。同事之间相处久了,难免磕磕碰碰,诸如此类的鸡毛蒜皮的小事,我从不计较。即使遇到同事对我的诬蔑、陷害,我也只把这种不愉快当成蛛丝一样轻轻的抹去,因为我坚信,身正不怕影子歪,事件终归有水落石出之日。对于那些曾经伤害过我的同事,只要风波一过,绝不计较,不是说"金无足赤,人无完人"嘛。得饶人处且饶人是最明智的选择。而且我时常扪心自问:"我有没有过错呢？"多一点反省,于人快乐,于己方便。如果以这样的心态去处理同事关系何至于要请保镖护航,又何至于因打人而被拘留呢？

多些宽容与理解

谭伟辉(宝安区龙华镇某公司职员):我有一个朋友在单位是"一把手",可他与副职的关系非常紧张。朋友责怪副职太自以为是,太锋芒毕露,副职埋怨他太保守,太没有创意。因为没有沟通,单位的正常工作难以进行。我听说后,给他讲了一个"让地三尺"的故事:

古时候,一个丞相的管家准备修一个后花园,希望花园外留一条三尺之巷,可邻居是一个员外,他说那是他的地盘,坚决反对修巷。管家立即修书京城,看到丞相回信后的管家放弃了原计划,员外颇感意外,执意要看丞相的回信,原来丞相写的是一首诗:千里家书只为墙,让他三尺又何妨。万里长城今犹在,不见当年秦始皇。员外深受感动,主动让地三尺,最后三尺之巷变成了六尺之巷。

朋友听了很受启发,现在,他和副职相处得非常好,且配合默契,工作效率也大大提高了,他们的单位还被评为先进单位呢。如果同事之间多一些宽容和理解,同事关系也就不会那么难处了。

凡事想开一点

郭小芳(《深圳商报》读者):在踏入社会之前我总觉得人与人之间相处该是真诚的、快乐的,踏入社会之后才发觉人与人之间相处也有头痛的时候。我以前工作的地方,同事之间相处基本都是愉快的,只有一个"舍友"性格比较难相处,每次我只能够忍着她。一次我晾在阳台上的湿衣服,可能由于风大的关系不小心碰到她的干衣服,她二话不说就把我的衣服全部丢在地板上,我真的气极了。但突然间我觉得她好可怜,因为她是一个无理取闹、心胸狭窄的人,这样的一个人怎能够享受人生的快乐?怎能够体会到人与人之间的真挚友情呢?当这样想的时候,我的气就慢慢地消了。以我的经历,我想奉劝大家,在与同事相处过程中,凡事都要想得开,心情自然就快乐。

(《深圳商报》2002年07月04日,略有改动。)

回答问题:
1. 田加根(深圳市某酒店员工)与同事关系相处良好的经验是什么?
2. 谭伟辉(宝安区龙华镇某公司职员)对朋友讲了一个什么故事?
3. 郭小芳(《深圳商报》读者)遇到什么事情,她是怎么想的?
4. 你认为同事关系应怎么相处?

阅读三 (字数:1855;阅读与答题的参考时间:10分钟)

要爱情还是要面包?"同事恋"成雷区?

《21世纪人才报》记者 王英 邹瑞萍

曾经,在我们的上一辈人中,同事之间恋爱被认为是一件天经地义而且皆大欢喜的事情;而今,在繁华的城市写字楼中,同事恋爱却已经成为那些大公司白领们不敢跨越的雷区。

近日,供职于北京某著名公司的高级白领杨小姐向记者诉苦,自己工作正是春风得意之时却不得不主动辞职离开公司,放弃这份收入颇丰的工作,原因就是因为她与自己的同事、公司的一位副总恋爱了,而按照公司"内部员工之间禁止恋爱"的规定,她不得不选择辞职。

第十三课

王文京的夫人就是这样离开的

员工恋爱、婚姻问题，本来是员工的私事，但是现在一些公司，已经做出明文规定或口头警示，员工内部恋爱或结婚必须有一方自动辞职离开公司，如用友公司，他们的每个新员工都会被告知这条明文规定；另外如金山公司也有这条不成文的规定。更多的企业则并没有明文规定，只是在新员工刚刚加入公司的时候，就口头提出警告，或是严厉禁止，或是委婉指出。当记者打电话向这些公司求证的时候，用友的人力资源部韩经理说，用友公司的这条规定早在1994年左右就有了，当时刚颁布这条规定，王文京就与同在用友担任部门经理的太太结婚了，王太太最后也按照规定辞职了。不过他说，这样的情况也并不是很多，他所知道的，一共也就只有三、四对。

金山公司的助理总裁高宁宁说，金山公司虽然没有明文禁止内部恋爱，但这是一个不成文的规定，一般恋爱处于地下状态的也不过问，但是一旦结婚公开了关系，金山公司会"建议"他们之中的一个离开公司，他特别强调了"建议"两个字。

但是普华永道的总裁在接到记者电话的时候却说，普华永道从来没有这样的内部规定。而普华永道也的确没有将此规定写入内部管理条例或劳动合同，只是新员工在培训的时候就已经得到了警示。记者了解到的另外几个员工辞职的情况，其公司的反应也与普华永道相似。台湾智冠科技公司也曾经有两名员工因为恋爱问题双双辞职，但是他们也表示，公司并没有对此有明确的条文规定。

在这样一个人才远远供大于求的激烈竞争环境下，这些好不容易挤进一家大公司成为众人羡慕的白领阶层的人，又有几个敢忽视主管们的警示呢？

那么老板们为何对员工之间谈恋爱如此担心呢？

同事恋会影响工作吗？

恋爱与工作，几乎是一个人生命中最重要的两件事情，但是当这两件事情同时同地发生，也就是同事变成爱人的时候，老板们大多还是断定，恋爱对工作的影响负面居多。

用友人力资源部的韩经理说，当初用友公司之所以作出这个规定，就是因为公司曾经有两个员工结婚之后在公司里的接触过于频繁、亲密，已经超过了工作的界限，对其余的员工也造成了一定影响。因此用友公司从此作出规定，员工直系亲属都不能一起在用友工作，恋爱结婚之后也必须有一方在一个月之内离职。

他说，一旦两个员工结成婚姻，就有可能形成裙带关系，破坏公司管理的公平、公正性。尤其是当恋爱双方是上下级时，会对管理的公正性造成一定的影响，还会使其他员工产生猜疑心理。

金山的助理总裁高宁宁则表示，金山之所以有这样的规定，是因为像金山这样的公司是一个工作节奏比较快的公司,一旦有同事公开关系之后仍在同一个公司工作,会给管理者带来一些不必要的麻烦,为了提高工作效率,也是在参考了其他公司的一些做法之后才选择这样做的。

也有老板表示,恋爱的同事在办公室难免会有一些亲密的言行,会令周围的同事感到尴尬,影响到整个办公室的工作氛围和效率;而内部员工之间的恋爱关系一旦破裂,双方仍在一起工作,不仅影响到双方的工作情绪和效率,还可能会影响到整个部门工作上的沟通和协作。

(《21世纪人才报》2002年09月20日,有改动。)

判断正误:

1. 在我们的上一辈人中,同事之间恋爱被认为是一件好事情。(   )
2. 供职于北京某著名公司的高级白领杨小姐放弃收入颇丰的工作,原因就是因为她与自己的同事、公司的一位副总恋爱了。(   )
3. 用友公司没有规定员工内部恋爱或结婚必须有一方自动辞职离开公司。(   )
4. 金山公司明文禁止内部恋爱。(   )
5. 用友人力资源部的韩经理认为,一旦两个员工结成婚姻,就有可能破坏公司管理的公平、公正性。(   )
6. 金山的助理总裁高宁宁则认为,一旦有同事公开关系之后仍在同一个公司工作,会给管理者带来一些不必要的麻烦。(   )
7. 也有老板认为,恋爱的同事在办公室难免会有一些亲密的言行,但不会影响到整个办公室的工作氛围和效率。(   )

第十四课

课文

二十世纪十大文化偶像评选结果揭晓

特约点评:孔庆东(北京大学学者)

时间:6月6日——6月20日　　参加人数:14万多人

一直以来争议很大的"二十世纪文化偶像评选活动"于6月20日正式揭晓,十大获选偶像名单出现,他们是:鲁迅(57259票)、金庸(42462票)、钱钟书(30912票)、巴金(25337票)、老舍(25220票)、钱学森(24126票)、张国荣(23371票)、雷锋(23138票)、梅兰芳(22492票)、王菲(17915票)。

● 第一名:鲁迅

新文化运动的主将,现代文学的开拓者。一生努力改造国民性。在他去世时,为之送葬者人数极巨、规模极大,其身蒙有"民族魂"之旗,深受民众尊敬。

点评:当然排第一,无论仇恨他的人如何污蔑他、攻击他,他永远是现代中国人珍贵的精神财富。

●第二名:金庸

所著《鹿鼎记》、《笑傲江湖》等武侠小说风行华人世界。他使现代汉语的语言艺术达到了全新的高峰,可谓是汉语的奇迹。

点评:当然排第二。他远没有鲁迅那么深刻,但是他能够把学到的和悟到的深刻的东西,用最精彩最感人的故事展现出来,并影响了数量最多的人。

●第三名:钱钟书

集知识与智慧于一身的典范。其巨著《管锥编》、《谈艺录》尽管被一些人看做是只有古书和注释,没有自己,钱钟书自己却认为这些著作当中体现出了更深层次的思考。他的哲理小说《围城》流传更广。

点评:学问远胜金庸,才华不让鲁迅,就是干的事儿离大众远了点。但是人民理解他。

●第四名:巴金

上世纪三四十年代,有无数青年因为阅读了巴金的《激流三部曲》而走向革命的道路,文革以后,巴金又因为要"说真话"的《随想录》而赢得人民更普遍的尊敬。

点评:中国最单纯的人之一。天天说点真话,就成了大师。你以为这很容易吧？那你就错了。

●第五名:老舍

一个广泛流传的故事说的是,如果老舍不是自投太平湖自尽,当年的诺贝尔文学奖就将授予他。老舍的小说深刻地反映了老北京市民阶层的喜怒哀乐,话剧《茶馆》更是当代戏剧史上的重要作品。

点评:中国最有良心的人。一肚子才学,说出来都是大白话;一肚子严肃,说出来多是逗你玩儿。

●第六名:钱学森

为了新中国的科学事业,钱学森放弃了在美国优厚的工作待遇,把所有行李打包,随时准备回国。在他和其他无数爱国科学家的参与之下,我国的国防科技事业飞跃前进。

点评:我刚好参加完今年的高考阅卷,在不违反阅卷纪律的前提下,我透露一段考生作文《转折》中的妙语,可见钱学森的形象已经被神化到何种地步:"著

第十四课

名科学家钱学森留学美国十年,接着潜入德国获取了最新技术资料之后,毅然回国报效人民,这样的转折令人敬佩!"该文的阅卷老师批道:"007原型钱学森!"

●第七名:张国荣

这是一个很有争议的人物,但是我们无法否认他在众多影片中精彩的表演,以及他独特的歌声。

点评:张国荣是当今的优秀艺术家,刚刚离世也令人痛惜。

●第八名:雷锋

雷锋精神曾经影响了一代人,他可谓是共产主义新型人格的代表,也是中国人民解放军整体形象的一个缩影。他所体现的"全心全意为人民服务"的精神是集体主义文化传统在新时期的发展。

点评:要是不论作品,只论本人的伟大,雷锋仅次于鲁迅。

●第九名:梅兰芳

梅兰芳就是中国人艺术精神的代名词。上世纪30年代,梅兰芳访美,他的表演征服了无数好莱坞的演员,并对美国电影艺术的发展产生积极影响;访问苏联,直接促进了布莱希特表演体系的形成。我国戏剧学家黄佐临先生认为,梅兰芳、斯坦尼斯拉夫斯基、布莱希特为世界三大表演体系的代表。梅兰芳一生塑造了无数美丽的舞台形象,他的表演生动地体现了中国传统艺术的精神。

点评:确实是艺术大师。不过真有人以之为偶像么?现在的人理解梅兰芳么?这十名偶像中,梅兰芳其实是最孤独寂寞的。

●第十名:王菲

她赢得了歌坛和影坛天后的荣誉。歌迷喜欢她的歌、她在影片中的表演,但更多人喜欢的是她自由乐观的人生态度。在流行乐坛的女歌手中,她的成就和人气,无人能及。

点评:选民中年轻的歌迷一定很多,管她资格够不够,反正有十个名额哪,凑一个我的最爱,咋就不行?

(字数统计:1611)

(节选自《北京娱乐信报》2003年6月22日,有改动。)

词语表

1. 评选　　píngxuǎn　　（动）　　通过评比推选出
   choose through a system of appraisal
   評議して選出する
   선정하다

2. 揭晓　　jiēxiǎo　　（动）　　公布（事情的结果）
   announce; make known
   公表する、発表する
   발표하다

3. 争议　　zhēngyì　　（动）　　争论
   dispute; debate; contend
   言い争う
   논쟁, 논쟁하다

4. 蒙　　méng　　（动）　　遮盖
   cover
   覆い隠す、かぶせる
   덮다

5. 仇恨　　chóuhèn　　（动）　　因利害对立而产生强烈的憎恨心理
   hate
   うらむ
   증오하다

6. 污蔑　　wūmiè　　（动）　　捏造事实败坏别人的名誉
   slander; vilify; calumniate
   中傷する、悪口を言う
   모독하다, 중상모략하다

7. 珍贵　　zhēnguì　　（形）　　宝贵；贵重；价值高或意义深
   valuable; precious
   貴重である
   귀중하다

8. 高峰　　gāofēng　　（名）　　高的山峰。比喻事物发展的最高点
   peak, summit, height, climax, height
   高い峰、最高点
   최고봉, 절정

第十四课

9. 智慧　　zhìhuì　　（名）　　辨析判断、发明创造的能力
wisdom; intelligence
知恵、知的
지혜

10. 典范　　diǎnfàn　　（名）　　可以作为学习、仿效的标准的人或物
model; example; paragon
規範、手本
모범, 본보기

11. 注释　　zhùshì　　（动、名）　　用文字来解释字句等；解释性的文字
annotate/annotation
注訳
주석

12. 赢得　　yíngdé　　（动）　　取得；获得
win; gain
勝ち取る
얻다, 획득하다

13. 单纯　　dānchún　　（形）　　简单纯洁；不复杂
simple; uncomplicated
単純である
단순하다

14. 授予　　shòuyǔ　　（动）　　给与。主管部门或上级发给人勋章、奖章、荣誉称号等
confer (such as medals, titles of honor, etc.)
授ける、授与する
주다, 수여하다

15. 话剧　　huàjù　　（名）　　用对话和动作表演的戏剧
drama; stage play
新劇

16. 戏剧　　xìjù　　（名）　　通过演员表演故事来反映社会生活中的各种冲突的艺术，分为话剧、戏曲、歌剧、舞剧等
drama; play; theatre
劇、芝居
극, 연극

17. 良心　　liángxīn　　（名）　　善良的本性
conscience
良心
양심

18. 飞跃　　fēiyuè　　（动）　　比喻极快地发展、变化
rapid; in leaps and bounds
飛躍する
아주 빠르다, 비약하다

19. 前提　　qiántí　　（名）　　事物发生或发展的先决条件
prerequisite
前提
전제조건

20. 透露　　tòulù　　（动）　　泄露或显露（消息或意思）
disclose; reveal (information, intent,etc.)
洩らす、洩れる
누설하다, 드러내다

21. 转折　　zhuǎnzhé　　（名、动）　　事物在发展过程中原来方向的改变。事物在发展过程中改变原来的方向、形势等
a turn in the course of events/turn
転換、転換する
전환, 전환하다, 바꾸다

22. 地步　　dìbù　　（名）　　达到的程度(必有定语,表示很高的程度)
extent (most have an attribute of a very high degree)
程度
정도, 상태

23. 毅然　　yìrán　　（副）　　(行动)果断、坚决,毫不犹豫
(do an action) resolutely; firmly; without hesitation
毅然として
단호하게, 의연히

24. 报效　　bàoxiào　　（动）　　为报答别人的恩情而为其尽力(多用于对国家、社会或组织)
render service to repay sb.'s kindness (usu. refers to a service rendered to the state, society or a group)
恩に報いるために全力を尽くす
보답하다

25. 原型　　yuánxíng　　（名）　　原来的模型。特指文艺作品中塑造人物形象所依据的现实生活中的人物
prototype (esp. refers to the original person in relation to a figure portrayed in literary and artistic works)

第十四课

| | | | 原型 |
| | | | 원형, 원조 |
26. 否认 | fǒurèn | （动） | 不承认
| | | | deny
| | | | 否認する
| | | | 부인하다
27. 影片 | yǐngpiàn | （名） | 放映的电影
| | | | film; movie
| | | | 映画
| | | | 영화
28. 缩影 | suōyǐng | （名） | 有代表性的以小见大的人或事物
| | | | epitome; miniature; microcosm
| | | | 縮図
| | | | 축소판
29. 征服 | zhēngfú | （动） | 靠强力使对方顺服
| | | | conquer; subjugate
| | | | 征服する
| | | | 정복하다
30. 荣誉 | róngyù | （名） | 光荣的名誉
| | | | honour; credit; glory
| | | | 栄誉
| | | | 영예
31. 凑 | còu | （动） | 拼凑；聚集
| | | | cobble together; gather; collect
| | | | 集まる
| | | | 모으다, 채우다

1. 可见钱学森的形象已经被神化**到**何种**地步**。
   到……地步：到……程度。表示达到较高的程度，"地步"的前面要有定语。
   ① 她很崇拜王菲，对王菲的歌曲喜欢到了狂热的地步。
   ② 他的汉语水平很高，到了运用自如的地步。
   ③ 他爱读鲁迅的作品到了非同寻常的地步。
2. 要是不论作品，只论本人的伟大，雷锋**仅次于**鲁迅。
   仅次于……：只排在……后面。
   ① 汽车业从业人员的收入，仅次于手机业和房地产业。北京汽车业最低一级

的年薪可以拿到7~8万元,最高一级的年薪可以拿到30多万元。
② 根据世界银行2002年发布的数据,按照购买力平价法计算,1980–2000年,中国对全球经济增长的贡献为14%,仅次于美国;中国已经成为全球经济增长的重要力量之一。
③ 据了解,在危险职业排行榜中,记者已成为仅次于警察和矿工的第三大危险职业。

3. 不过真有人**以**之**为**偶像么?现在的人理解梅兰芳么?
   以……为……:把……当作……;把……作为……。
   ① 他来中国留学以学好汉语为目的。
   ② 不少毕业生以进大公司工作为荣。
   ③ 很多武侠小说迷以金庸为自己心目中的文化偶像。

背景知识

文化偶像

对这次新浪网展开的"二十世纪文化偶像评选活动",一开始就争议很大。而在评选结果揭晓后,金庸、张国荣、王菲等流行文化或通俗文化的代表名列其中,引起的争议更大。由于参加此次评选活动的网民多是受流行文化或通俗文化影响很大的年轻人,评选的结果自然在很大程度上体现了这些年轻人的喜好。

练 习

一、请在课外阅读最新中文报刊文章,将其中的两篇剪贴在你的笔记本上,然后把它们写成摘要,并谈谈自己的看法。

二、给下列动词搭配适当的词语:
   评选_____   透露_____
   征服_____   赢得_____
   仇恨_____   污蔑_____
   报效_____   否认_____

三、选词填空:

到……地步	评选	透露	仅次于
以……为……	赢得	征服	

1. 在2003年度_____世界小姐的活动中,爱尔兰小姐荣获冠军。
2. 有的学生非常爱看金庸的武侠小说,_____了疯狂的_____,甚至连专业课也不上了。

第十四课

3. 他今天给我_____了一个惊人的好消息,他被一家发展前景异常看好的跨国公司录用了。
4. 邓丽君的歌声甜美而又有些淡淡的感伤,曾经_____了无数的歌迷。
5. 王菲的个人演唱会举办得非常成功,_____了歌迷的阵阵掌声。
6. 他是个热情的追星族,_____得到明星的签名_____荣。
7. 日本的纸产量_____美国,由于日本是森林资源较少的国家,很重视废纸利用,废纸利用达到纸产量的58%以上。

四、根据课文内容判断正误:
1. 在20世纪中国十大文化偶像中,有5位是著名作家。(   )
2. 钱学森是中国著名的科学家,曾留学美国。(   )
3. 作者认为,表演艺术大师梅兰芳很容易为现代人所理解。(   )
4. 作者明确表示反对王菲被评为20世纪中国十大文化偶像之一。(   )

五、根据课文内容回答问题:
1. 在20世纪中国十大文化偶像中,作者为什么认为金庸"当然排第二"?
2. 巴金的哪些作品产生了巨大影响?
3. 关于老舍,有一个什么样的广泛流传的故事?
4. 梅兰芳对国外艺术发展产生了哪些影响?

六、根据课文内容选择最合适的答案:
1. 在20世纪中国十大文化偶像中,作者认为属于艺术家的是_____。
   A 王菲　　　　B 张国荣　　　　C 巴金　　　　D 钱学森
2. 在20世纪中国十大文化偶像中,善于写作最精彩最感人的故事、并影响了数量最多的人的作家是_____。
   A 鲁迅　　　　B 钱钟书　　　　C 金庸　　　　D 老舍
3. 在20世纪中国十大文化偶像中,体现了"全心全意为人民服务"的精神、个人人格的伟大仅次于鲁迅的是_____。
   A 雷锋　　　　B 钱学森　　　　C 巴金　　　　D 梅兰芳
4. 在20世纪中国十大文化偶像中,作品深刻地反映了老北京市民阶层生活的作家是_____。
   A 鲁迅　　　　B 老舍　　　　C 钱钟书　　　　D 巴金

七、请尽量使用以下词语进行话题讨论:

| 到……地步 | 评选 | 透露 | 仅次于 | 征服 | 赢得 |
| 以……为…… | 否认 | 珍贵 | 智慧 | 典范 | 荣誉 |

1. 本文所提到的20世纪中国十大文化偶像中,你欣赏的有哪些人?为什么?
2. 你最欣赏的20世纪世界(或本国)文化偶像有哪些?为什么?

八、快速阅读：
阅读一 （字数：1637；阅读与答题的参考时间：10分钟）

华语歌坛天后王菲

信报记者 唐峥

从这张照片上还能看到当年"王靖雯"的影子吗？

不同的形象，不同的表情，
多变的王菲总让人琢磨不透。

变身后的王菲另类且时尚
当年的"王靖雯"看起来是那样的清纯可人

前王菲时代　　喜欢沉默和幻想

这是一个普通的不能再普通的名字，任何一个女孩都可能拥有它，事实上，光我认识的人里面就有好几个王菲，我们报社就有一个。当王菲还是前王菲的时候，她只是一个北京土生土长的黄毛丫头。

王菲的爸爸是煤炭工程师，妈妈是女高音。爸妈工作忙，一家人很难聚在一起，王菲被送到邻居大妈那里看管。幼小的王菲和大妈建立了深厚的感情，反而和亲生父母越来越疏离。后来她又被送到上海的姨妈家生活了一段时间,再回到北京后,她还是喜欢沉默和幻想,在幻想中忘掉恼人的现实。

　　王菲小时候喜欢自由,常常溜出去玩,因此也常常被妈妈打。母女有时候弄得水火不相容,不过王妈妈有黄蓉的本事,几样拿手好菜就会哄得倔强女儿眉开眼笑。相反,王爸爸比较开通,善于教育,王菲对爸爸很信服。

　　王菲十八岁到了香港,在陌生的地方充满惶恐,为了打发无聊的日子,她学做模特,又跟戴思聪老师学唱歌,结果一发不可收拾,签约唱片公司成了歌手。

王靖雯中间时代　　被人批评形象老土

　　出了几张唱片,成绩一般,不过总是被人批评形象老土。由于公司总经理和经纪人之间有矛盾,王菲夹在中间很难受,干脆跑去美国进修音乐。为了完成合约,她回到香港,不料因一首《容易受伤的女人》走红,但是那时候,人们认识的这个歌手,叫做王靖雯,很香港化的一个名字。

　　王靖雯时期不算很长,也不算很辉煌,因为那时她只是一个平凡的女歌手,和所有香港新人一样,按部就班地走着。但是,她暗地里积蓄着属于自己的能量。

后王菲时代　　化身华语歌坛天后

　　当王靖雯变回王菲的时候,她已经不是一般的歌手,她成了华语歌坛的天后。这位天后除了歌很冷、人很酷之外,还做了一件让人吃惊的事情——跟北京摇滚歌手窦唯谈了一场轰轰烈烈的恋爱!之所以惊天地泣鬼神,可能很大程度是因为那张被狗仔队偷拍的在北京一胡同里上公厕的照片。王菲瞬间成了为爱情牺牲一切的圣女。

　　然后她结婚、生女、离婚……她的爱情和她的音乐一样令人惊叹不已。

　　然而,这个传奇并没有画上句号。离婚后,王菲和小她12岁的谢霆锋谈起了一场姐弟恋,几乎没有人看好他们,但他们无所畏惧。

　　王菲就是这样神奇,在别人认为她应该已经不再做梦、不再相信爱情的时候,却如飞蛾投火一般义无反顾。这段爱情比人们的预期持续了更长时间,这对姐弟恋人并肩携手,用爱的力量抗拒流言和白眼。

　　毕竟谢霆锋年轻贪玩,不知怎么又和张柏芝发展起了超友情关系。据说有位算命大师说,谢霆锋离开王菲没有好结果,因为王菲是有帮夫运的,种种事例已经证实了这一点,而张柏芝就没有。果然,谢霆锋有段时间是非不断,不知道是不是少了这位"旺夫"的大姐?

　　如今都说锋菲复合,其乐融融。反正我常常想破脑袋也想不明白,为什么这个女人对爱情那么无所畏惧、义无反顾?按照正常的想法:经历过那么多辉煌、失败、快乐、痛苦之后,应该不对爱情抱有幻想了吧?但是反过来想一想,正是因为这样的经历,也许她才看得开,什么都无所谓,只要享受现在。这也是快乐。快乐的方式,绝对不止一种。

王菲为自己的感情作出的最好解释,就是在刚刚推出的新专辑《将爱》中的同名歌曲。这是王菲继多年前为女儿所写的歌曲《童》之后,全新的词曲创作。她以战争作为比喻,描写爱情的残酷与牺牲,构思鲜活,代表了一种不怕外力的坚定态度与勇气,展现一贯敢爱敢恨的风格,她说:"如果心里有爱,就不会绝望,爱是纯粹的东西,不应该受到任何其他的干扰。"

(节选自《北京娱乐信报》2003年11月15日第17版,有改动。)

回答问题:
1. 王菲出生于什么样的家庭?她小时候与父母的关系怎样?
2. 王菲什么时候到香港的,做了什么?
3. 作为王靖雯时代的王菲,歌唱事业发展得怎样?
4. 王菲的哪些爱情经历让人惊叹不已?
5. 你听过王菲什么歌曲?喜欢她的哪些歌曲?

阅读二 (字数:1774;阅读与答题的参考时间:10分钟)

金庸访谈(一):写自传没有资格

《南方周末》驻京记者 张英

金庸正在接受
本报记者的专访
傅江洋 摄

南方周末:在国内一些媒体联合举办的"20世纪中国十大文化偶像"的评选中,您得票24429张,排名第二,仅次于鲁迅,在钱钟书、老舍、巴金、钱学森、梅兰芳、杨振宁等人之前,您认为文化应该有偶像吗?您是否有"偶像"?

金庸:无论喜欢不喜欢,年轻人总有他们喜欢的人物。他们喜欢我的小说很开心,或者喜欢某个电视剧、电影里的角色记住了我。他们选我是一种喜欢的表达方式。但我也清楚,我的小说并不是多么重要,它还是一种娱乐性很强的消遣读物,是不能和胡适和陈独秀的作品放在一起比较的。

我自己刚刚应万先生的要求,选了我心里的十位"文化偶像":鲁迅、胡适、陈独秀、巴金、蔡元培、王国维、梅兰芳、齐白石、钱学森、马寅初。他们都是我非常尊敬的人,不仅对文化有巨大的贡献,而且还体现了人格的伟大。

南方周末：您年轻的时候第一选择是从政做外交官，后来您做了报人和小说家，而且都很成功，但是您又说自己最大的心愿是做一名学者？对社会的影响来说，学者的作用并不见得比记者、政治家起的作用大。

金庸：因为记者、政治家、作家没有真正的快乐啊，我现在的想法觉得自己学问太差，如果照我自己的意思，最好小说也不写，从大学开始就专门研究历史，研究外国文学，那么到现在大概跟其他大学教授的学问差不多了。我在牛津大学、剑桥大学跟那些大学教授也谈过天，觉得自己和他们差得远。我现在真是希望自己有很好的学问。学问不够，是我人生的一大缺陷。

南方周末：您担任浙江大学人文学院院长已经有好几年了，在任期内，您主要做了哪些工作？您会介入到日常业务吗？

金庸：我这个院长实际上是挂名的，没有怎么做过具体的行政工作，日常的工作由专门分管的副院长他们管，我没有时间和精神管这些具体的事情，有的时候我也给他们出点主意。我们这个人文学院有7个系，我的工作重点在中文、历史、哲学这三门学科上。我从香港来杭州的时候，会偶尔给学生们讲讲课。

南方周末：除了担任浙江大学的教授、博导，您还是北京大学、南京大学、南开大学的名誉教授，您说自己将把一半的精力放在教书育人上，您在教学上有什么成果呢？

金庸：我去年就收了一个学生，他在清华大学读硕士，还差一年毕业。那他今年就可以来浙江大学读书了，另外我还收了两名学生，一名来自山西大学，另外一个来自杭州社会科学院。所以我今年实际上有3名博士生。

南方周末：您的历史研究进行到什么环节了？

金庸：我现在主要在研究中国古代史、宋史、唐史和罗马史，为什么我会同时进行这些研究呢？因为中国历史和罗马史有关联，比如为什么当时罗马政权垮台，罗马帝国就四分五裂没有了，中国西汉、东汉政权垮台了，后来唐朝又复兴了，我要找出这中间的道理和原因出来。所以我不仅研究中国历史，也对外国历史进行研究，这样对比，更加容易找出答案来。

南方周末：您今天作了一场关于历史观的演讲，那么您的历史观是怎样的？

金庸：如果你将来看完了我写的《中国通史》，你就会了解我的历史观了。我试图采用一种新的观点，以中华民族的角度和观点去写历史，而不是以前的历史书都是从汉族人的观点和角度出发，还有就是客观去呈现中国历史，我认为中国历史和中华民族的伟大恰恰在于团结。

南方周末：能不能谈谈有关您传记的情况？好像有消息说你会自己写一本《金庸自述》？

金庸：所有的《金庸传》，最近出的（还没有详细看过）和以前出版的，都没有经过我授权，傅国涌先生和香港的冷夏先生，我几乎可以说不认识。

我这一生经历极复杂，做过的活动很多，兴趣非常广泛，我不相信有人能充分了解我而写一部有趣而真实的传记。金庸为人所注意只是一个写武侠小说的人，并无多大价值，不值得为他浪费笔墨，写自传似乎没有资格。而且我这辈子和太多的人交往，有太多的秘密，也不方便公开。

北京的人民出版社曾经约我写一本自传，还建议找一个朋友听我说，他动笔写，我们一起呆上十天半个月的，可以写一本权威的传记。但是我现在还没有这样的想法。

（节选自《南方周末》2003年7月31日第C21版，有改动。）

回答问题：

1. 金庸是如何评价自己的小说的？他心里的十位"文化偶像"是谁？
2. 金庸认为自己人生的一大缺陷是什么？
3. 金庸目前有几名博士生，分别来自哪些院校？
4. 金庸现在主要研究什么历史？
5. 金庸对已出版的《金庸传》评价如何？他为什么现在不打算写自传？

阅读三　（字数：2206；阅读与答题的参考时间：13分钟）

金庸访谈（二）：徐克不懂武侠

《南方周末》驻京记者　张英

南方周末：您的作品大部分被改成了电视剧和电影，早期的香港版追求娱乐性，台湾版追求煽情，大陆版看重的是小说的道德意识和精神高度，正剧色彩比较浓，您喜欢哪一种风格的改编？

金庸：两岸三地拍电视剧我不关心，他们追求什么样的风格，和他们的市场有关，跟我没有关系，人家喜欢拍就拍，我只关注电视剧是否忠实于小说原著，这一点我比较在乎。

南方周末：张纪中改编了您的《笑傲江湖》、《射雕英雄传》和《天龙八部》，引起了很多争议，他还要拍《神雕侠侣》，您是不是特别欣赏他？

金庸：张纪中的性格很豪爽，有侠客之气，我和他很谈得来。

在目前的电视剧改编当中，中央电视台还算是不错的。本来《笑傲江湖》的版权我只要了他们一块钱，完全是象征性地卖，等于就是赠送

第十四课

的,结果电视剧令我不满意,所以《射雕英雄传》就不送了,按市价卖了80万元,因为是央视打了九折,就是72万元,后来看他们还算忠实原作,我就拿出10万元送给了编剧和导演,我自己拿了62万元。

南方周末:在那么多的电视剧版本中,您最喜欢谁演的版本?

金庸:大多数演员我都不满意。到现在为止,我喜欢刘德华和陈玉莲演的《神雕侠侣》,这一版的杨过和小龙女非常符合我小说的味道。还有郑少秋演的《书剑恩仇录》,他那个时候年轻,演乾隆皇帝,也演得十分到位。这两部电视剧可以说是我到目前为止最满意的。

南方周末:您以前也做过电影导演,现在有没有可能去做导演?您做编剧的时候是不是也对原著进行修改呢?

金庸:我也做过编剧和导演的工作,我知道这些工作是非常辛苦的。但是我以前是直接编剧本,我没有改过别人的小说。我不喜欢当导演,比如拍《射雕英雄传》,为了拍摄一会儿要从杭州赶到蒙古,一会儿又要去沙漠,一会儿又回到桃花岛,而且一个剧组有那么多复杂的人和事,很累的。写小说就很容易,在房间里写写就可以了。观众觉得这个演员不像郭靖,这个不像黄蓉,他们演得不好,我就可以批评导演。如果小说觉得不好的话,可以再进行修改。

南方周末:张艺谋的电影《英雄》制作精良,被认为是武侠片表现形式上的一个分水岭,您看过这部电影吗?

金庸:张艺谋的《红高粱》我喜欢,后来的《菊豆》也很好,最不喜欢《英雄》,完全否定。《英雄》把历史上有名的暴君秦始皇拍成了这个样,和历史上的形象截然相反,欺骗观众,而且有为他洗身翻案的意思,把人的价值分几等,不尊重生命,这是一部拍得很荒唐的电影,所以我不喜欢。

南方周末:您曾经在去台湾的时候,和《卧虎藏龙》的导演李安见过面,您喜欢他的《卧虎藏龙》吗?

金庸:我很喜欢他的电影,虽然他对中国古代过去的历史并不是特别了解,他把一个江湖的老故事讲得很好看,而且电影里的那种味道特别对,非常优雅、飘逸,他是真正懂电影的。

南方周末:徐克的《东方不败》被很多您的读者喜欢,认为拍出了您小说里的味道和精神,您为什么不认可他的改编?他可是个公认的武侠片、动作片高手。

金庸:我不喜欢他,他不懂武侠,把《蜀山剑侠传》拍得不知所云。而且把我的小说《笑傲江湖》瞎改,把东方不败由男人改成女人,并用一个女人来演,而一个男人的变性,在性格上是会有变化的,这个过程是缓慢的、复杂的、有变化的、有过程的,是不自愿的,并不像电影里表现得那么简单。他后来还要买我的小说拍电影,我说朋友还是做,但是小说不卖给你了,合作的事情不做了。

南方周末：中国武侠片是惟一被国际电影市场认可的电影类型，您对武侠电影有什么期待？在电影上您希望和哪位导演合作？

金庸：虽然我的小说由中文变成法文、英文在国外出版过，但是我不知道文字变成电影以后会成为什么样子。我看过一些武侠电影，绝大部分都和小说原著差太远。找我的电影导演很多，但是我不知道谁好谁不好，我在写小说的时候从来都不关心拍电影这些事情。

南方周末：您为什么这么在意电视剧、电影必须忠实于您的小说原著呢？这可能是那些导演所反对的，因为电影、电视剧是在小说的基础上进行二度创作的，他们认为自己应该有这个权利。

金庸：不仅我在乎，我想读者都在乎。《笑傲江湖》的导演改了一些故事的情节，有5万读者不满意，反对他的改编和自作聪明，在网上骂他。我的小说并不很好，打个七十分吧，但是经过电影、电视编导先生们的改动以后，多数只能打三四十分，他们删减我的小说可以，但是不要自作聪明，增加一些故事情节进去，结果不和谐，露马脚，"献丑"。

南方周末：金庸品牌产业化的想法已经浮出海面，现在已经有了出版、杂志、研究会、电影、电视剧，最近又有了动画、漫画、卡通，还出现了桃花岛、天龙八部影视城、新昌的影视城，还有了金庸影视一日游。您对这些经营的态度是怎样的？

金庸：与"金庸"有关的企业运作，我都是被动的。但是别人喜欢用我的名字，利用这个名字搞商业，或者开发产业，我不反对。这些对我没有任何损害，你请求我授权给你使用，那我们就要谈好合同。

刘德华、陈玉莲版的《神雕侠侣》

卡通版《神雕侠侣》

（节选自《南方周末》2003年7月31日C21版，有改动。）

第十四课

判断正误：

1. 金庸对他的小说被改成电视剧是否忠实于小说原著,不太在意。( )
2. 金庸对中央电视台所拍的《笑傲江湖》感到满意。( )
3. 到目前为止的根据金庸小说改编的电视剧中,金庸只对其中的两部算是最满意的。( )
4. 金庸表示不愿意当导演,他觉得当导演很累。( )
5. 金庸很喜欢张艺谋的电影《红高粱》、《菊豆》、《英雄》等。( )
6. 金庸对徐克的武侠片评价不高,并表示不愿和徐克做朋友。( )
7. 金庸反对别人利用他的名字开发产业。( )

第十五课

 课文

谁是城里人？

户口，几十年来像一堵墙挡在农村和城市人口之间，难以越过，以致发生了千千万万令人感叹不已的真实故事。如今，它正逐渐消除计划经济、短缺经济的传统色彩，逐步适应市场经济的需求，并将朝着实现公民权利、经济发展、社会稳定等价值倾向的现代户籍制度迈进。

城乡分离的户籍管理制度是1958年以后逐步建立和发展起来的，是计划经济的产物，更是短缺经济的结果，是根据当时农业生产率低、农产品供应不足作出的理性选择，与当时实施的粮油等主要农产品统一购买统一销售、计划分配制度是一致的。加在原先户籍制度上的就业、上学、医疗、住房、物价补贴、生活保障等权利和福利因素都是计划经济条件下的特殊产物，给予了户口不应有的福利功能。本质上正是这些不合理的功能把城乡区分成了两个发展机会与社会地位不同的区域。一纸户口不仅限制了人口的流动，它带来的城乡重大差别，成为中国城乡差异最集中的体现。

新中国成立初期根据我国当时短缺经济的现实，制定了城乡户籍分离的政策，这在当时有其合理性。但计划经济体制下对此政策近半个世纪的实施，似乎使人产生了一种误解：城里人天生是城里人，生在农村的天生该种地。城乡户籍制度所造成的各种福利差异，又使本是不同职业的城市人和农村人，日益成为身份的区别，于是城市居民有

第十五课

了优越感。

虽然对人口流动的各种限制正在逐渐消除，但长期计划经济体制下所形成的观念、政策、制度难以在短时间内被完全改变，新的法制需要健全。"城乡差别"并没有因为农民大量进城而消失，对民工的歧视及各种限制依然存在。许多大中城市公布了对外来劳动力就业行业、工种的限制措施，并将这种措施制度化，尽管其本意是为了减轻本城市的就业压力，但在某种程度上却强化了就业领域城乡分离的制度性歧视，强化了城里人和乡村人的身份等级色彩。

民工对城市建设与城市居民的日常生活作出了许多贡献，然而户籍等限制使民工处于城市的被忽视地位。他们在住房、医疗、子女教育等方面与市民还不能享受同样待遇，无法真正融入城市，无法转化为真正意义上的市民，只能在城乡间来回迁徙，使之在城市不能真正安置自身，找不到安定感。大多数进城民工每月只有400~800元的较低收入，又很不稳定，各种不合理收费还常常降临到他们头上。更不幸的是，他们常常遭遇工资被扣或不发的情形。上述种种情况，实际上阻止民工融入城市社会体系之中，使民工不幸地处于与城市的分离状态，从而进一步影响民工健康人格的形成。

这些问题已引起社会各界和政府的广泛关注，1998年8月，上海市教委与市公安局颁布了《上海市外来人口中适龄儿童、少年就学暂行办法》，要求各级政府和教育行政部门加强对外来流动人口中适龄儿童少年就学管理，妥善解决和处理他们的就学问题；最近国家作出了取消针对民工的7项收费的决定；各地每年为安排民工顺利返乡过年，采取了不少很费心思的措施；去年春节前夕，许多地区针对民工工资不能按时发放的现象采取积极有力的行动，保护民工的合法权利；更为可喜的是，城乡间的障碍正在消除，城市的大门正在向所有人打开。据今年7月2日的《北京青年报》报道，有专家估计：2008年前后，中国宪法应该能重新确认公民迁徙自由权，农村人和城里人的"身份"意义将会彻底消除，农民与市民将会成为平等的公民，城市将会成为公民共同的城市。

（字数统计：1355）

（节选自《北京青年报》2002年9月2日第19版，有改动。）

1. 堵　　　　dǔ　　　　（量）　　用于墙壁
   measure word for walls
   塀の数を数える
   벽 등을 세는 양사

2. 挡　　　　dǎng　　　（动）　　阻拦
   to block off, to obstruct
   遮る
   막다

3. 以致　　　yǐzhì　　　（连）　　用于下半句话的开头，表示下文中所说的结果（多指不好的）是由于上半句话谈到的原因造成的
   so that, with the result that
   〜の結果を招く＜後節の初めに用い、前節で述べた事態から好ましくない結果がもたらされることを示す＞
   〜을 가져오다 (뒷구절 처음에 쓰여 뒷구절의 결과가 앞구절의 원인에서 비롯된 것임을 나타냄. 결과는 주로 부정적임)

4. 消除　　　xiāochú　　（动）　　除掉不利事物，使不再存在
   to eliminate, to get rid of
   消し去る，取り除く
   없애다, 제거하다

5. 计划经济　jìhuà jīngjì　（词组）　按照国家制订的统一计划控制和管理的国民经济
   a command economy (as in the former USSR and other Communist countries), a centrally-planned economy
   計画経済＜国が定めた計画に基づいて国民経済をコントロールする＞
   계획경제 (국가가 제정한 통일된 계획에 따라 관리되는 국민경제)

6. <u>短缺经济</u>　duǎnquē jīngjì　（词组）　指商品供应不足、严重缺乏的经济
   an "economy of shortages" (as in former Eastern Europe and pre-reform China)

第十五课

			物资がひどく不足している経済
			상품 공급이 부족한 경제
7. 色彩	sècǎi	（名）	比喻某种思想倾向或情调
			a colour, hue, tint or tinge (here used figuratively to refer to a tendency of thought)
			（種々の事物や人の思想などの）色合い
			색채 (어떤 경향을 비유함)
8. 公民	gōngmín	（名）	取得国籍，并根据国家法律规定享有权利和义务的人
			citizen
			公民
			국적을 얻고 그 나라 법률규정에 따라 권리와 의무를 가지는 사람)
9. 户籍	hùjí	（名）	属于某地区居民的身份
			identity (as defined by the 户口 to which one belongs)
			戸籍
			호적
10. 产物	chǎnwù	（名）	(在一定条件下)产生的事物
			product, outcome
			産物
			산물
11. 供应	gōngyìng	（动）	用物资满足需要
			to supply, to provide (a service or product)
			供給する
			공급하다
12. 原先	yuánxiān	（形）	当初；从前
			in the beginning, originally
			もとの
			원래, 이전
13. 补贴	bǔtiē	（名）	补助的费用
			a subsidy, an allowance
			補助金
			보조
14. 福利	fúlì	（名）	幸福，利益；特指生活方面的照顾
			welfare
			福利
			복지

15. 区域	qūyù	（名）	地区范围 district, area 区域, 地域 구역	
16. 差别	chābié	（名）	不同；人或物之间不同的地方 difference 格差 차이	
17. 误解	wùjiě	（名、动）	不正确的理解；理解得不正确 misunderstanding; to misunderstand 誤解, 誤解する 오해, 오해하다	
18. 天生	tiānshēng	（形）	天然生成 natural, congenital, inborn 生まれつきの 선천적이다	
19. 优越	yōuyuè	（形）	优胜；优良 superior, outstanding 優れている 우월하다	
20. 法制	fǎzhì	（名）	法律制度，包括法律的制定、执行和遵守 legal system 法制 법률제도	
21. 健全	jiànquán	（动、形）	使完备；事物完善，没有欠缺 in perfect condition, flawless 健全にする, 健全である 온전하다, 완비하다	
22. 民工	míngōng	（名）	又叫农民工。指到城市打工的农民 peasants working in the city 出稼ぎ農民 농민공이라고도 하며 도시에 와서 일하는 농민을 가리킴	
23. 歧视	qíshì	（动）	不平等地看待人 to discriminate 差別視する 차별대우하다	

第十五课

24. 依然　　yīrán　　（副）　　依旧；照旧
　　　　　　　　　　　　　　　still, as before
　　　　　　　　　　　　　　　依然として
　　　　　　　　　　　　　　　여전히

25. 待遇　　dàiyù　　（名）　　指人在社会上享有的权利或地位
　　　　　　　　　　　　　　　salary; pay and conditions
　　　　　　　　　　　　　　　待遇
　　　　　　　　　　　　　　　대우

26. 融入　　róngrù　　（动）　　融合到里边去
　　　　　　　　　　　　　　　to blend into, to assimilate
　　　　　　　　　　　　　　　入る
　　　　　　　　　　　　　　　들어가다

27. 来回　　láihuí　　（副）　　来来去去不止一次
　　　　　　　　　　　　　　　coming and going, to-and-fro
　　　　　　　　　　　　　　　行ったり来たりする
　　　　　　　　　　　　　　　왕복하다, 왔다갔다하다

28. 迁徙　　qiānxǐ　　（动）　　迁移
　　　　　　　　　　　　　　　migrate
　　　　　　　　　　　　　　　移動する
　　　　　　　　　　　　　　　이사하다

29. 安定　　āndìng　　（形）　　（生活、形势等）平静正常；稳定
　　　　　　　　　　　　　　　stable, steadfast, unchanging
　　　　　　　　　　　　　　　安定している
　　　　　　　　　　　　　　　안정적이다

30. 降临　　jiànglín　　（动）　　<书面语>来到
　　　　　　　　　　　　　　　to come, to befall
　　　　　　　　　　　　　　　やってくる
　　　　　　　　　　　　　　　미치다, 닥치다, 찾아오다

31. 不幸　　búxìng　　（形）　　不幸运；令人不快的、痛苦的
　　　　　　　　　　　　　　　unlucky
　　　　　　　　　　　　　　　不幸である
　　　　　　　　　　　　　　　불행하다

32. 遭遇　　zāoyù　　（名、动）　　不幸的经历, 遇到的不幸的情况；碰到，遇上
　　　　　　　　　　　　　　　to meet with, to encounter (unlucky or unpleasant experiences)
　　　　　　　　　　　　　　　境遇，（不幸なことに）遭う
　　　　　　　　　　　　　　　(불행한 일이나 상황에) 닥치다

33. 扣	kòu	（动）	从原数额中少给一部分 to deduct 差し引く 깎다
34. 阻止	zǔzhǐ	（动）	使停止；使不能前进或发展 to obstruct 阻む 막다, 저지하다
35. 广泛	guǎngfàn	（形）	范围大、涉及面广的 widespread, extensive 幅広い 광범위하다
36. 颁布	bānbù	（动）	公布（命令、法令等） to proclaim or promulgate 発布する (명령이나 법령 등을) 공표하다
37. 适龄	shìlíng	（形）	适合规定年龄的 (to reach) the suitable or required age 適齢の 규정나이에 도달하다
38. 暂行	zànxíng	（动）	暂时施行 to carry out temporarily 暫定試行する 잠시 실행하다
39. 妥善	tuǒshàn	（形）	妥当完善 proper, appropriate, satisfactory 適切である 적당하다, 알맞다
40. 返	fǎn	（动）	回来 to return 帰る 돌아오다
41. 心思	xīnsi	（名）	精力；心神 thoughts, intelligence (here 很费心思 means "to spend a lot of time and effort thinking about…") 知恵, 頭の働き＜费心思＝頭を絞る＞ 머리, 지력, 정력

第十五课

42. 前夕　　qiánxī　　（名）　　前一天的晚上
　　　　　　　　　　　　　　　the previous evening
　　　　　　　　　　　　　　　前夜
　　　　　　　　　　　　　　　전날 밤

43. 障碍　　zhàng'ài　　（名）　　阻挡前进的事物
　　　　　　　　　　　　　　　obstacle
　　　　　　　　　　　　　　　障害
　　　　　　　　　　　　　　　장애

44. 宪法　　xiànfǎ　　（名）　　国家的根本法。具有最高的法律效力，是其他立法工作的依据。
　　　　　　　　　　　　　　　Constitution
　　　　　　　　　　　　　　　憲法
　　　　　　　　　　　　　　　헌법

45. 彻底　　chèdǐ　　（形）　　毫无保留的，一直到底的
　　　　　　　　　　　　　　　thoroughly, completely
　　　　　　　　　　　　　　　徹底している
　　　　　　　　　　　　　　　철저하다

1. 户口，几十年来像一堵墙挡在农村和城市人口之间，难以越过，**以致**发生了千千万万令人感叹不已的真实故事。
   以致：致使。表示由于上面所说的原因而造成的结果，大多是不好的或说话人所不希望发生的结果。
   ① 大学的专业及课程设置缺乏科学的需求预测和规划，有较大盲目性，许多大学盲目追逐热门专业，以致专业趋同现象十分严重，专业人才的产出与岗位需求不成比例，使得供给严重大于需求。
   ② 网络上信息的易逝性造成青少年短期行为盛行，他们对网上信息的频繁变换也会产生厌倦，觉得这个世界变化太快，不知以后会发生什么事情，以致部分青少年产生一种及时行乐的倾向。
   ③ 由于现行法制对于媒体的采访曝光权利还没有明确的规定，以致许多个人和单位对媒体的正常报道认为是侵权而加以阻挠干涉。

2. "城乡差别"**并没有因为**农民大量进城**而**消失。
   并没有因为……而……：并没有因为……就……。表示转折，后面所说的情况与通常所认为的相反。
   ① 他是个很有责任心的人，并没有因为身体不好而推迟上班的时间，反而像以往一样，准时来到了办公室。
   ② 他们并没有因为我的失误而对我不满，反而像以往那样继续支持我、鼓励我。

③ 意大利医生安蒂诺里并没有因为世人的反对而停止进行克隆人实验。安蒂诺里的研究再次提醒人们,制定禁止克隆人的国际公约已迫在眉睫。

3. 对民工的歧视及各种限制**依然**存在。

依然:依旧;照旧。

① 虽然《我爱我家》之后没有全国大热的情景剧,但在地方台,依然有不少情景剧深受当地人喜爱。

② 中国留洋球员在国内全都是球星,哪怕靠吃老本,依然能够在国内俱乐部独当一面。但到了高水平的欧洲联赛中就不一样了,他们不仅不再是明星,还要面对近乎惨烈的位置竞争。

③ 我们本来就是农民的后代,并且都在农村度过了童年岁月。今天,当我们奔走在已经变得陌生的田野,却依然像回到母亲的怀抱,内心激动不已。

背景知识

中国的户籍管理制度

城乡分离的户籍管理制度是1958年以后逐步建立和发展起来的,是计划经济的产物,更是短缺经济的结果,当时由于城镇居民购买粮食需要凭证明,定量粮的划分依据就是"农业户口"和"非农业户口",同时公安部门实行户口的二元管理结构。改革开放以来,城乡分离的户籍管理制度越来越显示出局限性,进入90年代后期以来,中国各地加大了改革户籍管理制度的力度,逐步去除附着在户口上面的不合理因素,还户口以本来面目。从1998年起,公安部已经逐步放宽了解决夫妻分居、子女投靠、婴儿随父母落户等问题的户口政策,确立了以"具有合法固定的住所,稳定的职业或生活"为基本落户条件、放宽户口迁移限制的户籍管理制度改革的基本方向。2001年,吉林、湖南、广东、福建、辽宁等省打破"农业""非农业"二元户口管理模式,明确提出了取消农业户口、非农业户口性质,实行城乡统一的户口登记管理制度。

练 习

一、请在课外阅读最新中文报刊文章,将其中的两篇剪贴在你的笔记本上,然后把它们写成摘要,并谈谈自己的看法。

二、给下列动词搭配适当的词语:

消除＿＿＿＿＿＿＿＿＿　　供应＿＿＿＿＿＿＿＿＿

健全＿＿＿＿＿＿＿＿＿　　补贴＿＿＿＿＿＿＿＿＿

阻止＿＿＿＿＿＿＿＿＿　　颁布＿＿＿＿＿＿＿＿＿

取消＿＿＿＿＿＿＿＿＿　　忽视＿＿＿＿＿＿＿＿＿

第十五课

三、选词填空：

以致	消除	供应	健全	并没有因为……而……
依然	阻止	忽视	颁布	计划经济	户籍制度

1. 生产者要承担提供其所_____的产品的有关环境特性，以及该产品如何以环境可接受的方式再利用或再生等的信息责任。
2. 我觉得并不是教练一发现队员有谈恋爱的现象就横加_____，很可能是队员由于谈恋爱已经对正常训练产生了一定影响教练才干涉的。
3. 从1979年到2003年，中国用了25年时间改革此前30年建起来的_____。1992年之后，改革的目标明确为建立市场经济，这个任务至今仍在推进中。
4. 在现实生活中得不到满足的东西，在电子游戏中能够得到充分的满足。正由于这种原因的存在，_____当代一些青少年对电子游戏和网络高度成瘾。
5. 面对主考官，如何让自己保持镇静呢？我的经验是，带一个事先整理得井井有条的公文包，可能会在_____面试紧张心理时发挥奇特效果。
6. 中国需要的_____改革，应该是一个能够给所有人提供公平、公正的身份，使大家站在同一个起跑线上的改革，而不是从一个准入门槛换成另一个准入门槛的改革。
7. 大多数同学认为_____经常上网_____影响了他们与人交流的方式。
8. 许多企业一时的成功，或者是全赖老板的能力和优秀的产品，但一些老板只是把员工当做生产工具，如果项目完成，或者员工表现不佳则随时撤换，当然也就_____了培训的需要。
9. 2003年7月初，欧盟正式_____处理废弃电子产品指导法令，明确要求欧盟所有成员国必须在2004年8月13日以前，将此指导法令纳入其正式法律条文中。
10. 像老王这样在北京的住宅小区里从事废品回收工作的外地人，更多的是把电脑当做像电视机一样并没有多大特殊性的物品，但是他们_____希望能够多收到"旧电脑"这样的大件，因为"这个东西好卖，而且给的钱也挺多的"。
11. 对于确需保留的行政审批，要建立_____的监督制约机制，做到审批程序严密、审批环节减少、审批效率明显提高，行政审批责任追究制得到严格执行。

四、根据课文内容判断正误：

1. 城乡户籍分离的政策，在新中国成立初期有其合理性。（   ）
2. 如今，中国的户口已经消除了计划经济、短缺经济的传统色彩。（   ）
3. "城乡差别"正随着农民大量进城而消失。（   ）
4. 目前，众多地方的民工还无法真正融入城市，无法转化为真正意义上的市民。（   ）

五、请按正确的语序将下列各个句子组成完整的一段话：
1. A 又使本是不同职业的城市人和农村人
   B 于是城市居民有了优越感
   C 城乡户籍制度所造成的各种福利差异
   D 日益成为身份的区别
   正确的语序是：(　　)(　　)(　　)(　　)
2. A 尽管其本意是为了减轻本城市的就业压力
   B 并将这种措施制度化
   C 强化了城里人和乡村人的身份等级色彩
   D 许多大中城市公布了对外来劳动力就业行业、工种的限制措施
   E 但在某种程度上却强化了就业领域城乡分离的制度性歧视
   正确的语序是：(　　)(　　)(　　)(　　)(　　)

六、根据课文内容选择最合适的答案：
1. 城乡分离的户籍管理制度是在_____年以后逐步建立和发展起来的。
   A 1949　　　　　B 1959　　　　C 1958　　　　D 1960
2. 城乡分离的户籍管理制度是_____的产物。
   A 市场经济　　　B 商品经济　　C 工业化　　　D 计划经济
3. 根据目前的户籍管理制度，中国大多数城市的民工_____转化为真正意义上的市民。
   A 可以　　　　　B 不能　　　　C 有希望　　　D 必须
4. 本文作者认为在市场经济形势下实施城乡分离的户籍管理制度是_____。
   A 合理的　　　　B 有必要的　　C 不合法的　　D 不合理的

七、请尽量使用以下词语进行话题讨论：

| 以致 | 消除 | 供应 | 健全 | 并没有因为……而…… |
| 依然 | 阻止 | 忽视 | 颁布 | 计划经济　　户籍制度 |

1. 你是怎样看待中国城乡分离的户籍制度的？
2. 你们国家是怎样进行人口管理的？

八、快速阅读：
阅读一　（字数：1288；阅读与答题的参考时间：7分钟）

民工小马的生活方式

小马，男，21岁，四川人，未婚，北京万柳园附近某楼盘建筑工人，出来务工3年，高中毕业。以下为调查实录：

经济状况：月收入700元，留下400，按月邮寄回老家。其余300元，偶尔下馆子、买衣服、抽烟等。

工作方式：建筑小工，连续工作10小时，星期六、日照常工作。

第十五课

　　食宿：住在工棚，条件比较艰苦，20人一间，通铺，夏天很热，蚊子多；冬天，没有暖气，很冷，经常渗水。听说过东北实行民工集中居住，感觉可以改善他们的生活环境，可是担心收取的费用太多。另外如果离工地比较远，公共汽车的费用又是一笔。

　　生活习惯：经常抽烟，在公共场所不随便吐痰，害怕罚，另外觉得那地如果很干净，自己得遵守；项目做完后工友间轮流请客吃饭，一般去家乡餐馆，花费100元以下。某些时候是AA制。夏天经常冲澡，或者在昆玉河游泳；冬天洗澡很少，因为没有条件——公共浴室太贵。偶尔去服装市场买衣服，希望颜色比较好看，便宜。能够接受染发，感觉比较前卫。

　　业余时间：聊天，主要聊政治(比如16大、美国和中国的关系、台湾海峡)、感情(自己的情感故事、工友的)、黄段子、未来(自己有钱以后干吗)、人际关系(与包工头、老乡)等。

　　兴趣：知道互联网，曾经和工友去上过，感觉太贵，很不错，新鲜；购买智力类、通俗、花边的图书看。知道《奶酪》系列；《穷爸爸、富爸爸》。有时候看一些比较刺激的VCD，在工头家。经常购买的杂志有：《知音》、《打工者》《读者》(农村版)。偶尔看电影，知道《哈利·波特》《河东狮吼》。希望有一些场所，提供廉价而实用的文化产品。比如出租图书、看电影。

　　对城里人的态度：很尊重他们，希望向他们学习，以后过上城里人的生活。对某些城里人的歧视做法不以为然，觉得对自己的生活构不成冲击。对近日媒体所说的不让民工上公共厕所的提法表现平淡，认为这都是民工自己惹的麻烦。偶尔在公共汽车上遭受敌视，会更肆无忌惮，因为有报复的快感。之后会失落。表示自己会努力工作，赚钱——其理由是，有很多老乡都已经成为城里人，过着富足的生活。相信自己也能。

　　觉得自己对城市的贡献：自己很辛苦，盖楼房，让城市更漂亮。有一定的贡献。听说过春节，北京没有人送报纸、送牛奶的事情，有一点快感，但是也想，如果那时能抓住机会，就可以多赚钱。

　　最快乐的事情：回家乡。会买比较好的衣服，比如西服、皮鞋。给家里人买年货、衣服。很干净的回家。只是路上太挤。每次坐车都很害怕，人太多了。现在已经习惯了。

　　最烦人的事情：工头克扣工钱，经常要交纳各种费用，某些时候经常被查，比如身份证、暂住证。不过，这些证件自己都有，可惜贵了一些。

　　未来：先存钱，娶媳妇。做工头，赚钱。听说过很多打工者成为百万富翁的消息。知道深圳有十佳农民工。不想再回农村了，因为太落后。但是也知道很多工友打算在村里做一些实实在在的事情。

　　(新浪文化2002年11月26日10:30略有改动。)

回答问题：
1. 小马的食宿条件怎样？
2. 小马的业余时间是怎么过的？
3. 小马最快乐的事情是什么？
4. 小马最烦人的事情是什么？

阅读二　（字数：1116；阅读与答题的参考时间：6分钟）

民工何时不再受歧视？

范庆锋

公厕门口一个写"严禁民工上厕所，违者罚款50元"的标语，让在京打工的民工有一种受歧视的感觉。这是近日北京媒体报道的消息。据说，这个标语是两年前刷上去的。北京某村为了禁止民工上厕所，还派人守在公厕门口，只要看到民工就不让进。

消息一出，民工被歧视的话题再一次引发人们争论的热潮。

的确，民工属弱势群体，他们缺少话语权，生活在社会的底层，但却为城市、为社会的发展作着自己的贡献。可生活在城市中、自觉比别人高一等的城里人，却连人最起码的正常排泄的权利都不给。实在有点过分。

事实上，人们对民工、对弱势群体的歧视还远远不止这些。

不久前，青岛的陈先生就给《半岛都市报》提议，说："作为北京2008年奥运会的伙伴城市，青岛的市民素质步步提高，而在青岛打工的民工却素质低，不讲卫生，衣服上沾满油污，引起市民的厌恶，双方的隔阂越来越深。最简单的解决办法是在公交车上隔出小块区域专门供民工使用，这样可以减少市民对民工的厌恶感，消除双方的隔阂和矛盾。"

而在乌鲁木齐，36岁的民工李腊英，却为一次不经意的横穿马路而失去了生命。据报道，2002年3月30日中午13时许，乌鲁木齐市43路公交车行驶在新疆化工技校附近，突然一个妇女横穿马路，司机赶忙一脚急刹车，来不及反应的10多名乘客在巨大惯性作用下全部摔倒，其中一名提着蛋糕的女乘客一屁股坐在了蛋糕上。气愤之极的女乘客站起来后，大声指责司机，并要司机赔蛋糕。司机生气地跳下车，指责呆立在马路上的李腊英。司机认为蛋糕应该让李腊英赔。女乘客转而向李腊英提出赔偿要求。争执没有结果的情况下，李腊英被乘客硬拉上了车，安排在车中部靠窗的一个位置。为防止她跑，女乘客坐在她旁边。李腊英一上车，一直嚷着此事与自己无关，自己没有钱，一边嚷一边打开车窗说要透透气，并且坐在椅背上。突然，李腊英飞身跳出了车窗……

第十五课

就是这么一件小事,却因为对人的歧视——怕自称没有钱的民工逃跑,而使一个年轻的生命在瞬间消失了。

对于这一事件,一个卖报纸的民工说:"我能理解那个跳车的妇女。我们常常被欺负。我就经历过被人将崭新的一叠报纸扔进泥水的事,当时我哭了,不仅心疼报纸,更多的是觉得自己没有尊严。"

任何一个人,哪怕他没有受过太多教育,他都会认为人有尊严。而尊严对任何人都是平等的。但愿这一愿望能够实现。

(《中国青年报》2002年12月23日,略有改动。)

回答问题:

1. 本文一开始,北京媒体报道了什么消息?
2. 不久前,青岛的陈先生给《半岛都市报》提议什么?
3. 2002年3月30日,乌鲁木齐市43路公交车上发生了什么事情?
4. 你是怎么看待这些事情的?

阅读三 (字数:1779;阅读与答题的参考时间:10分钟)

农民是职业还是身份?

许锋

很长时间以来,农民作为一种身份印记牢牢地存在着。于是农民的孩子考上学那叫"跳出农门"或"鲤鱼跳龙门"。考不上学找不到工作的农村孩子只能眼巴巴地看着城里的孩子招工、接班,羡慕不已。农村和城市之间的那堵墙不管看起来怎么样,实际上难以越过。

于是我看到这样的消息时就惊喜不已了。《中国青年报》10月18日报道说,上海市规定凡2001年1月1日起在郊区农村出生的小孩,都可以报城市户口。这将意味着在上海农村新出生的孩子将直接被登记为城镇居民,"农民"将不再是他们"世袭"的身份印记。如果这一政策今后没有变化,最多10年之后,户籍意义上的农民将在上海消失,农民将仅仅是一种"职业称谓"。

实事求是地说,作为一种职业,农民自然有农民的优势,要不就没有一些城里人下乡当农民一说了。和工人、干部、老板一样,他们之间存在的仅仅是职业的不同,社会分工的差异,收入的多寡。可是在很多地方却人为制造了人的围墙和篱笆,在围墙和篱笆之内,圈定了农民能干什么、不能干什么,他们的孩子能怎么不能怎么,这显然不是职业的不同,而是身份的印记。这到现在仍然在很多地方坚挺地存在,没有城市户口,在城市上学难、找工作难、结婚难,即便你有城市户口,可是在户口所在地以外的城市,你同农民没有太多的区别。

人的平等性在于社会资源面前的一视同仁,在于法律规定的权利义务前的平等性,可是农民的平等性却被人为地大打折扣了。

欣喜的是,农民正在向平等迈进。据不完全统计,仅自1996年以来,我国共有17188位农民(含转制)从公开选拔考试中脱颖而出,走进地方国家机关的大门,成为国家公务员。现在,这种打破身份和地域限制,惟才是举的公务员选拔方式已在全国30多个省市区全面铺开。

在城乡二元户籍制度下,"农民"不仅是一种职业身份,它还意味着经济身份、政治身份、法律身份和社会身份。如果说各地公务员录用向农民敞开大门仅仅是人事制度改革的进步,深圳将对事业单位实行全员聘用制,打破的是干部、工人的身份界限的话,上海为农村孩子打开户口围墙则是彻底打破人的围墙和篱笆,是"标志性的建筑"。

从《大公报》上看到一则短文颇有意思,温哥华一份中文报纸聘请编辑和记者。对编辑的要求是:具备丰富之新闻编辑经验,对本地情况有深刻认识。熟悉"飞腾"照排软件、中文打字。对记者的要求是:大专以上程度,中英文良好,能独立采访及撰写社会性专题故事,熟悉本地情况。相比我们很多的招聘启事,动不动本科、硕士,35岁以下,女的不要,未婚,城市户口等,温哥华的用人标准真是"浅薄"得一无是处。我们的很多用人单位真是趾高气扬,苛刻得不得了。

越来越多的事实证明,经济越发达的地区,越富有的地方,对待"人"的态度上越没有"架子",而面对一浪高过一浪的人事改革大潮无动于衷或者坚决抵制的地方和这些地方的职能部门,说到底是不想失去某种"管制"人的权力,是仍然想发人财,是私欲在作怪。这样的人当然不想给人创造平等、和谐的竞争、就业、保障环境,而这样的人又怎么能管好人、办好事、促进地方经济发展?

当然,上海有上海的实际情况或者说优势,不能一概而论。我认为仅仅让农民的孩子报上城镇户口仍然是将农民狭隘地定义了。其实城里人也罢,乡下人也好,不都是国家公民么,那么能不能统一登记为"中国公民",仅在职业上有所区分,比如农民、工人、干部、失业、待业等,这不正是彻底打破经济、政治、法律、社会身份区别,而仅仅有职业不同之分吗?

(《中国经济时报》2002年10月31日,有改动。)

第十五课

判断正误：

1. 《中国青年报》10月18日报道说,上海市规定凡2001年1月1日起在郊区农村出生的小孩,都可以报城市户口。（　　）
2. 人的平等性在于社会资源面前的一视同仁,在于法律规定的权利义务前的平等性。（　　）
3. 自1996年以来,中国共有17188位农民(含转制)通过公开选拔考试,成为国家公务员。（　　）
4. 在城乡二元户籍制度下,"农民"只是一种职业身份。（　　）
5. 作者对温哥华的用人标准非常不满。（　　）
6. 作者认为,经济越发达的地区,越富有的地方,对待"人"的态度上就越有"架子"。（　　）
7. 作者主张,城里人和乡下人应都统一登记为"中国公民"。（　　）

第十一~十五课测试题

答题参考时间:100分钟　　　　分数:＿＿＿＿＿＿＿

一、给下列动词搭配适当的词语:(8分)

遵循＿＿＿＿＿＿＿　　　　欣赏＿＿＿＿＿＿＿
继承＿＿＿＿＿＿＿　　　　有意＿＿＿＿＿＿＿
散布＿＿＿＿＿＿＿　　　　回顾＿＿＿＿＿＿＿
淘汰＿＿＿＿＿＿＿　　　　开发＿＿＿＿＿＿＿
评选＿＿＿＿＿＿＿　　　　否认＿＿＿＿＿＿＿
征服＿＿＿＿＿＿＿　　　　供应＿＿＿＿＿＿＿
颁布＿＿＿＿＿＿＿　　　　阻止＿＿＿＿＿＿＿
取消＿＿＿＿＿＿＿　　　　忽视＿＿＿＿＿＿＿

二、选词填空:(9分)

| 以及　　也就是说　　未必　　为……而……　　即　　假如 |
| 以……为……　　依然　　并没有因为……而…… |

1. 山里人＿＿＿＿＿＿＿相信天上真有神,或者山就是神,但是他们却深信,自然界确有一种不可侵犯的威严和神圣性,自然界是不能任意破坏的。
2. 她＿＿＿＿＿＿＿周游世界＿＿＿＿＿＿＿自己的生活目标。
3. 他是个很认真的人,＿＿＿＿＿＿＿这次比赛没有正常发挥＿＿＿＿＿＿＿不断责怪自己。
4. 小王是个很乐观的人,＿＿＿＿＿＿＿失去工作＿＿＿＿＿＿＿对自己丧失了信心。
5. 水电部门搞开发规划,应该有生物、生态、地质、环保、农业、林业、卫生、城建、旅游、文物考古＿＿＿＿＿＿＿社会科学专家学者的广泛参与。
6. 我帮助毕业生找工作的信息,主要是从我以前教过的学生,＿＿＿＿＿＿＿往届毕业生那儿得到的。
7. 在投资、消费和出口"三驾马车"当中,投资具有扩大需求和增加生产力的双重效应,即乘数效应,＿＿＿＿＿＿＿,增加投入必然构成新的需求,进而启动消费,带动再投入。
8. 据中华英才网(www.ChinaHR.com)《北京、上海、广州三地高级人才访寻报告》显示,北京的IT类高级人才＿＿＿＿＿＿＿十分抢手,而上海非IT类、快速消费品、制药类高级人才的需求量较大。
9. ＿＿＿＿＿＿＿我们认为"人是理性的",那么我们的一切经济行为必然符合经济学家构筑的精密数学模型。但事实往往不是这样,人们的消费投资往往受到自身的心理特质、行为特征的巨大影响。

三、判断 A、B 两句的意思是否相同：(10 分)

1. A 道德新质的生长则是社会发展的历史的和逻辑的必然要求。(　　)
   B 社会发展的需要对道德的影响不大。
2. A 改革开放以前，在具有高度计划性特征的社会经济体制下，社会成员并不存在选择职业的问题。(　　)
   B 改革开放以前，在具有高度计划性特征的社会经济体制下，社会成员不能自由地选择职业。
3. A "跳槽"心理实际上在一定程度上表现了自主择业意识的提高。(　　)
   B "跳槽"心理并不能反映出自主择业意识的提高。
4. A 上世纪三四十年代，有无数青年因为阅读了巴金的《激流三部曲》而走向革命的道路。(　　)
   B 上世纪三四十年代，有无数青年走向革命的道路是因为受到巴金的《激流三部曲》的影响。
5. A 新中国成立初期根据我国当时短缺经济的现实，制定了城乡户籍分离的政策，这在当时有其合理性。(　　)
   B 新中国成立初期制定的城乡户籍分离的政策，在现在有其合理性。

四、请按正确的语序将下列各个句子组成完整的一段话：(7 分)

1. A 当年的诺贝尔文学奖就将授予他
   B 如果老舍不是自投太平湖自尽
   C 一个广泛流传的故事说的是
   正确的语序是：(　　)(　　)(　　)
2. A 我觉得这本书满足了我的孩子心理
   B 观众反应特别好
   C 当初看了王朔的一本小说《你不是一个俗人》
   D 就把它拍成了我的第一部贺岁电影《甲方乙方》
   正确的语序是：(　　)(　　)(　　)(　　)

五、根据下面各段内容回答问题：(10 分)

1. "法律管不着的事就可以大胆地去干"吗？对于这一观点，仅有 27.5% 的人表示赞同，有 15% 的人持中性的"一般"态度，而有 57.5% 的人则表示不赞同。大多数人对于道德所具有的特殊社会意义和规范作用给予了极大地强调。
   问题：对这一问题的调查结果说明了什么？
2. 我过去上不了电影学院是因为家里没人，所以只能自己瞎混，现在混出来了，还不错。所以我最讨厌介绍一个人的时候先介绍这个人的父母。所以我的孩子应该自己去闯，能闯到什么样，算什么样吧。
   问题：冯小刚认为他的孩子应该怎样发展？
3. 择业心理的多样化趋势有着特定的合理性：其一，它是社会结构分化、社会职业类型多样化的一种主观反映;其二,它是价值观念多样化的一种必然选择结果。表现这种择业心理的一个最鲜明的例子就是,当今社会中各种自由职业者人数的迅速增长。

问题:为什么说择业心理的多样化趋势有着特定的合理性?

4. 王菲赢得了歌坛和影坛天后的荣誉。歌迷喜欢她的歌、她在影片中的表演,但更多人喜欢的是她自由乐观的人生态度。在流行乐坛的女歌手中,她的成就和人气,无人能及。

问题:更多的人喜欢王菲的什么?

5. 加在原先户籍制度上的就业、上学、医疗、住房、物价补贴、生活保障等权利和福利因素等都是计划经济条件下的特殊产物,给予了户口不应有的福利功能。本质上正是这些不合理的功能把城乡区分成了两个发展机会与社会地位不同的区域。一纸户口不仅限制了人口的流动,它带来的城乡重大差别,成为中国城乡差异最集中的体现。

问题:一纸户口带来了哪些社会问题?

六、用自己的话或原文中的关键句子概括下列各段的主要内容,字数不要超过30个:(9分)

1. 节俭观念仍然为较大比例的青年所认同。据1997年的一项调查,对于"即使有了钱,也要过节俭的日子"这一看法,表示"非常同意"和"较同意"的人分别为18.5%和63.4%,选择"很不同意"和"不同意"的人为2.2%和13.5%,认为"说不清"的人占2.4%。共计81.9%的大多数人仍没有忘记节俭这一传统道德观念。

2. 随着"铁饭碗"意识的减弱,职业风险意识正在提高。过去曾受到极度重视的"职业稳定性",逐渐地被更多的人放在非优先考虑的地位上,总是被排列在"发挥自己潜能和实现自己价值"、"高收入"这类标准之后。现代社会所需要的职业风险意识正在开始形成。

3. 虽然对人口流动的各种限制正在逐渐消除,但长期计划经济体制下所形成的观念、政策、制度难以在短时间内被完全改变,新的法制需要健全。"城乡差别"并没有因为农民大量进城而消失,对民工的歧视及各种限制

依然存在。许多大中城市公布了对外来劳动力就业行业、工种的限制措施,并将这种措施制度化,尽管其本意是为了减轻本城市的就业压力,但在某种程度上却强化了就业领域城乡分离的制度性歧视,强化了城里人和乡村人的身份等级色彩。

七、阅读:(47 分)

　　阅读一　(17 分)

我们的环境怎么了?

　　本报近来完成的一项调查显示:近半数青年感觉自己周围的生活环境在一天天变差,水污染、大气污染和土地荒漠化,已经成为当下最受青年关注的三大环境问题。

近半青年感到生活环境在变差

　　面对目前自己周围的生活环境,受访者的感觉差异很大:47%的青年感觉"一天不如一天",33%的青年觉得"越来越好",还有20%的受访者表示"一直这样,没有变化"。

　　值得注意的是,来自农村的青年与来自大城市的青年对这个问题的回答差异明显:农村青年中,有更多的人觉得环境在变差,持此观点的受访者比例(53%)要明显高于持相反观点的人数比例(26%);而在大城市青年中,情况则刚好相反,认为环境在变差的青年人数比例为33%,而感觉环境在一天天变好的人数比例则为46%。

　　农村青年与大都市青年在回答这个问题上的差异很耐人寻味。按常理推断,在工业化程度相对较低的农村,环境遭到破坏的程度应该相对较轻,但为什么当地青年对此的感受却正好相反?也许对于大城市来说,在经济得到相对充分的发展之后,已经开始意识到保护环境的重要性并采取了一些行动;而对于广大农村来说,一方面,经济发展的相对落后可能使得环境污染问题在一定程度上更容易被忽视,另一方面,一些污染相对严重的企业从城市向远郊区县或农村的转移也在一定程度上加剧了环境污染。

水污染成为最受关注的环境问题

　　在调查中,我们给出了10种环境问题,请受访者从中选出他们最为关注的环境问题(可多选)。最终,水污染、大气污染和土地荒漠化成为最受当代青年关注的3大环保问题。其中,水污染问题以76%的获选率高居榜首,即每4名受访者中就有3名在关注该问题,成为最受当前青年关注的环境问题。此外,大气污染问题和土地荒漠化问题也分别受到70%和66%的青年的关注。另外,垃圾回收利用(58%)、野生物种减少(52%)、臭氧层遭到破坏(51%)等环境问题受到的关注程度也都超过了半数。

提高全民环保意识是当务之急

面对这些日益严重的环境污染问题,有没有行之有效的解决办法?调查显示,超过半数(52%)的受访青年认为"提高全民的环保意识"是解决这些环境问题的根本。具体到受访者本身,环保意识则更多地是从以下几方面体现出来的:

85%的青年在日常生活中非常注意节约用水;

65%的青年不会乱扔废弃电池;

64%的青年不吃野味;

53%的青年会尽量少用塑料袋/盒;

50%的青年曾经做过或正在做环保志愿者。

不过,我们在调查中也发现,在"尽量买再生制品"(26%)和"垃圾分类处理"(30%)等方面,目前青年做得还很不够。看来,要把环保意识全面而深入地贯穿到我们的日常生活当中,还需要一定的时间和过程。

除此之外,有22%的青年认为"人人从我做起"是解决环境问题的根本。还有两成多的青年寄希望于国家的宏观政策法规:认为应该严惩造成环境污染的个人或集体(10%),同时加快健全环保法规(8%)并加大对高污染企业的监管力度(5%)。而对于"开征环境保护税"(2%)和"国家设立环保基金"(1%)等做法,赞成的青年人数则非常少。

尽管有相当数量的青年对环境问题的现状表示担忧,但依然有超过70%的受访者相信,环境问题在不久的将来能够得到很大的改善,10年后的生活环境会越变越美好(表示肯定会的占35%,表示可能会的占到38%)。而明确表示对此不抱任何希望的青年只有5%。

(节选自《中国青年报》2004年02月01日,有改动。)

1. 判断正误,正确的打√,错的打×:(14分)
   1) 目前青年们只关注三大环境问题。(　　)
   2) 农村青年中,有将近一半的被调查者认为环境在变差。(　　)
   3) 在大城市青年中,感觉环境在一天天变好的青年人数比例要高于认为环境在变差的人数比例。(　　)
   4) 水污染问题是最受当前青年关注的环境问题。(　　)
   5) 调查显示,有一半的受访青年认为"提高全民的环保意识"是解决这些环境问题的根本。(　　)
   6) 调查中,半数或半数以上的青年在5个方面体现出了环保意识。(　　)
   7) 调查中,大部分青年并不认为环境问题在将来会得到很大改善。(　　)

2. 回答问题：(3分)
　　1) 调查中,哪些环境问题受到的关注程度都超过了半数?

阅读二　(15分)

有多少时间可以孝顺

　　夜里,一位朋友打来电话,说自己刚和父母大吵一架,心里十分烦躁。"我不就是参加同学聚会回家晚了吗?至于冲我发那么大脾气吗?他们真是瞎操心。"

　　听着朋友的话,我不禁陷入沉思。

　　在很多问题上,我们年轻人和父母存在很大的分歧,一直以来,我们都将这种矛盾称为难以越过的"代沟"。比如:

　　当我们沉醉于流行音乐时,父母可能觉得那都是些无病呻吟,而当父母专注于民歌、戏剧时,我们可能会躲得远远的,恨不得往耳朵里塞棉花。

　　当我们化着浓妆,穿着异服,张扬着个性时,父母可能会说:"这像个什么样子?"而当父母对大红大紫的衣服感叹自己老了时,我们可能会在心里笑他们过时了。

　　当我们因为吃不完而倒掉碗里的饭菜时,父母可能会骂我们是在浪费粮食,而当父母在饭桌上朗诵"谁知盘中餐,粒粒皆辛苦"时,我们可能会不耐烦地打断他们。

　　当我们为追求高质量的生活,今天花着明天的钱时,父母可能会皱着眉头说我们是"败家子"。而当父母为了几毛钱的小菜和小贩讨价还价时,我们可能会说他们才是真正的"守财奴"。

　　当我们和同学、朋友狂欢通宵时,父母可能会因为担心我们夜里回家不安全而大发脾气。而当父母晚上九点钟就打电话催我们回家时,我们可能会烦他们在瞎操心,而把电话挂断甚至关机。

　　当我们遇上心爱的人而不顾一切时,父母可能会劝我们要理智地对待感情;而当父母把经济条件、家庭背景等视为婚姻的必要条件时,我们可能会说他们是纯真爱情的"杀手"。

　　……

　　我们和父母可能会因为这些问题发生争执,谁都想说服对方,但谁也战胜不了对方。

　　其实,这样的战争从一开始就注定了没有谁输谁赢。不管是谁的道理更充分,也不管谁的想法更真实,这些都不重要。因为父母都曾和我们一样拥有过飞扬的青春,也一样经历过人生的抉择、爱情的伤痛和创业的起起落落。而我们终有一天也会和他们一样,为人父,为人母。到那时候,我们也一定会像他们一样对我们的下一代有太多的不理解、看不惯。

身为子女,我们无须刻意去改变父母的观念,重要的是在我们年轻时,在我们的父母还在身边时,应该尽可能地敬一份孝心。

想想我们一生中到底有多少时间去孝顺他们呢?

读书时,他们把我们当宝贝似的照顾着,而我们全然不懂得他们的良苦用心,反倒认为这是天经地义。

工作了,开始忙于社交应酬,千方百计地追求事业的成功,就连待在家里陪父母聊天,都以忙为借口草草收场。

恋爱了,脑海里全是他(她)的身影,整天只想和心爱的人在一起,父母却放在了心灵深处最不起眼的角落。

结婚了,得去经营自己的小家,父母自然也想得少了。

自己有小孩了,还希望父母能帮着带自己的孩子,哪有时间去照顾他们?

而父母的要求却只有那么一点点,看着孩子们生活得幸福,他们也就心满意足,即使我们很长时间才给他们打一次电话,即使很久都没有回家陪他们吃顿饭,他们都没有半点埋怨。

想一想,我们真的没有多少时间去孝顺父母啊!

等到我们真的经历了世事的沧桑,真的懂得了父母的伟大,想要好好孝顺一下父母时,可能他们都已经老了。可能他们走不动了,哪里也去不了了;可能他们的牙齿掉光了,什么也吃不下了;可能他们身体不好了,每天与药罐、针头为伴,很快就要与我们告别了。既然如此,为什么我们还要在有限的时间里与父母争吵、冷战呢?

我真想告诉我的朋友,从现在开始孝顺父母吧!多花时间陪他们说说话,多抽时间带他们旅旅游,多让他们脸上绽放笑容,多让他们心里感觉快乐吧。这样,当他们离去的那一天,我们才不会后悔和遗憾,因为在他们有生之年,我们给了他们最真情的爱与关怀。

(节选自《中国青年报》2004年02月01日,有改动。)

1. **判断正误,正确的打√,错的打×:(12分)**
   1)一位朋友打来电话,说自己刚和父母大吵一架,但他并不生气。( )
   2)当父母很喜欢民歌、戏剧时,我们可能也喜欢听。( )
   3)在服装方面,我们可能和父母的看法不一样。( )
   4)在恋爱问题上,父母可能和我们的看法不一样。( )
   5)在人生的不同阶段,我们忙着做各种事情,没有多少时间孝顺父母。( )
   6)本文作者认为,父母应该多理解我们,支持我们。( )

2. 回答问题：(3分)
　　1) 本文为了说明父母和我们之间可能存在的"代沟"问题,举了几个例子?本文说到我们一生中没有多少时间去孝顺父母时,举了几个例子?

阅读三　(15分)

打开生命之窗

只要有爱就有希望　　只要活着就有可能会出现转机

　　当一个人失恋、失业,同时又遭遇SARS的时候,他会做什么。
　　去年的三月到五月,我作为一个二十二岁的女孩,带着失恋的伤痛,面临失业的危险,同时又遭遇患上非典的恐惧,每天走在广州熙熙攘攘的人群中,我想到的是什么呢?
　　是的,死亡。
　　死是件多么容易的事,也许今天还在街上活蹦乱跳,明天却已经到了太平间,更何况在非典最为迅猛的时候,死真的不是件难事。
　　可活着却是多么的不易。
　　首先要面对那么多不愿意面对的事情。相恋多年的男友趁我南下找工作的时候,选择了背叛。人是耐不住寂寞的吗？还是校园的爱情原本就是经不起考验的?
　　自认为优秀的我碰上了扩招后的第一个毕业求职高峰,我竟然找不到工作了,难道毕业就是失业?
　　失恋、失业、死亡,这些不和谐的字眼每天都出现在我脑海里,我不禁惶恐了。
　　死是很容易,但是死了不就什么都没有了吗？不会有将来,不会有人来疼我爱我了。父母每天的问候,亲戚每天温情的叮嘱,那都是因为爱。
　　只要有爱就有希望,只要活着就有可能会出现转机。
　　于是,我继续坚强地走在体育中心的那条大道上,戴着口罩和身边无数的人擦肩而过,同时,也与死神擦肩而过。
　　那时的我,体验到了生命的脆弱,体会到了活着的不易。
　　看着每天新增的病例,看着每天死亡人数的递增,不害怕是假的。但我庆幸自己选择了坚强,选择了希望。
　　生命,或许是黎明,只有穿过黑暗的勇士,才能到达光明。
　　我做到了。
　　如今的我,坐在办公室里享受着好天气带来的好心情。虽然家乡早已下雪，但是广州却非常暖和。太阳静静地将光辉洒在广州的每个角落。打开窗户，看见外面的紫荆花开得正灿烂，花蝴蝶也绽放着笑脸。

想起去年三月至五月的那段日子，我不禁有流泪的冲动。当时的我，确实是孤独绝望的，还好，我挺住了，没有放弃，这样，我才能享受到如此好的阳光，如此美的风景。

想起德国伟大诗人海涅的那首诗：
"心啊，我的心，不要苦恼
你要忍受命运的打击
冬天夺走的东西，新春又会还给你。"
原来，命运对每个人都是公平的。

记得在《读者》上看到过这样一句话："当上帝把所有的门都关上时，他还为你留了一扇窗。"

当我们身处绝境的时候，我们只需要静下心来，寻找那扇生命之窗，然后打开它。打开那扇窗，你就会看到明媚的阳光，绚烂的花朵和青葱的树林，生命的盎然尽收眼底。

原来，生命不是那暗涌的黑色，让人想到死亡，不是那沉重的灰色，让人感到郁闷。

生命原来是灿烂的红色，让人热血沸腾，给人以激情，给人以活力。

生命原来是生机勃勃的绿色，让人充满想像，给人以朝气，给人以希望。

生命，原来是这样的多姿多彩。

所以，当你身处绝境时，请别忘了打开那扇上帝为你留下的窗。

(节选自《中国青年报》2004年02月12日，有改动。)

1. 判断正误，正确的打√，错的打×：(12分)
1) 去年的三月到五月，"我"有担心患上非典的恐惧。(　　)
2) 当时"我"觉得死是不容易的事，活着是很容易的事。(　　)
3) 相恋多年的男友在"我"南下找工作之前，和"我"分了手。(　　)
4) "我"选择活下去，是因为"我"认为只要有爱就有希望，只要活着就有可能会出现转机。(　　)
5) 现在的"我"已经有了工作，并且心情不错。(　　)
6) 作者引用海涅的诗来说明人生是很痛苦的。(　　)

2. 回答问题：(3分)
1) 作者是怎样理解生命的？

第一～十五课总测试题

答题参考时间：100 分钟　　　　　　**分数：_____**

一、给下列动词搭配适当的词语：(9 分)

开拓 _____　　　　　　向往 _____
突破 _____　　　　　　威胁 _____
实施 _____　　　　　　参与 _____
筹集 _____　　　　　　违背 _____
录取 _____　　　　　　预计 _____
达成 _____　　　　　　遵循 _____
消除 _____　　　　　　有意 _____
推行 _____　　　　　　淘汰 _____
赢得 _____　　　　　　透露 _____

二、选词填空：(10 分)

以……为例	以便	自……起	然而	相当于
如……等等	分别	与此同时	凭空	对于……而言
到……地步	居然	以致		

1. 据国家统计局统计，目前我国电视机的社会保有量达到 3.5 亿台，冰箱、洗衣机也_____达到 1.3 亿和 1.7 亿台。
2. 在电脑上工作的时间过长，会使操作者肌肉骨骼反复紧张，_____造成紧张性损伤，引起相应的病症。
3. _____北京市另一家民营公司_____，他们今年又招聘了几名外地高校的大学毕业生。
4. 与往年相比，今年大学毕业生就业难度加大虽是事实，但远没有难_____像一些媒体渲染的_____，实际上，大学毕业生就业难是被夸大了。
5. 拥有一个和平安定的生活环境，可以说是全世界所有热爱和平的人们的共同愿望。_____，在伊拉克问题上，美国最终还是选择了武力解决的方式。
6. 在选择对象时，男性往往比女性更注重对方是否具有身体上的吸引力，像漂亮、性感之类；而_____女性_____，男性是否具有经济能力更加重要。
7. 有的网友谈到，以前还很喜欢金庸，可是如今听到金庸的一些言论，可真是过了头了，_____说什么徐克不懂武侠，说什么张艺谋要为历史翻

225

案,让人感到意外。
8. 据《南方都市报》报道,一项统计数据表明:中国每年因为信用缺失而导致的直接和间接经济损失高达5855亿元,_____中国年财政收入的37%。
9. 高校的合并,其实并不是谁_____想像出来的。早在上个世纪90年代初期,江西的江西大学就和江西工业大学合并,成立了新的南昌大学。
10. 在城市的统计上,_____人均教育水准、人均收入水平、人均的基础设施供给、人均的医疗卫生防疫水平_____,我们看到的是接近国际水准。

三、判断 A、B 两句的意思是否相同:(10分)

1. A 节俭观念仍然为较大比例的青年所认同。(　　)
   B 较大比例的青年仍然认同节俭观念。
2. A 中国的现代化之路还要经历一个艰难而又漫长的过程。(　　)
   B 中国的现代化难以实现。
3. A 过去曾受到极度重视的"职业稳定性",逐渐地被更多的人放在非优先考虑的地位上。(　　)
   B 过去曾受到极度重视的"职业稳定性",不再被人们放在优先考虑的地位上。
4. A 在流行乐坛的女歌手中,王菲的成就和人气,无人能出其右。(　　)
   B 在流行乐坛的女歌手中,王菲的成就和人气,没有人超过她。
5. A "城乡差别"并没有因为农民大量进城而消失。(　　)
   B "城乡差别"正在随着农民的大量进城而逐渐消失。

四、请按正确的语序将下列各个句子组成完整的一段话:(7分)

1. A 做演员只是为了能够换位思考
   B 我没怎么想过做演员
   C 体会演员的心情
   正确的语序是:(　　)(　　)(　　)
2. A 并影响了数量最多的人
   B 但是他能够把学到的和悟到的深刻的东西
   C 金庸远没有鲁迅那么深刻
   D 用最精彩最感人的故事展现出来
   正确的语序是:(　　)(　　)(　　)(　　)

五、根据下面各段内容回答问题:(10分)

1. 道德水平下降论的过于悲观,道德水平上升论的过于乐观,都会影响我们对道德重建实际上应该付出的努力。当今时代,我们应该更多地从道德转型论来正视道德的新质与道德的问题。
   问题:作者是怎样看待当今社会的道德问题的?
2. 我从来没有上过大学,真的是一天都没上过。所以我觉得我特别不适合拍大学生题材的影片。自己完全没有体会,怎么能凭空想象生活呢? 我只能说,我想拍令大学生满意的电影。

问题:冯小刚打算拍大学生题材的影片吗? 为什么?

3. 在择业目标上,当今青年更关注开发自己的潜能、实现自己的价值。当今青年在选择职业时所考虑的主要标准上,职业能否为自己提供良好的发展前景这一条件常常被排列在第一位。

问题:在择业目标上,当今青年更关注什么?

4. 梅兰芳就是中国人艺术精神的代名词。上世纪三十年代,梅兰芳访美,他的表演征服了无数好莱坞的演员,并对美国电影艺术的发展产生积极影响。访问苏联,直接促进了布莱希特表演体系的形成。我国戏剧学家黄佐临先生认为,梅兰芳、斯坦尼斯拉夫斯基、布莱希特为世界三大表演体系的代表。

问题:梅兰芳对国外艺术发展产生过哪些影响?

5. 新中国成立初期根据我国当时短缺经济的现实,制定了城乡户籍分离的政策,这在当时有其合理性。但计划经济体制下对此政策近半个世纪的实施,似乎使人产生了一种误解:城里人天生是城里人,生在农村天生该种地。城乡户籍制度所造成的各种福利差异,又使本是不同职业的城市人和农村人,日益成为身份的区别,于是城市居民有了优越感。

问题:为什么城市居民有了优越感?

六、用自己的话或原文中的关键句子概括下列各段的主要内容,字数不要超过30个:(9分)

1. 孝敬父母仍是绝大多数青年人所认同的道德行为规范。1999年的一项调查结果显示:对于自己在孝敬父母方面的表现,有43.%和41.4%的人认为"做得很好"和"做得较好",承认"做得较差"和"做得很差"的人为1.3%和0.5%;另有13.7%人表示"做得一般"。

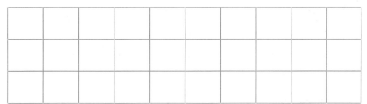

2. 在职业流动方面,当今青年主动改变工作的意识进一步增强。"跳槽"心理实际上在一定程度上表现了自主择业意识的提高。自主择业带来的一个现象就是,职业流动的速度和范围的加快和扩大。其中人们自愿选择流动的情形占有很大比例。大多数青年在选择职业时,最倾向于接受意见的对象是自己,即他们更倾向于择业问题上的自立决策。

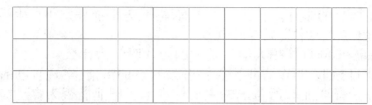

3. 民工对城市建设与城市居民的日常生活做出了许多贡献,然而户籍等限制使民工处于城市的被忽视地位。他们在住房、医疗、子女教育等方面与市民还不能享受同样待遇,无法真正融入城市,无法转化为真正意义上的市民,只能在城乡间来回迁徙,使之在城市不能真正安置自身,找不到安定感。大多数进城民工每月只有400~800元的较低收入,又很不稳定,各种不合理收费还常常降临到他们头上。更不幸的是,他们常常遭遇工资被扣或不发的情形。

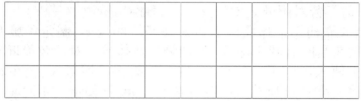

七、阅读:(45分)

阅读一　(17分)

大学生中谁更容易网恋?

　　鱼对水说:"你看不见我的眼泪,因为我在水里。"
　　水说:"我能感觉到你的眼泪,因为你在我心里。"
　　这是一部描写网恋的小说中的经典对白,曾经广为流传。而如今,随着网络的迅速发展和普及,网恋这种特殊的恋爱方式,正在成为当代大学生的"缘分天空"。一项相关调查指出,超过40%的大学生相信网恋有成功的可能性,超过60%的大学生对网恋持中立态度。

　　"前卫"型大学生更可能网恋吗?
　　大学生具有强烈的求知欲望,对任何新奇事物都有好奇心和勇于探索的精神。网恋作为一种新生事物,同样吸引了大学生。但是不是性格越"前卫"的人,选择这种恋爱方式的可能性越大?调查结果否定了我们的这种猜测。为了考察大学生的性格倾向,我们对他们的性格进行了大致归类:我们将选择"勇于尝试,敢为人先"的性格归为"前卫"型;选择"等其发展成熟,再作决断"的归为"理性"型;选择"别人怎么做,我就怎么做"的归为"从众"型。

　　调查数据显示:在有网恋经历的38名大学生中,"理性"型网恋者占53%,比率要略高于"前卫"型网恋者(45%)。可见,性格"前卫"并不一定更容易网恋。

曾经失恋的大学生更容易网恋吗？

调查还发现,网恋大学生中有55%的人都曾有失恋经历,这说明曾经在感情方面受过创伤或是失恋过的大学生更容易尝试网恋。按照马斯洛的需求理论,人的需求从低到高分为五个层次:生理需求、安全需求、爱与隶属需求、尊重需求、自我实现需求。处于"爱与隶属"需求层次的大学生,更需要别人的接纳、关爱、欣赏和理解。当他们在现实生活中得不到这种需求或是在这方面遭受挫折和创伤时,就会将这种需求转移,寻找其他途径补偿。网络的适时出现恰好迎合了大学生的这种需求。

但与此同时,网络的虚拟性质使得网上的交往通常是一对一的线性关系,无法受到现实社会中发散型人际关系的有效约束,因而,在网上也就更容易受到欺骗。而大学生一旦有过在网络上遭受欺骗的经历,就会对网络提高警惕,也就不会轻易尝试网恋。这也从一个侧面解释了为什么大多数(71%)网恋大学生并没有在网上受骗的经历。

同龄群体的从众性促进了网恋

通常,同龄群体的行为具有从众性,在网恋问题上是否也如此呢？调查结果显示,绝大多数(92%)有过网恋经历的大学生,其周围也有人有过类似经历。从人际互动的角度上说,家庭背景、思想观念和兴趣爱好等方面具有较大相似性的同龄人之间,最容易彼此发生人际吸引和人际影响。大学生都是二十岁左右的年轻人,学习能力强,而且,彼此朝夕相处,周围环境特别是同龄群体的影响就会更加显著。看到自己周围的同学网恋,虽然主观上并没有刻意盲从,但网恋却占据了潜意识中的一定空间,一旦有机会,就更容易去尝试。正是这种同龄群体的示范作用,使得尝试网恋的大学生数量在不断增加。

另外,调查还发现,网恋大学生大多数来自城市。这个结论和我们的经验相符:毕竟,来自经济相对发达地区的大学生"触网"时间更长,对新兴事物有更少的排斥心理,网恋也就更有可能。而那些来自经济发展相对落后的乡村的大学生,则更容易受传统观念的束缚,思想保守,做事循规蹈矩,在情感问题上更倾向采用传统的方法。

多数大学生对网恋持中立态度

面对大学校园中越来越多的网恋现象,大学生们持什么态度？调查显示,多数(65%)大学生对网恋持中立态度,既不明确表示反对,也不公开表示赞成。而对网恋明确表示赞成(12%)或反对(24%)的都是少数。

但对于网恋是否有可能成功,受访者的回答分化较大:8%的被访者认为"十分可能",认为"有一点可能"和"不确定"的分别占到36%、28%,另外还有25%和4%的被访者选择了"不太可能"和"绝对不可能"。在整体上,对网恋成功持乐观态度的大学生要更多一些。乐观者认为,网恋更注重思想的交流,心灵的沟通,建立在此基础上的爱情应该更加牢固,成功的机会也比较大。而悲观者则认为,网上聊天是网恋初期相对单一的了解方式,这种方式使双方缺乏实际的真正的接触和了解,因此,很容易失败。

(节选自《中国青年报》2004年02月01日,有改动。)

1. 判断正误,正确的打√,错的打×:(14分)

   1) 为了考察大学生的性格倾向,我们把他们的性格大致分成三类。( )

   2) 调查结果显示,"前卫"型大学生比"理性"型大学生更容易网恋。( )

   3) 曾经在感情方面受过创伤或是失恋过的大学生不容易尝试网恋。( )

   4) 同龄群体的行为具有从众性,在网恋问题上也得到明显的体现。( )

   5) 来自城市的大学生比来自经济发展相对落后的乡村的大学生更容易发生网恋。( )

   6) 在对待网恋的三种态度中,反对网恋的人所占的比例最少。( )

   7) 在整体上,对网恋成功持乐观态度的大学生要多于对网恋成功持悲观态度的大学生。( )

2. 回答问题:(3分)

   1) 对于网恋是否有可能成功,乐观者和悲观者分别是怎么认为的?

阅读二 (11分)

教师帮助学生就业值得鼓励

据《南方都市报》1月8日载,近日,广州大学51名教师领到了学校颁发的12万元奖金。这些教师因为成功帮助学生就业,得到了学校的奖励。笔者以为,像广州大学这样调动教师的积极性帮助学生就业的做法,非常值得推广。

近两年来,如何帮助大学生就业,使本校的毕业生尽快找到工作、尽快上岗,是各大学面临的共同困难。主动找企业上门招聘,参加大型招聘会,建立就业指导中心,向毕业生发布就业信息,帮助毕业生解决心理上的各种问题,指导学生就业……为了帮助毕业生就业,各大学可谓八仙过海,各显神通。这些做法,虽然有一定效果,但是有限。

以我自己做教师的工作经验为例,我的学生毕业时,每届毕业生有一半以上的人是我帮助他们找到工作的。而我帮助毕业生找工作的信息,主要是从我以前教过的学生,也就是往届毕业生那儿得到的。往届毕业生工作以后，社会交往比较广泛，他们或者已成为某单位的负责人，直接负责招聘工作，或者知道本单位是否需要人，或者他们知道哪个单位需要招人，要招什么样的人，需要哪个专业、具有什么特长的人等。我从他们那儿搜集招聘与就业的信息，再将我的应届毕业生推荐出去面试，这样有的放矢，一般都可以成功。

相反，单靠学生自己找工作，有一些不便：一是学生信息比较闭塞，不知道哪里需要招人，需要招什么样的人，无的放矢，比较被动；二是学生容易上当受骗，如今骗子太多，手段非常狡猾，学生难以防范，导致不少学生上当受骗。而通过教师帮助学生找工作、推荐就业的做法，就能很好地防止这些，从而可以有效地保护学生的合法权益。

发动教师为毕业生找工作，一需要教师平时注意搜集相关信息，特别要与以前的毕业生建立稳定的关系，随时掌握招聘信息；二需要教师对所掌握的招聘信息进行鉴别，去伪存真，避免浪费学生的时间和金钱；三是学校需要设法调动教师的积极性，推动学生学业工作。

(节选自《中国青年报》2004年01月14日,有改动。)

1. 判断正误,正确的打√,错的打×：(8分)
   1) 近日,广州大学51名教师因为教学成绩突出,得到了学校的奖励。(　　)
   2) 作者赞成广州大学的这种做法。(　　)
   3) 作者认为目前很多大学帮助毕业生就业的方式很有效。(　　)
   4) "我"帮助毕业生找工作的信息,主要是从"我"以前教过的学生那儿得到的。(　　)

2. 回答问题：(3分)
   1) 发动教师为毕业生找工作,需要教师怎么做？

阅读三　(17分)

中国年,走"红"世界
——从春节看民族传统文化的传承与发展

从热气腾腾的饺子,到人山人海的庙会；从异彩纷呈的文化市场,到时尚多样的过年方式……作为中华民族最隆重的传统佳节,春节历经千载,传承延续,尽管岁月更迭却依然保持着独特的韵味和无穷的魅力。

新年：新气象新亮点频现

这是一个传统的节日,传统的年俗得到前所未有的重现。

茶汤李、炒肝赵,说相声、唱大戏……老北京的庙会展示着"中国年"的浓浓风情。在许多地方,赶集、灯会、秧歌,人们在狂欢和热烈中体味着年节的魅力。

这是一个文化的节日,丰富的文化积淀和旺盛的文化需求使春节更加色彩斑斓。

《手机》、《地下铁》……10多部贺岁影片接连登场,令观众眼花缭乱;芭蕾、话剧、戏曲……新老剧目层出不穷。外国文艺表演团体竞相把"洋式大餐"推上中国节日文化的餐桌上。"逃脱大师"美国魔术师罗伯特·盖洛普春节期间在北京、上海、南京等地掀起了魔术热潮;俄罗斯国家大马戏团的狮子、狗熊、猴子们,给北京等地的市民带来无限欢乐。

这是一个现代的节日,现代生活赋予过年新的内涵,新的年俗在继承中发展变化。

大年初一,在北京工作的吕小姐一早就陪着父母去逛天安门广场,赶地坛庙会,到王府井购物。"往年回家的时间太紧张,今年干脆把父母从内蒙古接过来,让他们也尽情享受一下在北京过年的乐趣。"

利用春节假期旅游的人更是空前高涨。北京市旅行社春节组织的北京市民出境游有2.8万人次参加,同比增长8%,创历次黄金周出境游的新高。今年自驾车春节游异常火爆,在一些旅游城市和景区,自驾车游客比例占到了散客的三成以上。

"嘀嘀"的手机短信提示音成为亿万家庭新春贺岁的祝福曲。农历大年三十中午到初一凌晨,仅北京的手机用户就发送超过1亿条手机短信。电信部门估算,春节7天假期全国短信发送量有望达到100亿条。民族传统习俗融入"信息时代",并在追求传统与现代的和谐统一中,焕发出勃勃生机。

年俗:在传承中发展变化

民俗学家乌丙安的除夕是这样度过的:坐在电脑前,一边接着拜年电话,一边翻阅手机的拜年短信,还时不时查看邮箱里的电子贺年卡。

在76岁的乌丙安看来,现在过年是团圆饭照吃不误,但很多是地点搬到了饭店;全家团圆习俗还有,但很多是全家出门旅游;拜年还是一种需要,但很多换成了更时尚的"信息化"手段。

河北省武强县盛产的年画,上个世纪曾经年销数亿张,覆盖大半个中国,但如今正逐渐淡出人们的视线。武强年画博物馆副馆长马习钦对此颇感失落:"今年武强年画才卖出几十万张,就连本地一些人家也不爱贴年画。"

乌丙安对类似的年俗变迁比较坦然:"任何一种文化形式都有自身的发展规律,如果不适应现代社会就可以让它'安乐死',这是自然而然的事情。对于这类失去生存基础的年俗,最好的办法就是进入博物馆。"

"对春节这一民族传统文化的发展不能放任自流,而是要加以适当、正确的引导。"中国艺术研究院研究员陈醉认为,任何时代的人们都需要传统,就像人们在太平日子爱好收藏古董以寻求旧时的记忆。他举例说,一项在北京、上海、广州等地对春节习俗的抽样调查表明,48.2%的被调查者愿意完全按照传统春节习俗过春节。

民俗学家们相信,新旧民俗的此消彼长是时代的生动写照,但春节的主题永远不会过时,那就是团圆和期盼。"世界各地过节都讲究团聚,但任何一个节日都没有像中国春节那样,因为团聚的渴望带来几亿人的大移动。"中国民俗学会副理事长王文宝认为,春节是民族亲情的粘合剂,通过共同的节日、共同的风俗增强了民族文化的认同感,增强了中华民族的凝聚力。

春节:文化交流的新使者

今年1月24日至28日,法国巴黎著名的埃菲尔铁塔披上象征喜庆吉祥的"中国红",以欢庆中国猴年新春的到来。这座有着115年历史并作为法国象征的铁塔,此前从没有为一个外国节日而改变灯光的颜色。

今年是美国纽约市政府把中国农历新年纳入法定公共假日的第二年,曼哈顿的唐人街和布鲁克林的第八大道都举办了庆祝春节的盛大游行。帝国大厦顶部1327盏灯也换成寓意吉祥的金红两色。

联合国秘书长安南为庆祝中国农历新年发表电视讲话,向中国人民表达美好的祝福。他操着生涩中文说的"恭喜发财",为中国猴年春节增添了国际化的色彩。

在许多国家,丰富多彩的春节欢庆活动,不仅吸引着华侨华人,更吸引着当地的本国民众。海外媒体认为,"年"已成为中华民族传统文化走向世界的新使者。

(节选自《中国青年报》2004年01月31日,有改动。)

1. 判断正误,正确的打√,错的打×:(14分)
　　1) 北京的庙会有说相声、唱大戏等节目。(　　)
　　2) 春节期间,俄罗斯的大马戏团在北京等地表演了精彩的魔术。(　　)
　　3) 吕小姐的父母是在内蒙古生活。(　　)
　　4) 今年春节在一些旅游城市和景区,自驾车游客比例占到了散客的三成左右。(　　)
　　5) 民俗学家乌丙安在除夕只用接电话的方式接受着别人的拜年。(　　)
　　6) 河北省武强县盛产的年画远没有以前那么好卖。(　　)
　　7) 民俗学家们认为,春节的主题就是团圆和期盼。(　　)

2. 回答问题:(3分)
　　1) 今年法国巴黎、美国纽约是怎样庆祝中国春节的?

读报小知识

1. 如何选看中文报刊？

中文报刊非常丰富，可以根据自己的兴趣或需要来选择不同类别的中文报刊。中国著名的报纸有《人民日报》、《人民日报》(华东版)、《人民日报》(海外版)、《环球时报》、《参考消息》、《中国青年报》、《经济日报》、《科技日报》、《健康报》、《中国教育报》、《光明日报》、《中华读书报》、《北京青年报》、《北京日报》、《南方周末》、《文汇报》、《新民晚报》、《羊城晚报》、《南方都市报》等；刊物有《三联生活周刊》、《读者》、《青年文摘》等。

2. 如何找报纸的版面？

中文报纸的文章是按照版面类别进行分布编排的，具体版面的名称与序号一般是放在报纸的最上方。而报纸的第一版(又叫头版)通常会告诉读者当日有几版，一些报纸在头版上还有"今日导读"，提示读者一些重点文章分布在第几版。读者可以根据版面的类别来寻找自己所要读的文章。

3. 如何看报刊文章的标题？

新闻类的报刊文章的标题常常含有这篇文章的最重要的信息内容。所以看一篇中文报刊文章，首先要学会看标题，从标题中读到这篇文章说的是什么话题，主要内容是什么。然后调动自己过去所学到的与这话题和主要内容有关系的一切背景知识来读这篇文章，并根据这篇文章的具体内容来判断自己对标题的认识是否正确，并加深对标题的理解。

4. 如何利用网络阅读中文报刊？

现在中国的大多数著名报刊都有自己的网站。假如读者不知道所要找的报刊的网址，可以通过新浪、搜狐等网站的检索窗口，直接输入所要找的报刊的中文名称，就可找到该报刊的网址，再根据具体日期或关键词，找到所要读的文章。

5. 读报的方式分为精读与泛读

根据读报的目的与要求的不同，读报的方式一般分为精读与泛读两种。精读要求对文章的字词句篇都要尽量读懂，并深入理解；泛读只要求读懂主要的内容，或根据要求读懂文章中的某一部分的内容。从掌握文章内容的比例来看，精读应读懂或掌握文章的90%的内容；

读报小知识

泛读只要求读懂或掌握文章70%的内容；从阅读的速度来看，精读比泛读慢得多，一般只有泛读速度的一半或不到一半。我们应该根据读报的不同目的与需求，学会运用精读与泛读这两种方式，例如，对报刊教材中的课文用精读方式，对报刊教材练习中的阅读材料或课外的阅读材料可用泛读方式。

6. 如何精读报刊文章？

首先应完整地读下去，知道这篇文章的主要内容和所属的话题类别，遇到文章中不认识的字词句时不要停顿下来急着查词典，而只是将不认识的地方用笔划出来，猜一下，然后继续读下去。读完第一遍后，接着回头再看不理解的地方，查词语表或词典的解释，再进行理解。最后根据词语表或词典的解释，再完整地看一遍，重点理解、记忆不认识的字词。

7. 如何泛读报刊文章？

首先要明确读一篇文章的目的是什么，然后根据需要以最快的速度实现阅读目的。对与阅读目的无关的部分，即使看不懂，也不要停下来查词典；与阅读目的有关的部分，假如有不理解的地方，先做好标记，等阅读完全文后还不能理解，再查词典，加以理解。

8. 遇到报刊生词怎么办？

由于报刊文章的词汇量大、书面语较多，所以遇到生词是很正常的。当遇到报刊生词时，要注意克服两种不好的阅读习惯：一是遇到生词就马上停下来查词典；二是对所有的生词都查词典。遇到生词，先可以用铅笔划出来，猜一下，继续读下去，等读完全文后，看是否已经知道一些生词的意思，看这些生词是否有查的必要，重点查那些读完全文还不知道意思、并影响对课文内容理解的词语，且结合文章内容进行记忆。

9. 如何扩大报刊阅读的词汇量？

报刊文章具有话题集中的特点，即报刊文章往往围绕某一个话题来传达相关信息，且话题的范围与种类常在标题上得到明确体现，具体文章中的词汇也具有表达相应话题的特点。我们可以根据某一个话题来记忆报刊生词，将不断出现的一些生词分类到不同的话题词汇库中，并在一定的时间内多看一些同一话题或话题相关的报刊文章，这样能够多次看到表达同一话题而出现在不同文章中的报刊词汇。

10. 学会阅读报刊的数字表达

报刊文章中经常有一些统计数字，我们要学会快速地理解数字之间的关系，如倍数、比例、百分比、约数等。

11. 报刊语言的特点之一——书面语多

报刊文章受版面的限制，必须用尽可能少的文字传达出尽可能多的信息，故报刊语言具有很强的书面语特点。这些书面语主要有这几种:普通的书面语,如参与、抵达等等;成语,如莫名其妙、举世瞩目等等;带文言成分的书面语,如则、倘、尚等等。

12. 报刊语言的特点之一——缩略词多

报刊文章用有限的版面报道尽可能多的信息,常常将几个词压缩成一个词,主要有两种类型:一是压缩式,即缩略词是通过直接减少原有几个词当中一些文字而获得的,如世贸组织、入世等等。二是对内涵相关的几个词进行归纳而成的,如三资企业、两会、四大件等等。

13. 报刊语言的特点之一——常用列举法

报刊文章常常在对某一情况进行说明、解释时,采用列举法,主要有这几种:一是对某一情况具体举例说明,常采用"如、例如、比如"等词语格式;二是从不同方面来说明某一情况,常使用一些表示次序的词语,如:"首先、其次、再次、最后"、"其一、其二、其三"、"一方面、另一方面"等。三是被列举的事物之间常用顿号(、)、分号(;),而不直接使用表示次序的词语。

14. 报刊语言的特点之一——省略句、压缩句多

报刊文章较多使用省略句和压缩句,这些句子常采用无主语、承前省略主语、压缩句中结构成分等方式增加信息表达的密度,将可有可无、根据具体语境可以推知的相关信息省略掉,推出必不可少或重点突出的信息。

15. 报刊语言的特点之一——长句子多

报刊文章较多使用一些长句子,这些句子通过增添并列成分、修饰成分来增加信息表达的长度与宽度。遇到长句子时,学会分析句子的结构,找出句子的中心词(如主语、谓语、宾语等),这样在简化长句子中理解长句子。

词语总表

出现次数

A

| 安定 | āndìng | （形） | 二 | 第十五课 | 8 |
| 安置 | ānzhì | （动） | 二 | 第八课 | 10 |

B

百分点	bǎifēndiǎn	（名）	二	第五课	19
摆脱	bǎituō	（动）	二	第五课	5
颁布	bānbù	（动）	二	第十五课	9
榜样	bǎngyàng	（名）	丙	第十一课	5
报道	bàodào	（动）	二	第二课	30
报效	bàoxiào	（动）	超	第十四课	4
暴力	bàolì	（名）	二	第四课	7
必需	bìxū	（动）	二	第二课	12
编辑	biānjí	（动、名）	二	第十二课	9
变动	biàndòng	（动）	二	第三课	6
薄弱	bóruò	（形）	二	第八课	8
补贴	bǔtiē	（名）	二	第十五课	5
不幸	búxìng	（形）	二	第十五课	11
不足	bùzú	（动）	二	第六课	23
不安	bùān	（形）	二	第九课	10

C

财产	cáichǎn	（名）	二	第五课	15
参与	cānyù	（动）	二	第七课	19
灿烂	cànlàn	（形）	二	第十二课	9
层次	céngcì	（名）	二	第九课	16
差别	chābié	（名）	二	第十五课	16
产权	chǎnquán	（名）	三、四	第四课	12
产物	chǎnwù	（名）	超	第十五课	7
产业	chǎnyè	（名）	二	第十课	30
畅销	chàngxiāo	（动）	二	第十三课	6
彻底	chèdǐ	（形）	二	第十五课	5
成	chéng	（量）	二	第五课	25
成效	chéngxiào	（名）	二	第九课	5
成员	chéngyuán	（名）	二	第十三课	11

237

城区	chéngqū	（名）	二	第六课	8
城市化	chéngshì huà	（词组）	超	第八课	106
崇拜	chóngbài	（动）	三、四	第十一课	9
仇恨	chóuhèn	（动）	二	第十四课	4
筹集	chóují	（动）	二	第六课	10
处于	chǔyú	（动）	二	第六课	25
闯	chuǎng	（动）	二	第十二课	8
创办	chuàngbàn	（动）	二	第一课	10
吹捧	chuīpěng	（动）	三、四	第十二课	5
从而	cóng'ér	（连）	二	第四课	23
凑	còu	（动）	二	第十四课	4
促进	cùjìn	（动）	二	第一课	24
措施	cuòshī	（名）	二	第六课	17

D

搭	dā	（动）	二	第八课	19
搭档	dādàng	（名）	超	第十二课	4
达标	dábiāo	（动）	超	第六课	3
达成	dáchéng	（动）	二	第十一课	9
打工	dǎ gōng	（词组）	丙	第十三课	11
大致	dàzhì	（名）	二	第八课	9
大众	dàzhòng	（名）	二	第五课	8
带动	dàidòng	（动）	二	第三课	13
待遇	dàiyù	（名）	二	第十五课	7
单纯	dānchún	（形）	二	第十四课	5
挡	dǎng	（动）	二	第十五课	5
导演	dǎoyǎn	（名）	二	第十二课	34
导致	dǎozhì	（动）	二	第五课	30
地步	dìbù	（名）	二	第十四课	16
第三产业	dìsān chǎnyè	（词组）	二	第二课	4
典范	diǎnfàn	（名）	三、四	第十四课	4
典型	diǎnxíng	（名、形）	二	第十一课	6
动力	dònglì	（名）	超	第十课	28
堵	dǔ	（量）	二	第十五课	5
端正	duānzhèng	（形）	二	第十二课	4
短缺经济	duǎnquē jīngjì	（词组）	超	第十五课	9
对话	duìhuà	（名、动）	一乙	第十二课	7
对象	duìxiàng	（名）	二	第一课	20

E

额	é	（名）	超	第三课	15

词语总表

F

发达	fādá	（形）	二	第二课	31
发扬	fāyáng	（动）	一乙	第十一课	4
发展中国家	fāzhǎnzhōngguójiā	（词组）	二	第八课	7
法制	fǎzhì	（名）	二	第十五课	11
反映	fǎnyìng	（动）	二	第四课	22
返	fǎn	（动）	二	第十五课	5
犯罪	fànzuì	（动）	二	第四课	4
飞跃	fēiyuè	（动）	二	第十四课	3
风气	fēngqì	（名）	二	第九课	10
风险	fēngxiǎn	（名）	三、四	第十三课	17
疯	fēng	（形）	二	第二课	8
缝纫机	féngrènjī	（名）	超	第三课	8
否认	fǒurèn	（动）	三、四	第十四课	7
幅度	fúdù	（名）	二	第三课	7
福利	fúlì	（名）	丁	第十五课	15

G

概括	gàikuò	（动）	二	第三课	16
干流	gànliú	（名）	超	第六课	4
高等	gāoděng	（形）	二	第五课	29
高峰	gāofēng	（名）	二	第十四课	4
高速	gāosù	（形）	二	第十课	19
高中	gāozhōng	（名）	二	第五课	26
个性	gèxìng	（名）	二	第三课	10
各界	gèjiè	（代）	二	第六课	5
各自	gèzì	（代）	二	第二课	6
耕地	gēngdì	（名）	二	第六课	9
工程	gōngchéng	（名）	二	第六课	22
工农业	gōngnóngyè	（词组）	二	第六课	14
公布	gōngbù	（动）	二	第三课	22
公民	gōngmín	（名）	二	第十五课	15
公证	gōngzhèng	（动）	三、四	第五课	10
攻击	gōngjī	（动）	二	第四课	10
功能	gōngnéng	（名）	二	第十三课	13
供应	gōngyìng	（动）	二	第十五课	12
巩固	gǒnggù	（动、形）	一乙	第五课	3
共识	gòngshí	（名）	二	第十一课	7
购买	gòumǎi	（动）	二	第二课	22
鼓励	gǔlì	（动）	一乙	第十二课	8
固然	gùrán	（连）	二	第六课	17
官本位	guān běnwèi		超	第十三课	4

灌溉	guàngài	（动）	二	第六课	4
广泛	guǎngfàn	（形）	一乙	第十五课	13
归	guī	（动）	二	第一课	25
规律	guīlǜ	（名）	一乙	第八课	15
规范	guīfàn	（名）	三、四	第十一课	18
轨道	guǐdào	（名）	二	第八课	7
国策	guócè	（名）	二	第五课	4
国民经济	guómín jīngjì	（词组）	二	第八课	9

H

行列	hángliè	（名）	超	第八课	9
航班	hángbān	（名）	丙	第十课	5
航线	hángxiàn	（名）	二	第十课	3
黑客	hēikè	（名）	超	第四课	8
后单位制时代	hòudānwèizhìshídài	（词组）	超	第十三课	6
忽视	hūshì	（动）	二	第十五课	13
户籍	hùjí	（名）	二	第十五课	37
户口	hùkǒu	（名）	丙	第十三课	38
滑雪	huáxuě	（名、动）	超	第二课	7
话剧	huàjù	（名）	二	第十四课	6
怀	huái	（动）	二	第九课	10
欢喜	huānxǐ	（动）	二	第七课	6
缓慢	huǎnmàn	（形）	二	第八课	7
回顾	huígù	（动）	二	第十二课	6
汇率	huìlǜ	（名）	丙	第十课	4
婚恋	hūnliàn	（名）	超	第五课	20
混	hùn	（动）	二	第十二课	8
伙伴	huǒbàn	（名）	二	第一课	4
货币	huòbì	（名）	二	第十课	13

J

几乎	jīhū	（副）	二	第二课	17
机构	jīgòu	（名）	二	第一课	15
激烈	jīliè	（形）	二	第七课	10
急需	jíxū	（动）	二	第七课	7
计划经济	jìhuà jīngjì	（词组）	二	第十五课	25
记忆	jìyì	（名、动）	二	第二课	13
技能	jìnéng	（名）	二	第九课	8
继承	jìchéng	（动）	二	第十一课	11
加强	jiāqiáng	（动）	二	第一课	13
加速	jiāsù	（动）	二	第八课	8
加以	jiāyǐ	（动）	一乙	第十一课	13

词语总表

假如	jiǎrú	（连）	二	第十三课	19
嫁	jià	（动）	二	第五课	9
假日经济	jiàrì jīngjì	（词组）	超	第二课	9
监测	jiāncè	（动）	超	第七课	4
艰难	jiānnán	（形）	二	第十课	5
简直	jiǎnzhí	（副）	二	第二课	8
建国	jiàn guó	（词组）	二	第九课	4
建交	jiànjiāo	（动）	二	第一课	3
健全	jiànquán	（动、形）	二	第十五课	13
降临	jiànglín	（动）	二	第十五课	4
焦急	jiāojí	（形）	二	第九课	3
阶段	jiēduàn	（名）	一乙	第八课	28
接待	jiēdài	（动）	一乙	第二课	19
揭晓	jiēxiǎo	（动）	二	第十四课	6
节俭	jiéjiǎn	（形）	三、四	第十一课	13
结婚	jiéhūn	（词组）	二	第二课	27
结构	jiégòu	（名）	二	第四课	30
截止	jiézhǐ	（动）	二	第四课	17
金融	jīnróng	（名）	二	第九课	15
尽快	jǐnkuài	（副）	二	第四课	6
紧密	jǐnmì	（形）	二	第八课	6
紧迫	jǐnpò	（形）	二	第八课	3
进程	jìnchéng	（名）	三、四	第八课	34
经贸	jīngmào	（名）	二	第一课	4
惊讶	jīngyà	（形）	二	第十课	3
景气	jǐngqì	（名）	丁	第七课	4
居民	jūmín	（名）	二	第三课	70
居然	jūrán	（副）	二	第十三课	17
局面	júmiàn	（名）	二	第七课	12
举世瞩目	jǔshìzhǔmù	（成语）	二	第十课	7
剧增	jùzēng	（动）	二	第二课	4
据	jù	（介）	二	第二课	50
决策	juécè	（动）	二	第十三课	11
绝对	juéduì	（形、副）	二	第十一课	11

K

开发	kāifā	（动）	二	第十三课	23
开拓	kāituò	（动）	二	第一课	13
渴望	kěwàng	（动）	二	第六课	7
客观	kèguān	（名）	二	第八课	12
空白	kòngbái	（名）	二	第十一课	4
扣	kòu	（动）	二	第十五课	7

241

宽容	kuānróng	（形）	丁	第五课	21

L

来回	láihuí	（副）	二	第十五课	5
劳动密集型	láodòngmìjíxíng	（词组）	超	第七课	5
乐意	lèyì	（动）	二	第十三课	3
类型	lèixíng	（名）	二	第三课	11
力度	lìdù	（名）	丁	第六课	8
良心	liángxīn	（名）	三、四	第十四课	4
列车	lièchē	（名）	二	第八课	11
领域	lǐngyù	（名）	二	第一课	24
流动	liúdòng	（动）	二	第十三课	18
流失	liúshī	（动）	三、四	第六课	8
流域	liúyù	（名）	超	第六课	10
录取	lùqǔ	（动）	二	第九课	29
逻辑	luójí	（名）	二	第十一课	5

M

迈	mài	（动）	二	第九课	15
漫长	màncháng	（形）	二	第十课	5
贸易	màoyì	（名）	一乙	第一课	30
媒体	méitǐ	（名）	丙	第二课	29
蒙	méng	（动）	二	第十四课	7
迷	mí	（动）	二	第十二课	23
面临	miànlín	（动）	二	第七课	23
民工	míngōng	（名）	超	第十五课	47

N

奶酪哲学	nǎilào zhéxué	（词组）	超	第十三课	5
南水北调	nán shuǐ běi diào	（词组）	超	第六课	9
难免	nánmiǎn	（形）	二	第十一课	8
难以	nányǐ	（副）	二	第九课	47
内地	nèidì	（名）	二	第二课	6
农产品	nóngchǎnpǐn	（名）	二	第十课	6
农药	nóngyào	（名）	二	第六课	3

O

偶像	ǒuxiàng	（名）	二	第十一课	30

P

拍	pāi	（动）	二	第十二课	63
拍摄	pāishè	（动）	二	第十二课	12

词语总表

庞大	pángdà	（形）	丁	第八课	6
培训	péixùn	（动）	二	第九课	20
培养	péiyǎng	（动）	二	第一课	27
赔	péi	（动）	一乙	第十二课	9
频繁	pínfán	（形）	二	第一课	6
贫苦	pínkǔ	（形）	二	第二课	6
贫困	pínkùn	（形）	二	第二课	7
品质	pǐnzhì	（名）	二	第三课	16
评价	píngjià	（动）	二	第三课	54
评选	píngxuǎn	（动）	二	第十四课	16
凭空	píngkōng	（副）	超	第十二课	16
聘请	pìnqǐng	（动）	二	第一课	6

Q

期待	qīdài	（动）	二	第七课	20
奇迹	qíjì	（名）	二	第十课	8
歧视	qíshì	（动）	丙	第十五课	16
恰好	qiàhǎo	（副）	二	第六课	5
迁徙	qiānxǐ	（动）	超	第十五课	7
前景	qiánjǐng	（名）	二	第一课	15
前夕	qiánxī	（名）	二	第十五课	3
前列	qiánliè	（名）	二	第十课	5
前提	qiántí	（名）	三、四	第十四课	6
潜力	qiánlì	（名）	二	第三课	10
欠	qiàn	（动）	二	第六课	10
切身	qièshēn	（形）	二	第九课	3
侵犯	qīnfàn	（动）	二	第四课	13
青春	qīngchūn	（名）	二	第十二课	7
清醒	qīngxǐng	（形）	二	第十课	7
倾向	qīngxiàng	（动）	二	第十一课	22
区域	qūyù	（名）	二	第十五课	7
曲折	qūzhé	（形）	二	第八课	6
趋势	qūshì	（名）	二	第十三课	20
取决于	qǔjuéyú	（词组）	三、四	第七课	18
娶	qǔ	（动）	二	第五课	5

R

然而	rán'ér	（连）	二	第四课	27
人格	réngé	（名）	二	第十一课	9
人均	rénjūn	（词组）	二	第六课	44
人力	rénlì	（名）	二	第九课	11
认同	rèntóng	（动）	二	第十一课	24

认证	rènzhèng	（动）	超	第九课	8
任意	rènyì	（形）	二	第九课	5
仍旧	réngjiù	（副）	二	第十一课	3
日益	rìyì	（副）	二	第一课	19
荣誉	róngyù	（名）	二	第十四课	8
融入	róngrù	（动）	超	第十五课	8
如此	rúcǐ	（代）	二	第一课	37
如同	rútóng	（动）	二	第六课	3
散布	sànbù	（动）	二	第十二课	5
色彩	sècǎi	（名）	二	第十五课	12
上升	shàngshēng	（动）	二	第三课	33
上述	shàngshù	（形）	二	第五课	6
尚	shàng	（副）	丁	第五课	31
社会主义	shèhuìzhǔyì	（名）	二	第八课	9
设施	shèshī	（名）	丙	第六课	8
设想	shèxiǎng	（动）	二	第十课	11
设置	shèzhì	（动）	二	第二课	12
涉及	shèjí	（动）	二	第三课	5
生育	shēngyù	（动）	二	第五课	24
施加	shījiā	（动）	三、四	第八课	8
十年树木，百年树人	shíniánshùmù, bǎiniánshùrén	（成语）		第九课	4
时机	shíjī	（名）	二	第七课	5
时髦	shímáo	（形）	二	第四课	9
时尚	shíshàng	（名）	丙	第二课	17
实力	shílì	（名）	二	第四课	17
实施	shíshī	（动）	二	第五课	28
始终	shǐzhōng	（副）	二	第十三课	5
市场经济	shìchǎng jīngjì	（词组）	二	第八课	20
是否	shìfǒu	（副）	二	第三课	56
适龄	shìlíng	（形）	超	第十五课	4
首要	shǒuyào	（形）	二	第十课	7
授予	shòuyǔ	（动）	三、四	第十四课	5
束缚	shùfù	（动）	二	第十二课	4
树立	shùlì	（动）	二	第六课	14
双休日	shuāngxiūrì	（名）	超	第二课	8
水库	shuǐkù	（名）	二	第六课	3
丝毫	sīháo	（名）	二	第九课	4
私家车	sījiāchē	（名）	超	第三课	3
死亡	sǐwáng	（动）	二	第六课	19

词语总表

四大件	sìdàjiàn	（缩略词）	超	第三课	33
似是而非	sìshì'érfēi	（成语）	三、四	第十二课	4
素质	sùzhì	（名）	二	第九课	26
缩影	suōyǐng	（名）	三、四	第十四课	3

T

淘汰	táotài	（动）	二	第十三课	13
特色	tèsè	（名）	二	第十三课	5
特殊	tèshū	（形）	一乙	第十一课	15
题材	tícái	（名）	二	第十二课	9
体现	tǐxiàn	（动）	二	第十一课	28
体制	tǐzhì	（名）	二	第七课	31
天生	tiānshēng	（形）	二	第十五课	6
挑战	tiǎozhàn	（动）	三、四	第七课	13
跳槽	tiào cáo	（词组）	丁	第十三课	8
铁饭碗	tiěfànwǎn	（名）	二	第十三课	10
同期	tóngqī	（名）	二	第十课	7
统计	tǒngjì	（动）	二	第三课	53
头脑	tóunǎo	（名）	二	第十课	7
投资	tóuzī	（动）	二	第一课	35
透露	tòulù	（动）	二	第十四课	9
突破	tūpò	（动）	二	第三课	15
途径	tújìng	（名）	二	第九课	5
推动	tuīdòng	（动）	二	第八课	26
推行	tuīxíng	（动）	二	第十三课	8
妥善	tuǒshàn	（形）	二	第十五课	3

W

网吧	wǎngbā	（名）	超	第四课	5
往事	wǎngshì	（名）	三、四	第十二课	4
威胁	wēixié	（动）	二	第四课	11
违背	wéibèi	（动）	二	第八课	11
未必	wèibì	（副）	二	第十二课	17
问卷	wènjuàn	（名）	超	第七课	8
污蔑	wūmiè	（动）	二	第十四课	4
舞台	wǔtái	（名）	二	第十课	6
误解	wùjiě	（名、动）	二	第十五课	4
悟性	wùxìng	（名）	超	第十二课	3

X

戏剧	xìjù	（名）	二	第十四课	10
瞎	xiā	（副）	二	第十二课	8

245

鲜明	xiānmíng	（形）	二	第五课	12
显著	xiǎnzhù	（形）	一乙	第八课	9
宪法	xiànfǎ	（名）	二	第十五课	3
相当	xiāngdāng	（副）	二	第六课	37
相识	xiāngshí	（动）	三、四	第十二课	3
向往	xiàngwǎng	（动）	二	第二课	12
消除	xiāochú	（动）	一乙	第十五课	18
消极	xiāojí	（形）	二	第四课	8
销售	xiāoshòu	（动）	二	第三课	16
小康	xiǎokāng	（名）	二	第二课	6
孝敬	xiàojìng	（动）	二	第十一课	12
协定	xiédìng	（名）	二	第七课	4
协议	xiéyì	（名）	二	第一课	5
心思	xīnsi	（名）	二	第十五课	6
欣赏	xīnshǎng	（动）	二	第十一课	17
新新人类	xīnxīnrénlèi		超	第四课	3
新型	xīnxíng	（形）	二	第三课	5
信息	xìnxī	（名）	二	第三课	77
兴建	xīngjiàn	（动）	二	第八课	9
兴起	xīngqǐ	（动）	二	第七课	11
行销	xíngxiāo	（动）	超	第九课	5
叙述	xùshù	（动）	二	第十课	11
学位	xuéwèi	（名）	二	第九课	9
学者	xuézhě	（名）	二	第十课	12

研究生	yánjiūshēng	（名）	二	第九课	27
养老	yǎnglǎo	（动）	二	第十三课	5
医疗	yīliáo	（名）	二	第十三课	11
依旧	yījiù	（副）	二	第十一课	6
依然	yīrán	（副）	二	第十五课	29
依照	yīzhào	（介）	二	第十课	14
依赖	yīlài	（动）	丙	第十三课	13
一再	yízài	（副）	二	第十一课	3
以便	yǐbiàn	（连）	二	第一课	17
以及	yǐjí	（连）	二	第二课	44
以至	yǐzhì	（连）	二	第三课	19
以致	yǐzhì	（连）	二	第十五课	17
异常	yìcháng	（形）	二	第一课	15
意识	yìshí	（名）	二	第十一课	51
毅然	yìrán	（副）	二	第十四课	3
引起	yǐnqǐ	（动）	二	第四课	28

词语总表

引人注目	yǐnrén zhùmù	（词组）	二	第十一课	9
隐私	yǐnsī	（名）	超	第四课	32
迎合	yínghé	（动）	超	第十二课	11
赢得	yíngdé	（动）	二	第十四课	11
影片	yǐngpiàn	（名）	二	第十四课	28
应变	yìngbiàn	（动）	超	第十三课	6
应付	yìngfù	（动）	二	第七课	12
拥挤	yōngjǐ	（动、形）	二	第八课	3
拥有	yōngyǒu	（动）	二	第三课	35
优势	yōushì	（名）	二	第十一课	10
优越	yōuyuè	（形）	二	第十五课	7
优质	yōuzhì	（名）	二	第三课	4
游客	yóukè	（名）	二	第二课	18
游戏	yóuxì	（名）	二	第四课	13
有限	yǒuxiàn	（形）	二	第三课	13
有意	yǒuyì	（动）	二	第十二课	18
有益	yǒuyì	（形）	二	第四课	15
预测	yùcè	（动）	三、四	第七课	27
预计	yùjì	（动）	二	第十课	15
预期	yùqī	（名）	二	第七课	5
原先	yuánxiān	（名）	二	第十五课	4
原型	yuánxíng	（名）	超	第十四课	5
愿	yuàn	（动）	二	第十三课	58
运行	yùnxíng	（动）	二	第四课	8
运用	yùnyòng	（动）	二	第八课	12

Z

暂行	zànxíng	（动）	二	第十五课	3
赞扬	zànyáng	（动）	二	第十一课	5
遭遇	zāoyù	（名、动）	二	第十五课	6
造成	zàochéng	（动）	二	第四课	41
责备	zébèi	（动）	二	第五课	13
增强	zēngqiáng	（动）	二	第一课	20
展开	zhǎnkāi	（动）	二	第八课	12
展现	zhǎnxiàn	（动）	二	第四课	17
崭新	zhǎnxīn	（形）	二	第四课	5
障碍	zhàng'ài	（名）	二	第十五课	7
招生	zhāo shēng	（词组）	三、四	第九课	13
争论	zhēnglùn	（动）	二	第四课	11
争议	zhēngyì	（动）	三、四	第十四课	8
征服	zhēngfú	（动）	二	第十四课	11
珍贵	zhēnguì	（形）	二	第十四课	5

247

整体	zhěngtǐ	（名）	二	第十课	17
证书	zhèngshū	（名）	二	第九课	8
支出	zhīchū	（名）	二	第二课	12
支柱	zhīzhù	（名）	三、四	第十课	6
知足	zhīzú	（动）	超	第十二课	3
指标	zhǐbiāo	（名）	二	第四课	17
智慧	zhìhuì	（名）	二	第十四课	5
智力	zhìlì	（名）	二	第九课	13
中等	zhōngděng	（形）	二	第五课	13
众多	zhòngduō	（形）	二	第一课	15
逐步	zhúbù	（副）	一乙	第一课	21
主动	zhǔdòng	（形）	一乙	第十三课	15
注册	zhùcè	（动）	丙	第九课	12
注释	zhùshì	（动、名）	三、四	第十四课	35
注重	zhùzhòng	（动）	二	第五课	15
专利	zhuānlì	（名）	二	第九课	3
转移	zhuǎnyí	（动）	二	第八课	26
转折	zhuǎnzhé	（名、动）	二	第十四课	9
赚	zhuàn	（动）	二	第十二课	8
准予	zhǔnyǔ	（动）	二	第九课	9
资金	zījīn	（名）	二	第六课	10
资源	zīyuán	（名）	超	第六课	56
自立	zìlì	（动）	二	第十三课	6
自身	zìshēn	（名）	二	第四课	15
自主	zìzhǔ	（动）	二	第五课	21
自愿	zìyuàn	（动）	二	第十三课	12
总体	zǒngtǐ	（名）	二	第六课	15
阻止	zǔzhǐ	（动）	二	第十五课	8
遵循	zūnxún	（动）	二	第十一课	12
做主	zuò zhǔ	（词组）	丁	第五课	8
					5832

注：本书的词语总表中，根据《高等学校外国留学生汉语言专业教学大纲》（附件一）属于三、四年级词汇的有27个，根据《高等学校外国留学生汉语教学大纲》（长期进修·附件）属于高等阶段（即丁级）词汇的有5个，两种大纲未收的有41个，三种合计超纲词语共73个。本书属于二年级或中等阶段以内的纲内普通词(366个)占总生词量(439个)的83.37%，超纲率为16.63%。每个生词平均重现率为:5832次÷439个≈13.3次/个。

词语例释总表

词语	课次	词语	课次
并没有因为……而……	第十五课	随着	第三课
从而	第四课	未必	第十二课
从……来看	第七课	为……而……	第十二课
到……地步	第十四课	为……所……	第九课
对……来说	第二课	相当于	第十课
对于……而言	第十一课	也就是说	第十一课
对于	第五课	依然	第十五课
分别	第六课	依照	第十课
固然	第六课	以便	第一课
即	第十三课	以及	第十一课
假如	第十三课	以……为……	第十四课
截止到	第四课	以……为例	第二课
仅次于	第十四课	以至	第三课
就……问题	第七课	以致	第十五课
就是	第八课	由此可以看到	第五课
居……位	第十课	尤其是	第六课
居然	第十三课	与此同时	第五课
据……介绍	第二课	与……相关	第八课
难以	第九课	在……基础上	第八课
凭空	第十二课	在……看来	第一课
取决于	第七课	正因如此	第一课
然而	第四课	自……起	第三课
如……等等	第九课		

部分练习参考答案

第一课

二、
创办—质量　　培养—市场
重视—前景　　开拓—人才
吸引—机构　　促进—信任
看好—留学生　增强—发展

三、1. 以便　　2. 在……看来　　3. 正因如此　　4. 促进
5. 培养　　6. 开拓　　7. 创办

四、1. 相同　2. 相同　3. 不同　4. 相同

五、1. BCA　　2. CBA

六、1. D　2. B　3. D　4. C

八、1. √　2. ×　3. √　4. ×　5. ×　6. √

第二课

二、
购买—出国　　接待—机构
向往—器材　　报道—观念
产生—水平　　转变—游客
提高—想法　　设置—新闻

三、1. 对……来说　　2. 据……介绍　　3. 以……为例　　4. 接待
5. 报道　　6. 向往　　7. 购买

四、1. 不同　2. 不同　3. 相同　4. 不同

五、1. BADC　　2. CBA

六、1. B　2. C　3. C　4. D

八、1. ×　2. √　3. √　4. √　5. ×　6. √

第三课

二、
销售—结果　　突破—数字
公布—消费　　拥有—内容
带动—关系　　统计—财富
变动—商品　　概括—限制

250

部分练习参考答案

三、1. 以至　　2. 自……起　3. 随着　　4. 拥有　　5. 公布
　　6. 评价　　7. 销售　　　8. 是否　　9. 带动　　10. 突破

四、1. 不同　2. 相同　3. 不同　4. 相同

五、1. CBADE

六、1. B　　2. C　　3. D　　4. C

八、1. √　2. ×　3. √　4. ×　5. √　6. ×　7. √

第四课

二、威胁——造成　　问题——反映　　反映——损失
　　侵犯——产权　　变化——情况
　　引起——争论　　产权——
　　争论——安全　　攻击——系统　　超出——范围

三、1. 截止到　2. 侵犯　3. 从而　4. 威胁　5. 造成
　　6. 然而　　7. 反映

四、1. 不同　2. 不同　3. 不同　4. 相同

五、1. CBA　　　2. BACED

六、1. D　　2. C　　3. A　　4. C

八、1. √　2. √　3. ×　4. ×　5. √　6. ×　7. √

第五课

三、1. 实施　2. 与此同时　3. 由此可见　4. 注重
　　5. 对于　6. 责备　7. 导致

四、1. √　2. ×　3. √　4. ×

五、1. BADC　　　2. DACB

六、1. C　　2. A　　3. B　　4. D

八、1. √　2. ×　3. √　4. ×　5. √　6. ×　7. ×

第一~五课测试题

二、1. 据……介绍　2. 正因如此　3. 由此可见　4. 以便　　5. 从而
　　6. 截止到　　　7. 自……起　8. 随着　　　9. 然而　　10. 在……看来

三、1. 相同　2. 不同　3. 不同　4. 相同　5. 不同

四、1. CBA　　　2. BCAD

五、1. 中日两国在政治、经济、文化、历史上有着多方面的联系。
　　2. 双休日去市郊或周围的景点旅游,"五一"、"十一"以及春节的假日旅游已经成为人们休闲的主要方式。

3. "千元级"的"四大件"指"冰箱、彩电、洗衣机、录音机"。

4. 互联网的快速发展,对各国的政治、经济、社会、文化等领域产生了巨大而深远的影响。

5. 青年在隐私观念、财产公证以及对离婚的看法和处理婚姻关系等方面,表现出了鲜明的现代特征。

六、1. 进入新世纪以来,居民家庭消费更重视个性和享受。

2. 网络展现了全新的文化空间,同时也给以往的法律、道德带来难题。

3. 一项调查表明,当今青年一代对于性的态度表现得更加开放和宽容。

七、阅读一:

1. 1) ×　　2) √　　3) ×　　4) ×　　5) ×　　6) √　　7) ×　　8) √

2. 1) 有一次"我"购物回家,她见"我"拿的是在商场用5分钱买的新塑料购物袋,就说:"昨天你不是刚买过一个购物袋吗?干吗又买新的?购物袋可以反复用好多次呢。""我"随口道:"反正也就5分钱。"贝尔丽竟毫不客气地说了"我"一通。她不理解"我"对5分钱表现出的不值一提的态度。她有一种观念:不该花的哪怕是一分钱也不要乱花。

2) 节省的德国人将钱用到了旅游上,不少德国年轻人对物质消费方面的比较毫无兴趣。

阅读二:

1. 1) √　　2) √　　3) ×　　4) √　　5) ×　　6) √　　7) √　　8) ×

2. 1) 作者举了斑嘴鸭的例子,来说明"不管是动物还是植物,当外界条件发生改变时,分布也会随之发生变化"的观点。

2) 本文第4段的主要内容是:并不是每一个物种都能成功地适应气候变化,某些生物很可能因为气候变暖完全丧失适宜的生存环境,它们将面临不能及时进化而灭绝的危险。

第六课

三、1. 固然　　2. 减轻　　3. 分别　　4. 处于
　　5. 尤其是　　6. 人均　　7. 筹集　　8. 树立

四、1. ×　　2. √　　3. √　　4. ×

五、1. CAEBD　　2. EACBD

六、1. A　　2. C　　3. D　　4. B

八、1. √　　2. ×　　3. √　　4. √　　5. √　　6. ×

第七课

三、1. 取决于　　2. 就……问题　　3. 从……来看　　4. 期待

部分练习参考答案

5. 面临　　　6. 应付　　　7. 参与　　　8. 预测

四、1. ×　　2. √　　3. ×　　4. ×

五、1. BAC　　　　2. DACB

六、1. C　　2. B　　3. A　　4. D

八、1. √　　2. ×　　3. √　　4. ×　　5. √　　6. √　　7. ×

第八课

三、1. 就是　转移　　2. 安置　　3. 与……相关　　4. 施加　　5. 在……基础上
　　6. 推动　　7. 兴建　　8. 运用　　9. 展开　　10. 违背

四、1. √　　2. ×　　3. √　　4. ×

五、1. DACB　　　　2. CEADB

六、1. D　　2. B　　3. D　　4. C

八、1. √　　2. √　　3. ×　　4. ×　　5. √　　6. √　　7. √

第九课

三、1. 难以　　2. 为……所……　　3. 招生　　4. 培训
　　5. 如……等等　　6. 准予　　7. 录取　　8. 迈进

四、1. ×　　2. √　　3. ×　　4. √

五、1. DACB　　　　2. BADC

六、1. D　　2. B　　3. C　　4. A

八、1. √　　2. √　　3. ×　　4. ×　　5. ×　　6. √　　7. √

第十课

三、1. 预计　　2. 举世瞩目　　3. 居……位　　4. 相当于
　　5. 叙述　　6. 设想　　7. 依照

四、1. √　　2. ×　　3. ×　　4. ×

五、1. BDAC　　　　2. BACD

六、1. D　　2. B　　3. C　　4. B

八、1. √　　2. √　　3. ×　　4. ×　　5. √　　6. √　　7. ×

第六~十课测试题

二、1. 取决于　　2. 在……基础上　　3. 尤其是　　4. 从……来看　　5. 准予
　　6. 固然　　7. 依照　　8. 难以　　9. 为……所……　　10. 与……相关

三、1. 相同　　2. 相同　　3. 不同　　4. 不同　　5. 不同

四、1. BAC　　　　2. BADC

五、1. 长江流域及其以南地区水资源和耕地分布情况是地少水多。

253

2. 我国现行的经济体制还存在着不少不足,使本来就因为生产力发展水平不高而缺乏国际竞争力的我国不少企业更难以应付国际竞争的挑战。

3. 改革开放前,由于工农业生产落后、经济基础薄弱及与城市化相关的政策、制度等原因,中国城市化进程曲折缓慢。

4. 目前普通高等学校在校学习的本专科学生是1992年的3.3倍。

5. 目前意大利的经济居世界第七位。

六、1. 据统计资料显示,中国七大水系污染均比较严重。

2. 我国城市化已进入快速发展的阶段。

3. 中国经济发展水平刚刚从低收入国家进入中下收入国家行列。

七、阅读一:

1. 1) ×　　2) ×　　3) √　　4) √　　5) ×　　6) √　　7) √

2. 1) 最近一次招聘会上,中国人民大学经济学院几位研究生用彩色打印纸制作的简历,标新立异,大胆创新的风格得到不少用人单位的关注。

阅读二:

1. 1) ×　　2) ×　　3) √　　4) √　　5) ×　　6) ×　　7) ×

2. 1) 如果你有一个大大的坏消息和一个小小的好消息,应该分别公布。这样的话,好消息带来的快乐不至于被坏消息带来的痛苦所淹没,人们还是可以享受好消息带来的快乐。

阅读二:

1. 1) ×　　2) ×　　3) √　　4) √　　5) √

第十一课

三、1. 欣赏　　2. 体现　　3. 也就是说　　4. 继承　　5. 以及
　　6. 引人注目　7. 孝敬　　8. 达成　　9. 遵循　　10. 对于……而言

四、1. √　　2. ×　　3. √　　4. ×

五、1. BAECD　　2. CAB

六、1. D　　2. D　　3. C　　4. B

八、1. √　　2. √　　3. ×　　4. ×　　5. ×　　6. √　　7. √

第十二课

三、1. 拍　　2. 为……而　　3. 有意　　4. 未必
　　5. 迷　　6. 凭空

四、1. ×　　2. √　　3. ×　　4. √

六、1. B　　2. C　　3. D　　4. A

部分练习参考答案

八、阅读二：
1. 1) C 2) C

阅读三：
1. √ 2. √ 3. × 4. × 5. × 6. √ 7. √

第十三课

三、1. 自愿 2. 开发 3. 即 4. 淘汰 5. 趋势
    6. 假如 7. 推行 8. 居然 9. 铁饭碗

四、1. √ 2. × 3. × 4. √

五、1. EACBFD 2. BACED

六、1. B 2. B 3. A 4. D

八、1. √ 2. √ 3. × 4. × 5. √ 6. √ 7. ×

第十四课

三、1. 评选 2. 到……地步 3. 透露 4. 征服
    5. 赢得 6. 以……为…… 7. 仅次于

四、1. √ 2. √ 3. × 4. ×

六、1. B 2. C 3. A 4. B

八、1. × 2. × 3. √ 4. √ 5. × 6. × 7. √

第十五课

三、1. 供应 2. 阻止 3. 计划经济 4. 以致
    5. 消除 6. 户籍制度 7. 并没有因为……而…… 8. 忽视
    9. 颁布 10. 依然 11. 健全

四、1. √ 2. × 3. × 4. √

五、1. CADB 2. DBAEC

六、1. C 2. D 3. B 4. D

八、1. √ 2. √ 3. √ 4. × 5. × 6. × 7. √

第十一~十五课测试题

二、1. 未必 2. 以……为…… 3. 为……而…… 4. 并没有因为……而……
    5. 以及 6. 即 7. 也就是说 8. 依然 9. 假如

三、1. 不同 2. 相同 3. 不同 4. 相同 5. 不同

四、1. CBA 2. CADB

五、1. 对这一问题的调查结果说明了,大多数人对于道德所具有的特殊社会意义和规范作用给予了极大地强调。

2. 冯小刚认为他的孩子应该自己去闯,能闯到什么样,就算什么样。

3. 择业心理的多样化趋势有着特定的合理性:其一,它是社会结构分化、社会职业类型多样化的一种主观反映;其二,它是价值观念多样化的一种必然选择结果。

4. 更多人喜欢的是她自由乐观的人生态度。

5. 一纸户口不仅限制了人口的流动,它带来的城乡重大差别,成为中国城乡差异最集中的体现。

六、1. 节俭观念仍然为较大比例的青年所认同。

2. 随着"铁饭碗"意识的减弱,职业风险意识正在提高。

3. 对民工的歧视及各种限制依然存在。

七、阅读一:

1. 1) ×　2) ×　3) √　4) √　5) ×　6) √　7) ×

2. 1) 调查中,水污染、大气污染和土地荒漠化、垃圾回收利用、野生物种减少、臭氧层遭到破坏等环境问题受到的关注程度都超过了半数。

阅读二:

1. 1) ×　2) ×　3) √　4) √　5) √　6) ×

2. 1) 本文为了说明父母和我们之间可能存在的"代沟"问题,举了6个例子。本文为了说明我们一生中没有多少时间可以去孝顺父母,举了5个例子。

阅读三:

1. 1) √　2) ×　3) ×　4) √　5) √　6) ×

2. 1) 原来,生命不是那暗涌的黑色,让人想到死亡,不是那沉重的灰色,让人感到郁闷。

生命原来是灿烂的红色,让人热血沸腾,给人以激情,给人以活力。

生命原来是生机勃勃的绿色,让人充满想像,给人以朝气,给人以希望。

生命,原来是这样地多姿多彩。

所以,当你身处绝境时,请别忘了打开那扇上帝为你留下的窗。

第一～十五课总测试题

二、1. 分别　2. 以致　3. 以……为例　4. 到……地步　5. 然而
6. 对于……而言　7. 居然　8. 相当于　9. 凭空　10. 如……等等

三、1. √　2. ×　3. ×　4. √　5. ×

四、1. BAC　2. CBDA

五、1. 我们应该更多地从道德转型论来正视当今社会道德的新质与道德的问题。

2. 不打算,因为他从来没有上过大学,所以他觉得自己特别不适合拍大学生题材的影片。

3. 在择业目标上,当今青年更关注开发自己的潜能、实现自己的价值。

部分练习参考答案

4. 上世纪三十年代，梅兰芳访美，他的表演征服了无数好莱坞的演员，并对美国电影艺术的发展产生了积极影响。访问苏联，直接促进了布莱希特表演体系的形成。

5. 城乡户籍制度所造成的各种福利差异，又使本是不同职业的城市人和农村人，日益成为身份的区别，于是城市居民有了优越感。

六、1. 孝敬父母仍是绝大多数青年人所认同的道德行为规范。

2. 在职业流动方面，当今青年主动改变工作的意识进一步增强。

3. 户籍等限制使民工处于城市的被忽视地位。

七、阅读一：

1. 1) √   2) ×   3) ×   4) √   5) √   6) ×   7) √

2. 1) 乐观者认为，网恋更注重思想的交流，心灵的沟通，建立在此基础上的爱情应该更加牢固，成功的机会也比较大。而悲观者则认为，网上聊天是网恋初期相对单一的了解方式，这种方式使双方缺乏实际的真正的接触和了解，因此，很容易失败。

阅读二：

1. 1) ×   2) √   3) ×   4) √

2. 1) 发动教师为毕业生找工作，一需要教师平时注意搜集相关信息，特别要与以前的毕业生建立稳定的关系，随时掌握招聘信息；二需要教师对所掌握的招聘信息进行鉴别，去伪存真，避免浪费学生的时间和金钱；三是学校需要设法调动教师的积极性，推动学生就业工作。

阅读三：

1. 1) √   2) ×   3) √   4) ×   5) ×   6) √   7) √

2. 1) 今年1月24日至28日，法国巴黎著名的埃菲尔铁塔披上象征喜庆吉祥的"中国红"，以欢庆中国猴年新春的到来。今年是美国纽约市政府把中国农历新年纳入法定公共假日的第二年，曼哈顿的唐人街和布鲁克林的第八大道都举办了庆祝春节的盛大游行。帝国大厦顶部1327盏灯也换成寓意吉祥的金红两色。

北京大学出版社最新图书推荐(阴影为近年新书)

基础教材	书号	定价
博雅汉语–初级起步篇(I)(附赠 3CD)	07529-4	65.00
博雅汉语–高级飞翔篇(I)	07532-4	55.00
新概念汉语(初级本 I)(英文注释本)	06449-7	37.00
新概念汉语(初级本 II)(英文注释本)	06532-9	35.00
新概念汉语复练课本(初级本 I)(英文注释本)(内附 2CD)	07539-1	40.00
新概念汉语(初级本 I)(日韩文注释本)	07533-2	37.00
新概念汉语(初级本 II)(日韩文注释本)	06534-0	35.00
新概念汉语(初级本 I)(德文注释本)	07535-9	37.00
新概念汉语(初级本 II)(德文注释本)	06536-7	35.00
汉语易读(1)(附练习手册)(日文注释本)	07412-3	45.00
汉语易读(1)教师手册	07413-1	12.00
说字解词(初级汉语教材)	05637-0	70.00
中级汉语精读教程(1)	04297-3	38.00
中级汉语精读教程(2)	04298-1	40.00
初级汉语阅读教程(1)	06531-0	35.00
初级汉语阅读教程(2)	05692-3	36.00
中级汉语阅读教程(1)	04013-X	40.00
中级汉语阅读教程(2)	04014-8	40.00
中高级汉语泛读(上)	07738-6	40.00
汉语新视野–标语标牌阅读	07566-9	36.00
中国剪影–中级汉语教程	04102-0	28.00
新汉语教程(1-3)(初中高级)	04028-8/04029-6/04030-X	33.00/30.00/25.00
话说今日中国(高级精读)	04153-5	46.00
交际文化汉语(上)	03614-0	30.00
交际文化汉语(下)	03812-7	30.00
基础实用商务汉语(修订版)	04678-2	45.00
公司汉语	05734-2	35.00
国际商务汉语教程	04661-8	33.00

短期汉语及实用汉语教材	书号	定价
速成汉语(1)(2)(3)(修订版)	06890-5/06891-3/06892-1	14.00/16.00/17.00
魔力汉语(上)(下)(英日韩文注释本)	05993-0/05994-9	33.00/33.00
汉语快易通–初级口语听力(英日韩文注释本)	05691-5	36.00
汉语快易通–中级口语听力(英日韩文注释本)	06001-7	36.00
快乐学汉语(韩文注释本)	05104-2	22.00
快乐学汉语(英日文注释本)	05400-9	23.00

口语听力教材	书号	定价
汉语发音与纠音	01260-8	10.00
初级汉语口语(1)(2)(提高篇)	06628-7/06629-5/06630-9	70.00/70.00/70.00
中级汉语口语(1)(2)(提高篇)	06631-7/06632-5/06633-3	42.00/39.00/36.00
准高级汉语口语(上)	07698-3	42.00
高级汉语口语(1)(2)(提高篇)	06634-1/06635-X/06646-5	32.00/34.00/34.00
初级汉语口语(上)(下)	03526-8/03701-5	40.00/50.00
中级汉语口语(上)(下)	03154-8/03217-X	28.00/28.00
高级汉语口语(上)(下)	03519-5/03920-4	30.00/30.00
汉语初级听力教程(上)(下)	04253-1/04664-2	32.00/45.00
汉语中级听力教程(上)(下)	02128-3/02287-5	28.00/38.00
汉语中级听力(上)(修订版)(附赠 7CD)	07697-5	70.00
汉语高级听力教程	04092-x	30.00
新汉语中级听力(上册)	06527-2	54.00
外国人实用生活汉语(上)(下)	05995-7/05996-5	43.00/45.00
易捷汉语–实用会话(配 4VCD)(英文注释本)	06636-8	书28.00/书+4VCD120.00
中国传统文化与现代生活–留学生中级文化读本(I)(II)	06002-5	38.00

文化、报刊教材及读物	书号	定价
中国概况(修订版)	02479-7	30.00
中国传统文化与现代生活–留学生中级文化读本(I)(II)	06002-5	38.00
中国传统文化与现代生活–留学生高级文化读本	04450-X	34.00
文化中国–中国文化阅读教程1	05810-1	38.00
解读中国–中国文化阅读教程2	05811-X	42.00
中国风俗概观	02317-0	16.80
中国古代文化故事–中国古代神话故事	04663-4	12.00
中国古代文化故事–中国古代名著故事	04663-4	12.00

书名	书号	定价
中国古代文化故事–中国古代军事故事	04663-4	12.00
中国古代文化故事–中国古代童话故事	04663-4	12.00
中国古代文化故事–中国古代寓言故事	04663-4	12.00
中国古代文化故事–中国古代风俗故事	04663-4	12.00
中国古代文化故事–中国古代风俗故事	04971-4	12.00
中国古代文化故事–中国古代民间故事	05187-5	12.00
中国古代文化故事–中国古代成语故事	05188-3	12.00
中国古代文化故事–中国古代戏剧故事	05189-1	12.00
中国古代文化故事–中国古代名胜故事	05190-5	12.00
报纸上的中国–中文报刊阅读教程(上)	06893-X	50.00
报纸上的天下–中文报刊阅读教程(下)	06894-8	50.00
新编汉语报刊阅读教程(初级本)	04677-4	25.00
新编汉语报刊阅读教程(中级本)	04677-4	26.00
新编汉语报刊阅读教程(高级本)	04677-4	40.00

写作、语法、汉字、预科汉语教材	书号	定价
应用汉语读写教程	05562-5	25.00
留学生汉语写作进阶	06447-0	31.00
实用汉语语法(修订本)附习题解答	05096-8	75.00
简明汉语语法学习手册	05749-0	22.00
常用汉字图解	03329-X	85.00
汉字津梁–基础汉字形音义说解(附练习册)	03854-2	40.00
汉字书写入门	03330-3	28.00
预科专业汉语教程(综合简本)	07586-3	55.00

HSK应试辅导书教材及习题	书号	定价
HSK汉语水平考试模拟习题集(初、中等)	04518-2	40.00
HSK汉语水平考试模拟习题集(高等)	04666-9	50.00
HSK汉语水平考试词汇自测手册	05072-0	45.00
HSK汉语水平考试(初、中等)全真模拟活页题集(模拟完整题)	05080-1	37.00
HSK汉语水平考试(初、中等)全真模拟活页题集(听力理解)	05310-X	34.00
HSK汉语水平考试(初、中等)全真模拟活页题集(语法 综合填空 阅读理解)	05311-8	50.00